МИХАЭЛЬ ЛАЙТМАН

«ТАЙНЫ ВЕЧНОЙ КНИГИ»

КАББАЛИСТИЧЕСКИЙ КОММЕНТАРИЙ К ТОРЕ

ТОМ 3

«И ПОСЛАЛ»
«И ПОСЕЛИЛСЯ»
«В КОНЦЕ»
«И ПОДОШЕЛ»

«И БУДЕТ»
«ИМЕНА»
«И ЯВИЛСЯ»
«ИДЁМ»

МЕЖДУНАРОДНАЯ
АКАДЕМИЯ
КАББАЛЫ

Лайтман М.
Тайны Вечной Книги. Том 3/ Михаэль Лайтман – LKP, 2015. – 416 с.
Напечатано в Израиле.

Laitman M.
Secrets of the Eternal Book. Volume 3/ Michael Laitman – LKP, 2015. – 416 pages.

ISBN 9781772281316
DANACODE 760-87

Подобного раскрытия Торы до сих пор не было. Дайте себе немного времени, войдите в материал, и, уверяю вас, вы не оторветесь от этой книги. Потому что почувствуете, что она – о вас. И она нужна вам, как близкий друг, который всегда поможет, придет на помощь, будет рядом и в горе, и в радости.

Семен Винокур, автор и ведущий серии передач с Михаэлем Лайтманом «Тайны Вечной Книги»

ISBN 9781772281316
DANACODE 760-87

© Laitman Kabbalah Publishers, 2015.

КРАТКОЕ СОДЕРЖАНИЕ ТОМА 3

ГЛАВА «И ПОСЛАЛ»	9
ГЛАВА «И ПОСЕЛИЛСЯ»	47
ГЛАВА «В КОНЦЕ»	85
ГЛАВА «И ПОДОШЕЛ»	153
ГЛАВА «И БУДЕТ»	193
ГЛАВА «ИМЕНА»	243
ГЛАВА «И ЯВИЛСЯ»	333
ГЛАВА «ИДЁМ»	359

ОГЛАВЛЕНИЕ

ГЛАВА «И ПОСЛАЛ»   9
   ВЕЧНОСТЬ ИЛИ ЗЕМНЫЕ НАСЛАЖДЕНИЯ?   10
   ПОДАЧКА ЭГОИЗМУ   12
   ВСЕ НАЧИНАЕТСЯ СО СТРАХА   15
   АНТИМАТЕРИЯ   17
   ЗАКОН ОТРИЦАНИЯ ОТРИЦАНИЯ   19
   ЕСТЬ К КОМУ КРИЧАТЬ   20
   ХРОМОЙ ЯАКОВ   22
   И ОНИ ЗАПЛАКАЛИ   25
   МЫ ВСЕ – ЭСАВ   27
   РАЗОЙДЕМСЯ КРАСИВО   29
   СУККА ИЗ МУСОРА   31
   ИЗНАСИЛОВАННАЯ ДИНА   33
   ПЕРВЫЙ ГРЕХ – НЕ ГРЕХ   35
   ПОЛНАЯ КОНСТРУКЦИЯ ДУШИ   37
   ЭТО НАЗЫВАЕТСЯ «БЫТЬ ОБРЕЗАННЫМ»   38
   ДВА ТРИНАДЦАТИЛЕТНИХ МАЛЬЧУГАНА   41
   ОТСТИРАЕМ НАШИ ОДЕЖДЫ   43

ГЛАВА «И ПОСЕЛИЛСЯ»   47
   ИСТОЧНИК ПОПУЛЯРНОЙ ЛИТЕРАТУРЫ   48
   РАЗНОЦВЕТНЫЕ ОДЕЖДЫ   50
   ВСЁ НАЧИНАЕТСЯ С ЗАВИСТИ   52
   ВЫ БУДЕТЕ МНЕ ПОКЛОНЯТЬСЯ   54
   ВООБЩЕ НЕВЕРОЯТНО!   55
   ЗАЧАТОК БУДУЩИХ ПРОБЛЕМ   56
   ПРОЦЕСС РОЖДЕНИЯ – ТРАГИЧЕН   58
   БРАТЬЕВ МОИХ ИЩУ   60
   И БРОСИЛИ ЕГО В ЯМУ. НЕПРЕОДОЛИМАЯ НЕНАВИСТЬ   62
   ИОСИФ И ЕГО БРАТЬЯ (СЛЕДУЮЩИЙ «СЕЗОН»)   66

МАНДАТ НА РАБОТУ С ЭГОИЗМОМ	69
ФЛИП-ФЛОП	70
БЕСПРЕДЕЛЬНЫЕ ВОЗМОЖНОСТИ ОБОГАТИТЬСЯ	73
ЖЕНЩИНА РУКОВОДИТ МИРОМ	75
ПЕКАРЬ И ВИНОЧЕРПИЙ	78
ДЕНЬ РОЖДЕНИЯ ФАРАОНА	82

ГЛАВА «В КОНЦЕ» — 85

РАЗВИТИЕ ЖЕЛАНИЙ	86
СНЫ ФАРАОНА	90
ЙОСЕФ В ПОДЧИНЕНИИ ФАРАОНА	95
О ПОЛЬЗЕ ИНОСТРАННЫХ ЯЗЫКОВ	96
ФАРАОН В ТУПИКЕ	99
ФАРАОН – РЕВОЛЮЦИОНЕР?	102
ДОЧЬ ПОТИФАРА – ДОЧЬ ДИНЫ	104
БОЛЬШАЯ ЧЕЛОВЕЧЕСКАЯ КОМЕДИЯ	105
ВОПРОСЫ, НА КОТОРЫЕ НЕТ ОТВЕТА	108
ВЕРНУТЬСЯ К ХЛЕБУ	110
ЕГИПЕТ – КОНЦЕНТРАЦИЯ ЭГОИСТИЧЕСКОГО ЗЛА	113
ОТМЕНИТЬ РАЗУМ ПЕРЕД ЧУВСТВОМ?	115
И УВИДЕЛ ЙОСЕФ СВОИХ БРАТЬЕВ	118
ЧТО ТАКОЕ СЛЕЗЫ?	120
ЕСТЬ В ИЗОБИЛИИ ВИНО И ХЛЕБ	123
ИЗ ТЮРЬМЫ В ТЮРЬМУ	126
И ТОГДА НАСТУПИЛ ГОЛОД	128
ЧТО ТАКОЕ ПЛАЧ?	131
РАСКРЫТИЕ КРИЗИСА	133
НЕ ЕДА, А МЕРЗОСТЬ	134
ПЕРЕСТРОЙКА СИСТЕМЫ	136
ПРЕКРАСНОЕ КОММУНИСТИЧЕСКОЕ БУДУЩЕЕ	139
Я АБСОЛЮТНО ОДИН…	143
УКРАДЕННЫЙ КУБОК	145
ВСЕ РАДИ ДЕТЕЙ	148

ГЛАВА «И ПОДОШЕЛ» — 153
- ЭТО НЕ ЛЮДИ. ЭТО – СИЛЫ — 154
- УГРОЗА УНИЧТОЖЕНИЯ ЕГИПТА — 157
- ДЕСЯТЬ КЛАССОВ ЭКСТЕРНОМ — 160
- КОГДА ЧЕЛОВЕК НАЧИНАЕТ СЛУШАТЬ? — 164
- КОЛЕСНИЦЫ ЙОСЕФА — 168
- ФАРАОН ВЫХОДИТ НАВСТРЕЧУ — 171
- СТРОИМ СДОМ — 178
- ДНК ЧЕЛОВЕЧЕСТВА — 180
- ПАСТУХИ, СКОТОВОДЫ — 183
- ВСЁ ДОСТАЕТСЯ ФАРАОНУ — 185
- НАЛОГ ФАРАОНУ — 189

ГЛАВА «И БУДЕТ» — 193
- ЕВРОПЕЙСКОЕ СОЕДИНЕНИЕ — 194
- ГОЛОВА ЭСАВА — 197
- МИР СНОВИДЕНИЙ — 200
- ДЛЯ ЧЕГО ДАНЫ ПРИЗНАКИ СТАРОСТИ И БОЛЕЗНИ? — 202
- ОТДАВАТЬ И ЛЮБИТЬ — 206
- БЛАГОСЛОВЕНИЕ ЯАКОВА — 208
- ЧЕЛОВЕК СОСТОИТ ИЗ ДВУХ ЧАСТЕЙ — 211
- 12 БРАТЬЕВ. 12 КОЛЕН — 214
- ОГРОМНОЕ ПРЕДПРИЯТИЕ ИОСИФА ФЛАВИЯ — 218
- ДУХОВНАЯ АССИМИЛЯЦИЯ — 220
- ПРАЗДНУЕМ ДЕНЬ СМЕРТИ — 223
- ПОГРЕБЕНИЕ ЯАКОВА — 225
- ПОДОБРАЛ НОГИ СВОИ… — 228
- БАЛЬЗАМИРОВАНИЕ ДУШИ ИЛИ ТЕЛА? — 231
- СМЕРТЬ НЕ РАЗЪЕДИНЯЕТ — 237

ГЛАВА «ИМЕНА» — 243
- ЖЕНСКАЯ И МУЖСКАЯ ЧАСТЬ ТВОРЕНИЯ — 244
- КТО ДАЕТ ИМЕНА? — 245

ЧЕЛОВЕК УПРАВЛЯЕМЫЙ И УПРАВЛЯЮЩИЙ	247
ИДИ, ЗАРАБАТЫВАЙ!	249
ЯРОСТЬ, НО НЕ БЕССИЛИЕ	252
И ВОССТАЛ НОВЫЙ ЦАРЬ НАД ЕГИПТОМ	255
СТРОИТЕЛЬСТВО НА БОЛОТЕ	260
МУЖСКАЯ И ЖЕНСКАЯ РАБОТА	262
РОЖДЕНИЕ НОВОГО МИРА	263
ЖЕНСКАЯ ДВИЖУЩАЯ СИЛА	267
СПЛОШНОЙ ПОТОК ИНФОРМАЦИИ	272
ЕСТЬ ЛИ ВЕЧНЫЙ ДВИГАТЕЛЬ?	276
РОЖДЕНИЕ МОШЕ	279
ТРИ ЖЕНЩИНЫ НА БЕРЕГУ РЕКИ	280
ПРИНЦ ЕГИПЕТСКИЙ	284
СПАСЕНИЕ ИЗ ГЛУБИН НИЛА	286
ЧЕЛОВЕК ЧЕЛОВЕКУ – ВОЛК?	289
ПОЕЗД ПРИБЫЛ В ТУПИК	293
БЕГСТВО МОШЕ	295
ПРИШЕЛЕЦ В ЧУЖОЙ СТРАНЕ	297
РЕБЯТА, МЫ ОШИБЛИСЬ	299
ПОД РУКОВОДСТВОМ ПАСТУХА	302
ВОЗВРАЩЕНИЕ К ФАРАОНУ	305
ЗАХВАТ ЧУЖИХ ЗЕМЕЛЬ	307
ТРЕБУЮ ЧУДА!	311
ПУСТЫНЯ – СВОБОДА И ИЗГНАНИЕ	313
СХВАТИТЬ ЗМЕЯ ЗА ХВОСТ	315
ЗМЕЙ ИЛИ ПОСОХ	317
ЧУДЕСА И ДОКАЗАТЕЛЬСТВА ОТ ТВОРЦА	321
ЧТО ТАКОЕ КОСНОЯЗЫЧИЕ	323
ФАРАОН ТЕБЯ НЕ ОТПУСТИТ	325
ОТПУСТИ НАРОД МОЙ	329
ГЛАВА «И ЯВИЛСЯ»	**333**
ФАРАОН – ЦАРЬ МИРА	334

СЕМЬ ГОЛОДНЫХ ЛЕТ	336
НЕСЧАСТНОЕ ЖИВОТНОЕ	340
ЗМЕЙ – ЯД ИЛИ ЛЕКАРСТВО	343
ПРОДВИЖЕНИЕ К ГОРЕ СИНАЙ	346
КРОВЬ И ВОДА	349
ЧЕЛОВЕК – ЭТО ПРОСТО ГЛИНА	352
ФАРАОН ВЗМОЛИЛСЯ	354

ГЛАВА «ИДЁМ» — 359

И ПОЛУЧИЛСЯ ЧЕЛОВЕК	360
ЧТО ТАКОЕ «Я»?	362
КРИК ВСЕЛЕНСКИЙ	365
ТЬМА ЕГИПЕТСКАЯ	367
ДОБИТЬ ФАРАОНА	371
ДЫМ МИЛОСЕРДИЯ	373
ПОЖИЗНЕННАЯ ТЕМНИЦА	377
ЕГИПЕТСКИЕ СУХАРИКИ	381
ДОЖДАТЬСЯ НОЧИ	384
ЖЕНЩИНА ПЛАЧЕТ	386
КРИЗИС – ЭТО МЯГКАЯ ПОСАДКА	390
БУДУЩЕГО НЕТ	394
С ВЕЩАМИ НА ВЫХОД	396
ПОЗАДИ – ВЕСЬ МИР	399
ГДЕ НАШИ БРАТЬЯ?	403
ГЛАВНОЕ – ВЫЙТИ	406
УЖЕ ВЫХОДИМ…	409

ИНФОРМАФИЯ О МЕЖДУНАРОДНОЙ АКАДЕМИИ КАББАЛЫ — 413

Глава
«И ПОСЛАЛ»

ВЕЧНОСТЬ ИЛИ ЗЕМНЫЕ НАСЛАЖДЕНИЯ?

Продолжаем разговор о вечном – о том, как читать Тору (Пятикнижие), ведь в ней говорится о каждом из нас. Мы читаем главу, которая называется «Ваишлах» («И послал»). Повествование начинается с того, что Яаков испытывает невероятный страх перед Эсавом: он боится его так, как никого никогда не боялся.
Конечно.

Почему?
Представь себе человека, перед которым есть прекрасное возвышенное продолжение жизни, вечное, совершенное – гармония, раскрытие Творца, раскрытие Высшего мира...

Когда человек достигает свойства «Яаков» в себе?
Да. Так Яаков видит перед собой прекрасную перспективу. А вторая перспектива – это погружение в свой эгоизм (он называется в данном случае Эсав) и существование в нем всю свою ничтожную жизнь. Эгоизм командует им, и он забывает напрочь обо всем ином. Он занят только бесполезной погоней за земными наслаждениями, которые не могут заполнить его и лишь вводят в еще большую депрессию.

Эсав неотвратимо приближается. Нагнетается, приближается опасность...
Да, да. Человек, с одной стороны, видит впереди изумительную перспективу, а с другой стороны, он видит, что его постепенно охватывает, затягивает эгоизм. Этот эгоизм тащит человека вниз, в темную бездну. И там он будет пребывать в постоянной депрессии, в постоянном

ГЛАВА «И ПОСЛАЛ»

вынужденном поиске спасения от нее. Он будет заниматься чем угодно, лишь бы только забить себе голову и не чувствовать, не думать о пустоте, о никчемности.

Это состояние, когда человек ощутил, что такое быть Яаковом?

Конечно. В нем уже находятся эти две возможности – одна против другой.

Раскрытие Яакова уже есть в человеке, и тогда он боится Эсава?

Да.

**Вот как это описано в Мидраше[1]. Яаков отправляет своих посланников к Эсаву. И они говорят ему:
– Как ты можешь посылать нас на встречу с Эсавом? – удивились послы. – Мы боимся даже на глаза ему показаться, а ты от нас требуешь, чтобы мы пошли к нему и стали вести с ним переговоры!
– Не бойтесь, – успокоил их Яаков, – Я попрошу ангелов, которые встретили нас при входе в Эрец Исраэль, идти впереди и защищать вас.
А вот что написано в письменной Торе:**

/5/ ...«ТАК СКАЖИТЕ ГОСПОДИНУ МОЕМУ, ЭЙСАВУ: ТАК СКАЗАЛ РАБ ТВОЙ ЯАКОВ: У ЛАВАНА ЖИЛ Я И ЗАДЕРЖАЛСЯ ДОНЫНЕ. /6/ И ДОСТАЛИСЬ МНЕ ВОЛЫ, И ОСЛЫ, ОВЦЫ, И РАБЫ, И РАБЫНИ, И ВОТ ПОСЫЛАЮ Я СООБЩИТЬ ГОСПОДИНУ МОЕМУ, ЧТОБЫ НАЙТИ

---

1 Мидраш (*ивр.* שְׁדְרַשׁ, букв. изучение, толкование) – раздел Устной Торы, которая входит в еврейскую традицию наряду с Торой Письменной и включает в себя толкование и разработку коренных положений еврейского учения, содержащегося в Письменной Торе.

МИЛОСТЬ В ГЛАЗАХ ТВОИХ». /7/ И ВОЗВРАТИЛИСЬ ВЕСТНИКИ К ЯАКОВУ, ГОВОРЯ: «ПРИШЛИ МЫ К БРАТУ ТВОЕМУ, К ЭСАВУ, НО ОН ТАКЖЕ ИДЕТ ТЕБЕ НАВСТРЕЧУ, А С НИМ ЧЕТЫРЕСТА ЧЕЛОВЕК.

С одной стороны, Яаков понимает, что развитие возможно только благодаря какой-то связи с Эсавом, потому что Эсав – это весь наш эгоизм, весь наш материал, это вся огромная энергия, это все, с чем можно подниматься к Творцу.

Обойти его Яаков не может?

Нет, обойти никак нельзя. Ты должен постепенно вбирать от него определенные порции его эгоизма. Вбирать в той мере, в которой ты можешь их преобразовывать в альтруистические действия, потому что без эгоизма работать нельзя.

ПОДАЧКА ЭГОИЗМУ

Значит, часть свойств в человеке – «Эсав» – должна все время превращаться в свойство «Яаков»?

Да, да. Яаков, вбирая в себя желания Эсава и адаптируя их в себе, превращается в Исраэль. Поэтому обойти это никак нельзя. Но каким образом можно найти какие-то возможности взаимодействовать с ним?

С одной стороны, эгоизм желает абсолютно, полностью поглотить нас. С другой стороны, он создан и управляем Творцом. Эгоизм намеренно нас пугает, запутывает, намеренно обводит вокруг пальца для того, чтобы мы стали еще хитрее, еще мудрее, чтобы мы поняли его систему.

ГЛАВА «И ПОСЛАЛ»

И обманули эгоизм. Подкупили. Здесь Яаков говорит Эсаву: «Я дам тебе волов, ослов, овец…».

Да. Понять, каким образом можно бросить эгоизму какую-то подачку, чтобы он пока успокоился. А в это время управлять им потихоньку, понемногу – так, как мы делаем с животными, приручая их, даже с дикими животными, с дикой природой. В любом нашем действии мы вынуждены тратить энергию и отдавать что-то, а взамен этого получать.

Так же, как во всем, в любом изделии, есть затраты абсолютно ненужные: мы тратим энергию и как бы проигрываем, но благодаря этой затрате, получаем какой-то выигрыш. Существует коэффициент полезного действия. Иначе никак не сделаешь. Это определяется той пользой, которую можно извлечь, применяя, используя материал для себя: 4 процента, 10, 20, 90 процентов.

Мы должны тратить энергию, отдавать ее на работу с материалом, с эгоизмом. Когда ты замораживаешь эгоизм, ты как бы приподнимаешься, и у тебя получается сверхпроводимость: ничто тебя не задерживает, уже работают совсем другие законы.

Почему бы тогда вообще не заморозить эгоизм?

Невозможно.

Я не особо понимаю в сверхпроводниках. У меня техническое образование, но я давно все забыл. Вот вы говорите: «Надо перерабатывать эгоизм…».

Сверхпроводники – это такое состояние материи, когда она не сопротивляется прохождению через нее электрического тока. Она не сопротивляется работе, которую ты хочешь проделать.

Так почему же нельзя заморозить Эсава?

Нет, невозможно. Невозможно, потому что ты ничего не получишь. Это явление можно использовать в каких-то определенных изделиях, опытах или преобразованиях, но работать с этим ты не можешь. Ты должен верно использовать эгоизм, воспользоваться его сопротивлением.

Можно привести такой пример. Допустим, человек, обладающий огромным желанием, жесток. Если он варвар, который много чего хочет в жизни: всё завоевать, всё узнать и познать, – то, преобразуя его эгоизм во что-то хорошее, ты получишь огромную пользу. Если у него маленький эгоизм, то он плывет над ним, как в сверхпроводнике – нет сопротивления, и, конечно, он способен лишь на маленький прыжок.

Эгоизм каждого, кто хочет быть выше, должен быть больше. После того, как Яаков был у Лавана и у него уже есть жены, дети, огромное стадо скота – для того, чтобы расти дальше, ему необходим Эсав.

Эсав – очень «крутой». В свое время он убил Нимрода – царя эгоизма…

Нимрод – это Вавилонский царь, это – вся Вавилонская башня.

Написано: убил царя на охоте. Эсав убил Нимрода, то есть теперь в человеке властвует свойство Эсав?

Да. Происходит дальнейшее развитие эгоизма: из Нимрода вышел Эсав.

ГЛАВА «И ПОСЛАЛ»

ВСЕ НАЧИНАЕТСЯ СО СТРАХА

Яаков обращается к Творцу. Вот молитва его:
/12/ О, ИЗБАВЬ МЕНЯ ОТ РУКИ БРАТА МОЕГО, ОТ РУКИ ЭСАВА! ИБО Я БОЮСЬ ЕГО: КАК БЫ НЕ НАГРЯНУЛ ОН И НЕ ПОРАЗИЛ У МЕНЯ МАТЬ С ДЕТЬМИ.

Вот этого он боится.

Да. Яаков боится последствий. Потому что он должен развиваться дальше. «Мать с детьми» – имеется в виду его нуква², через которую он рожает свою следующую ступень. Таким образом, человек развивает себя. Конечно, он хочет получить только дополнительный довесок для того, чтобы развиваться дальше. А здесь предстает перед ним такой Циклоп. Как отрезать от него маленький кусочек для того, что бы подняться еще немножко, еще, еще?

Только «порционно» мы можем двигаться к цели, потому что она противоположна нашим свойствам. Мы находимся в свойстве получать, в эгоистических свойствах, а наша цель альтруистическая. К ней можно приближаться только постепенно и последовательно, пошагово. Поэтому, когда перед человеком возникает такая огромная эгоистическая гора, когда он видит ее, это его настолько пугает…

И он обращается к Творцу?

Он не в состоянии! Обращаться к Творцу – это хорошо, но до этого надо дойти. Сначала его охватывает страх. Он не обращается к Творцу, он просто пугается, он не знает, что делать.

---

2   Нуква, МАЛХУТ – сфира или парцуф, получающий от всех предыдущих парцуфим

«Я боюсь», – он говорит.

Да. Потом, спустя какое-то время, приходит осознание, определение, внутренний анализ. И только тогда появляется движение к Творцу: если я обращусь, если я попробую, если я обзаведусь такими силами, то смогу идти навстречу Ему.

Это еще одно доказательство, что все начинается со страха. Вообще все начинается со страха?

Конечно, всегда так. Если я стою напротив эгоизма, лично я, а Творец стоит сбоку и специально мне это подстраивает (как Моше: маленький Моше – против огромного Фараона), то, конечно, моим первым ощущением будет страх. Но страх этот не физический. Это страх того, что я не смогу выполнить свое предназначение.

Альтруистическое предназначение?
В Мидраше очень интересно написано:
Перед встречей с Эсавом Яаков спрятал свою дочь Дину в сундук, поскольку боялся, что она понравится Эсаву, и тот потребует ее себе в жены.

Дина могла бы понравиться Эсаву, так как она ближе всего к нему.

Дина – это дин (*ивр.* – суд). Жесткий суд. И естественно, что она ближе всего к Эсаву. Ему бы Дина точно подошла.

То есть Дина – это первый, кого бы он увидел?

Только ее. Так и мы: мы не видим хороших, альтруистических действий, они нас не интересуют. От нашей природы мы желаем приобрести что-то, на чем можем выиграть.

ГЛАВА «И ПОСЛАЛ»

Эсав – это наш эгоизм, он сразу бы увидел Дину, и она показалась бы ему красивой. Все остальные не показались бы ему красивыми.

Дальше написано в Мидраше:
Но Творец решил, раз ты не хотел совершить доброе дело и отдать Дину в жены своему обрезанному брату (Эсаву), клянусь тебе – ее возьмет необрезанный, да еще без брачного обряда! Она обладала таким духовным величием, что окажись она рядом с Эсавом, – он мог бы исправиться.

Все верно, однако не в этот момент так могло бы случиться. Эти две силы, категории в человеке: Эсав и Дина, – конечно, находятся друг против друга, но их обоих надо исправлять.

Дина тоже не исправлена. Хотя она и дочь Яакова, но еще нуждается в исправлениях. И только в конце, постепенно-постепенно, во многих женских образах она проявится и исправится. И, конечно, далее ее судьба…

Да, судьба ее трагична в человеческом понимании.

АНТИМАТЕРИЯ

Дальше происходит следующее. Поскольку Яаков боится Эсава, он делит свой отряд на несколько частей, как бы говоря: «Если даже он победит одних, другие уйдут». Тут происходит странное, таинственное событие. Яаков остается один.

/25/ И ОСТАЛСЯ ЯАКОВ ОДИН, И БОРОЛСЯ ЧЕЛОВЕК С НИМ ДО ВОСХОДА ЗАРИ. /26/ НО УВИДЕЛ ТОТ, ЧТО

НЕ ОДОЛЕВАЕТ ЕГО, И ТРОНУЛ СУСТАВ БЕДРА ЕГО, И ВЫВИХНУЛСЯ СУСТАВ БЕДРА ЯАКОВА В БОРЬБЕ ЕГО С НИМ. /27/ И СКАЗАЛ ТОТ: «ОТПУСТИ МЕНЯ, ИБО ВЗОШЛА ЗАРЯ». НО ОН СКАЗАЛ: «НЕ ОТПУЩУ ТЕБЯ, ПОКА НЕ БЛАГОСЛОВИШЬ МЕНЯ». /28/ И СКАЗАЛ ЕМУ ТОТ: «КАК ИМЯ ТВОЕ?». И СКАЗАЛ ОН: «ЯАКОВ». /29/ И СКАЗАЛ ТОТ: «НЕ ЯАКОВ ДОЛЖНО БЫТЬ ВПРЕДЬ ИМЯ ТВОЕ, А ИСРАЭЛЬ: ИБО ТЫ СОСТЯЗАЛСЯ С АНГЕЛОМ И С ЛЮДЬМИ, И ОДОЛЕЛ». /30/ И СПРОСИЛ ЯАКОВ, СКАЗАВ: «СКАЖИ ЖЕ ИМЯ ТВОЕ». И СКАЗАЛ ТОТ: «ЗАЧЕМ СПРАШИВАЕШЬ О МОЕМ ИМЕНИ?». И БЛАГОСЛОВИЛ ОН ЕГО ТАМ. /31/ И НАРЕК ЯАКОВ ИМЯ МЕСТУ ТОМУ ПНИЭЛЬ, ИБО: «АНГЕЛА ВИДЕЛ Я ЛИЦОМ К ЛИЦУ И ОСТАЛСЯ В ЖИВЫХ».

Кого Яаков увидел? С кем он боролся?

Пниэль: Панэ – это паним (*ивр.* – лицо), Эль – Бог, Творец.

Яаков боролся с Творцом, получается?

Вот поэтому-то Он и не мог ему сказать. Это была борьба с Творцом. Конечно. Творец поддерживает эгоизм. Он держит его в напряжении. Он держит его в такой силе, что нам надо затрачивать огромные усилия, проходить выяснения, делать анализы, решать проблемы – иначе мы не поймем Творца.

Творец создал свой противоположный образ для того, чтобы находясь против Него, мы постепенно узнавали Его самого. Из противоположного.

ГЛАВА «И ПОСЛАЛ»

ЗАКОН ОТРИЦАНИЯ ОТРИЦАНИЯ

Как противоположность нашего мира духовному, так и Творца мы постигаем из Его противоположного: из Эсава, из Фараона, Билама, Балака, Амана и так далее – в общем, весь набор отрицательных образов.

И это всё – Творец, который каждый раз облачается в различные свойства, другие образы. Так мы постепенно познаем Его.

То есть человек как бы в себе самом ощущает все эти противоречия?

Яаков борется со своей противоположностью Творцу и желает победить, то есть сделать из нее подобие. И он одолевает. Для своей ступени он одолевает этот образ, эту силу. Но тут надо, конечно, объяснять…

Поэтому Яаков получает имя Исраэль?

Да. Поскольку начинает приближаться к состоянию, когда из маленького состояния, катнут, он переходит в большое состояние, гадлут, когда он начинает овладевать системой из трех линий.

У Яакова в руках появляются: правая линия – своя, идущая от Авраама; левая линия, идущая от его отца Ицхака; а он сам становится третьей линией – могучий, властный, владеющий всем этим состоянием, называемым «Яаков и Исраэль». Малое состояние – «Яаков», большое – «Исраэль».

Это значит, что у потомков Яакова будет возможность увидеть самый большой эгоизм?

Да. Потомки Яакова смогут правильно преобразовывать эгоизм. Они будут в состоянии идти с помощью этих трех линий.

Они получают свыше две силы: отрицательную – эгоистическую и положительную – альтруистическую. И каждый раз сами делают из них такое состояние, которое возводит эгоизм на его нормальную ступень, а альтруизм, правую линию, еще выше.

В правильном сочетании правой и левой линии, чтобы всегда альтруистические намерения работали над эгоизмом и использовали его на отдачу, они поднимаются.

ЕСТЬ К КОМУ КРИЧАТЬ

Значит, человеку, приобретшему среднюю линию, ничего не страшно? Он может увидеть свое самое эгоистическое состояние?

Он видит самые страшные эгоистические состояния. Но относительно них, против них, с правой стороны у него всегда есть силы правильно совладать с этими состояниями.

То есть он всегда находится в постоянной связи с Творцом?

Да. Даже в самых жутких состояниях.

И они, эти состояния, для него тоже являются жуткими?

Открой Псалмы Давида, посмотри, как он пишет.

Да, он там кричит к Творцу. Но пусть жуткие состояния, но все равно есть ощущение, что вот-вот появится свет?

Да. Есть к кому кричать, есть связь.

А все падения каббалистов, которые существовали во все времена? Ужасные падения. Но есть к кому кричать.

ГЛАВА «И ПОСЛАЛ»

Ужасные падения! Главное, что эта связь остается. Обрывается, обрывается, обрывается канат… и остается ниточка – и за самый конец ты все-таки ее держишь.

Даже если я не могу сложить слова, как было у Бааль Шем Това…

Это неважно. Но она есть. Если и обрываются наши связи с Творцом, то на мгновение. Чтобы подняться на следующую ступень, должен быть разрыв между ступенями, потому что возникают совершенно новые десять сфирот, совершенно новая конструкция. Когда связь обрывается, она обрывается не человеком, а свыше, и поэтому восстанавливается.

В самом страшном обрыве, в самом страшном падении существует понимание, что сейчас будет следующий шаг?

Человек чувствует, что он снижается и входит в падение. И он постоянно работает в этом падении. От него это не зависит, он продолжает свое дело. Вот как машина едет: горки, ухабы – неважно. Надо двигаться.

Известно, что машина должна доехать до Иерусалима.

Конечно.

Ваш постоянный совет о падениях, подъемах – вы говорите: «Увеличить их частоту»?

Ускорить. Если ты можешь ускорить продвижение, то этим, кстати говоря, ты сглаживаешь дорогу. Обычно мы едем по ухабистой дороге медленно, чтобы нас не растрясло. Но если мы сможем своим экраном не чувствовать подъемы и падения – они будут совершенно одинаковы для нас, то мы сгладим их, сделаем из них прямую.

Поясните.

Что я хочу сказать? В той мере, в которой человек воспринимает падения как подъемы, в той мере он может увеличить скорость. Иначе скорость не увеличишь. То есть твоя машина может выдержать, допустим, 10 ухабов в час. Если эти ухабы ты сгладишь, тогда ты сможешь продвигаться с большей скоростью. Ты не будешь замечать маленькие колебания.

У вас был когда-то хороший пример о глиссере. По воде он идет, и все волны его совершенно не волнуют, не интересуют. Глиссер катит, летит...

ХРОМОЙ ЯАКОВ

/32/ И ВЗОШЛО ПЕРЕД НИМ СОЛНЦЕ, КОГДА ОН ПРОХОДИЛ ПНУЭЛЬ, А ОН ХРОМАЕТ НА БЕДРО СВОЕ. /33/ ПОЭТОМУ СЫНЫ ИЗРАИЛЯ ДО НАСТОЯЩЕГО ДНЯ НЕ ЕДЯТ СЕДАЛИЩНОГО НЕРВА, КОТОРЫЙ У СУСТАВА БЕДРА, ПОТОМУ ЧТО ПОРАЗИЛ ТОТ СЕДАЛИЩНЫЙ НЕРВ ЯАКОВА.

Яаков не может работать полностью со всеми желаниями.

Как бы нижние конечности духовного строения не могут быть использованы им.

Седалищный нерв – как раз низ?

Да. Яаков хромает. Он не в состоянии их использовать, потому что нет у него столько сил. В конце исправления,

Глава «И послал»

когда он исправит всё, кроме нижних конечностей в их правильном, нормальном виде, называемых НЭХИ или АХАП, только тогда произойдет их полнейшее исправление. А до этого состояния – нет.

И он не может использовать сосуды получения, нижнюю часть своего духовного парцуфа?[3]

Нет.

/1/ И ВЗГЛЯНУЛ ЯАКОВ, И УВИДЕЛ, ВОТ, ЭСАВ ПРИХОДИТ, И С НИМ ЧЕТЫРЕСТА ЧЕЛОВЕК; И РАССТАВИЛ ОН ДЕТЕЙ ПРИ ЛЕЕ, И ПРИ РАХЕЛИ, И ПРИ ДВУХ РАБЫНЯХ. /2/ И ПОСТАВИЛ РАБЫНЬ И ДЕТЕЙ ИХ ВПЕРЕДИ, ЛЕЮ И ДЕТЕЙ ЕЕ ПОЗАДИ, РАХЕЛЬ ЖЕ С ЙОСЕФОМ ПОСЛЕДНИМИ

А вот что написано в Мидраше.

В это время жены и дети Яакова подошли поближе, чтоб поклониться Эсаву. Эсав увидел всех, кроме Рахели, ибо Йосеф встал перед ней во весь рост, чтобы Эсав ее не увидел. «Кто знает, что на уме у этого нечестивца – подумал Йосеф, – я не дам ему смотреть на мать и не хочу, чтобы она его видела. Она беременна и, не дай Бог, от неожиданного испуга у нее будут какие-нибудь неприятности.

Почему Йосеф закрывает свою мать?

Во-первых, Йосеф – это не Яаков. Йосеф – это следующая ступень, которая находится между Яаковом и Эсавом.

---

[3] Духовный парцуф – желание наслаждаться Творцом, снабженное экраном (то есть, способное получить свет).

Самая крутая ступень.

Да, Йосеф – самая низшая ступень, самая сильная ступень, которая действительно может идти против Эсава. И мы видим, что потом он выходит против Фараона и так далее. Поэтому он заслоняет мать. Мать беременна Биньямином, его младшим братом.

Которого потом Йосеф попросит остаться в Египте?

Да. Йосеф понимает, что ему предстоит в дальнейшем. Это свойство в человеке понимает, человек ощущает, что в дальнейшем именно с этим свойством, свойством Биньямин, он должен будет работать с Эсавом, когда Эсав возвысится, переродится, то есть обретет еще большую эгоистическую толщу и станет Фараоном. Так постепенно оно идет. Все герои – это всего лишь две линии: наш эгоизм в различных ипостасях и альтруизм.

Нимрод, Эсав, Фараон – это всё одна цепочка?

Да, это всё – одна цепочка.

Яаков – он не с этой стороны. Яаков – посредине. Йосеф – еще ближе к средине. Он уже связывает одну линию с другой.

Йосеф, от слова «собирающий». Он начинает соединять правую и левую линию. Он даже с Фараоном, с эгоизмом, правильно работает: так, что в эгоизме происходит накопление, то есть эгоизм радуется этой духовной работе.

Понимаешь, какой это интересный период? Когда эгоизм абсолютно наполняется, то все, весь мир продается Египту в рабы. Только бы выжить, не умереть от голода. И только потом Моше начинает обратный процесс.

Борьбу, восстание...

Да. Когда Яаков нисходит в Египет за Йосефом, он благословляет Фараона. Яаков боялся эгоизма (в качестве Эсава), но когда Йосеф принимает на себя работу и соединяет все (Йосеф – от слова «связывать», соединять эти две линии), тогда Яаков тоже может примкнуть к этому и благословить.

Интересно, что не Яаков закрывает свою жену, а Йосеф закрывает свою мать.

Потому что Йосеф – это следующая ступень. Уже переходит в следующее преобразование.

Он вступает в следующую ступень? Яаков уже назван Исраэлем? И появляется Йосеф.

Да.

Я скажу, как сценарист, что это просто потрясающе! Всё так завязано, так круто идет! В человеке!

Да, но это не видно. Сценарий написан туманно: указываются поступки действующих лиц, но смысл их не поясняется.

Да, противоречия существуют. Ты думал, что порядочный человек первородства не купит, а здесь происходит обратное. В общем, потрясающий сценарий.

И ОНИ ЗАПЛАКАЛИ

Я нашел в Мидраше интересную вещь. Здесь написано очень сложно. Например, о встрече Эсава и Яакова говорится так:

«Вместо того чтобы пустить в Яакова стрелу, – так подумал Эсав, – лучше подпущу-ка его поближе и вцеплюсь в него зубами». Яаков подошел, они обнялись и... Эсав, действительно, вцепился зубами в шею брата. Однако опять произошло чудо – и шея Яакова стала твердой, как мрамор.

Так говорится в Мидраше. А в письменной Торе так:
/4/ И ПОБЕЖАЛ ЭСАВ ЕМУ НАВСТРЕЧУ, И ОБНЯЛ ЕГО, И ПАЛ ЕМУ НА ШЕЮ, И ЦЕЛОВАЛ ЕГО, И ОНИ ЗАПЛАКАЛИ.

Что это за мысли у Эсава, о которых говорит Мидраш?
Это, действительно, целая трагедия. Мы не можем даже передать это нашим языком, потому что речь идет о двух свойствах в человеке: эгоистическом и альтруистическом – и о том, как они в нем воюют.

Эсав – эгоистическое, а Яаков – альтруистическое свойство?
Да, и это в одном человеке. И они равны между собой и постоянно находятся в противоречии и в борьбе. Если человек хочет идти вперед, он должен постоянно ощущать себя в равновесии между этими двумя силами. Он как бы разрывается между ними. Он не знает, с кем правда, с кем идти, кто побеждает, а кто нет.
А побеждающий? Прав ли он? Или он побеждает каким-то коварным методом?

Это как бы падения и подъемы внутри человека?
Падения, подъемы, анализ внутренних свойств и происходящего. С одной стороны, эгоизм так близок мне – это моя природа, и я – в ней.

Глава «И послал»

И я решаю быть с Эсавом...

Это мой дом, моя семья, это всё мое. Как же со всем этим быть? Куда я это дену? Вдруг надо подняться над ним куда-то – непонятно куда. Яаков зовет подниматься вверх ради каких-то совершенно нереальных, абстрактных ценностей. Я вообще не понимаю, чего от меня требуют. Почему я должен пренебрегать всем этим миром, чтобы подняться над ним в какое-то иное измерение?

В общем, внутри человека, пока меняется его взгляд, происходят очень непростые метаморфозы. Отсюда эти сомнения. Изначально он что-то планирует – получается по-другому, и вдруг, в итоге, оказывается третье...

МЫ ВСЕ – ЭСАВ

Это Вы говорите о том, что Эсав хотел пустить в него стрелу и вцепиться в шею зубами?

Да. А Яаков не знает, что делать, и весь, прямо, дрожит. Он посылает Эсаву впереди себя подарки, просит помощи свыше и готовится к войне, а своих близких и самых дорогих оставляет сзади, за спиной.

Всё это говорит о том, как человек должен работать со своим эгоизмом – ведь всем нам суждены благие порывы и в то же время есть в нас такое темное дно, такое болотное...

Мы, в основе своей, – Эсав или Яаков?

Мы все – Эсав.

Причем, такие, знаешь... Но если в человеке немножко загорается, если возбуждается в нем это желание приподняться...

Яаков?

Яаков – это «в обход» (*ивр.* – экев). То есть выйти из эгоизма каким-то своеобразным, непрямым путем, ведь невозможно прямым путем выйти из эгоизма.

Обманом Эсава?

Да, именно обманом, то есть окружным путем выйти из эгоизма. Когда выходишь из него окружным путем, ты накапливаешь понимание, знание, силы и методику такого отношения к Эсаву, к своему эгоизму, что можешь потом постепенно перерабатывать его в альтруизм.

Не уничтожая его?

Нет, не уничтожая, а исправляя. В природе вообще ничего не уничтожается.

Вся глава говорит об этой встрече. Такая встреча происходит в человеке постоянно, на каждой ступени, когда он начинает соскабливать, снимать новый пласт со своего эгоизма и поднимать его вверх к альтруистическому применению, к альтруистическим свойствам.

Каждый раз происходит такая встреча. И каждый раз это – проблема. И каждый раз – внутренняя борьба и тревога.

Красиво!

Это красиво, но стоит много нервов.

Вы говорите, что весь путь Торы – это снимание таких пластов?

Да. Ты как бы соскребаешь еще один пласт и еще, и еще.

Промываешь себя?

Да. Похоже на то, как мама или бабушка кормят ребенка, который сам еще не в состоянии разжевать кусочек яблока. Она ложечкой выскребает яблоко изнутри и дает ему то, что смогла наскрести. Еще немножко, еще немножко, и так ребенок съедает все яблоко.

Такое отношение и к нам?

Да. Именно таким образом мы можем взять от Эсава еще немножко и еще немножко и растем, как этот малыш.

Дальше Эсав говорит: «Пошли вместе». Яков в ответ: «Иди первый. Я тут с молодыми, – говорит он, – со слабыми. Я пойду за тобой».

РАЗОЙДЕМСЯ КРАСИВО

Тут проблема в том, кто ведет: эгоизм ведет обоих, Яакова и Эсава, или Яаков ведет.

Поэтому Яаков не идет за Эсавом сейчас?

Да. Он говорит: «Вместе мы идти не можем. Тогда у нас будет проблема, кто ведет. Ты иди в одну сторону, я – в другую. А в итоге нашего параллельного развития и встреч на разных уровнях…»

…время от времени…

Да, время от времени… «Мы постепенно придем к тому, что не будем мешать друг другу, а будем совместно максимально использовать друг друга».

/16/ И ВОЗВРАТИЛСЯ ЭСАВ В ТОТ ЖЕ ДЕНЬ ПО ДОРОГЕ СВОЕЙ ОБРАТНО, В СЕИР. /17/ ЯАКОВ ЖЕ

ДВИНУЛСЯ В СУКОТ, И ПОСТРОИЛ СЕБЕ ДОМ, А ДЛЯ СКОТА СВОЕГО СДЕЛАЛ ШАЛАШИ; ПОЭТОМУ И НАЗВАЛ ОН ЭТО МЕСТО СУКОТ.

Итак, мы добрались до шалашей.

Да. Дом Эсава очень важен. Сеир – волосы (*ивр.* – сеарот). Сеарот – от слова соэр (бушующий). То есть Эсав – несчастный, пустой. Эсав – это огромные желания, которые он не в состоянии наполнить. И он снова к ним возвращается.

То есть возвращается в пустоту? А Яаков?

Яаков, наоборот, строит шалаш.

Шалаш, сукка – это такой сосуд для данного состояния. Но его он может наполнить, потому что у него уже есть крыша. В России понимают, что значит «крыша».

Да. У нас есть «крыша» – мы можем спокойно работать.

Шалаш (сукка) – имеется в виду, что у тебя есть четыре стены, построенные по определенному закону: не выше 10 метров, над ними – крыша. Десять метров символизируют десять сфирот. Крыша символизирует экран, который защищает душу, находящуюся внутри этой сукки, от прямого света, – она отражает этот свет.

От эгоистического получения?

Да. От прямого получения. После этой встречи Яаков в состоянии выстроить такую сукку, такой шалаш, потому что он получил от Эсава некоторое эгоистическое желание.

А Эсав, к сожалению, возвращается обратно к себе домой.

В пустоту.

В пустоту и даже в еще большее отчаяние.

На самом деле, можно пожалеть Эсава.

Да, наш эгоизм очень страдает, на самом деле. Но что можно сделать? Именно благодаря тому, что он страдает, мы достигаем конечной цели. Нельзя рассматривать его в отрыве от нас. Ведь эгоизм – наша истинная природа.

СУККА ИЗ МУСОРА

Говорят, что в этом шалаше, который строится в Суккот, крыша не должна касаться стен. Почему?

Существует очень много условий для правильного построения сукки. Потому что она символизирует исправленное состояние человека – душу. Когда все желания человека правильно составлены между собой, как части единого организма: сердце, легкие, почки, печень, селезенка и так далее, – всё вместе правильно составлено, правильно функционирует и взаимодействует. То есть они уже представляют собой ту пустую емкость, в которую может вселиться оживляющая сила, жизнь.

Правильно – это строить сукку (шалаш) из ненужного материала, из уже неживой материи – бывшей растительной, но ставшей неживой, мертвой, срубленной. Нельзя делать сукку из живого материала, например, нельзя согнуть дерево и использовать его вместо навеса. Нельзя.

Только из уже ненужного, из мусора?

Только из мусора, из остатков всего, что было в поле. Когда человек работает в поле, всё, что остается у него: колоски, снопы, сено, всякие остатки (плоды он забирает).

А то, что выбрасывается...

Но что значит «выбрасывается»? Он строит свою душу из самого эгоистически ненужного материала, из того, что действительно может пойти только на отдачу. То есть душа находится там, где лежат самые не важные для нас, не главные в нашей обычной жизни цели, наполнения, мысли, чаяния, на которые мы не обращаем внимания.

В духовном всё наоборот?

Всё наоборот, абсолютно всё.

Разум человеческий не согласится с тем, что Вы говорите.

В этом-то и заключается борьба Эсава и Яакова.

Именно в этой борьбе, где они оба равны и борются за свое первородство: «кто впереди», «ради кого действуем». Но действуют они вместе и не могут один без другого. Так эти два свойства в человеке и идут вместе до конца, до полного исправления, когда они объединяются и превращаются в одно единое целое.

Слушать Вас сейчас – это и называется вера выше разума?

Да. Весь этот путь называется верой выше разума. Вера – это свойство отдачи. Это не та вера, когда я с закрытыми глазами верю во что-то, о чем мне просто говорят, но чего я никогда не видел и не знаю. Вера – это свойство отдачи, которое я поднимаю выше свойства получения.

Глава «И послал»

Я думаю, мы еще будем много говорить о вере выше разума, потому что это основа всего.

Дальше происходит трагическая история. Яаков приходит в Шхем...

Как будто раньше история не была трагическая...

Да. Вся Тора состоит из трагических историй.

ИЗНАСИЛОВАННАЯ ДИНА

Яаков приходит в Шхем, который в стране Кнаан, и там происходит следующее:

/1/ И ВЫШЛА ДИНА, ДОЧЬ ЛЕИ, КОТОРУЮ ОНА РОДИЛА ЯАКОВУ, ПОСМОТРЕТЬ НА ДОЧЕРЕЙ ТОЙ СТРАНЫ. /2/ И УВИДЕЛ...

Дина, дочь Леи. Лея – старшая. Это самое большое желание души.

У Яакова было две жены – Лея и Рахель.

Да. Рахель – маленькая, младшая, Лея – старшая. Лея – это огромное желание, с которым человеку сейчас нельзя работать, он не в состоянии направить его на отдачу, на любовь к ближнему. Он должен работать с маленьким желанием – с Рахель. А Лея должна себя ограничивать.

Ограничение Леи называется «дин» – суд, ограничение. Суд ограничивает человека каким-то условием, законом. Поэтому дочь Леи зовут Дина.

Дина – это дочь Яакова, которая является следствием Леи.

/2/ И УВИДЕЛ ЕЕ ШХЕМ, СЫН ХАМОРА-ХИВЕЯ, ВОЖДЯ ТОЙ СТРАНЫ, И ВЗЯЛ ЕЕ, И ЛЕГ С НЕЮ, И НАСИЛОВАЛ ЕЕ.

Несмотря на то, что вообще было запрещено иметь дело с Диной, потому что это такие желания, которые человек не может использовать ради отдачи и любви к ближнему. Шхем использовал это желание ради получения, ради своего удовольствия. Это называется «он лег с ней».

Если я использую то, что запрещено, то как бы беру себе эгоистически?

Да, для самонаслаждения.

Это называется «насилую Дину»?

Да, Дину в себе.

В себе?

Дина – во мне, Яаков – во мне, Шхем, Хамор – все эти свойства во мне.

То есть, я сейчас преступил?

Да.

/3/ И ПРИЛЕПИЛАСЬ ДУША ЕГО К ДИНЕ, ДОЧЕРИ ЯАКОВА, И ПОЛЮБИЛ ОН ДЕВИЦУ...

Почему бы не полюбить ее, если с помощью этого желания ты получаешь наслаждение? Ты возвращаешься к нему, ты ее (это желание) любишь.

Собственно, незаконные вещи мы любим больше на самом деле?

Но если мы можем украсть... Так и сказано: «Украденная вода сладка».

Да, это точно.
И ГОВОРИЛ ОН К СЕРДЦУ ДЕВИЦЫ. /4/ И СКАЗАЛ ШХЕМ ХАМОРУ, ОТЦУ СВОЕМУ, ТАК: «ВОЗЬМИ МНЕ ЭТУ ДЕВУШКУ В ЖЕНЫ!».

То есть Шхем хочет постоянно работать с этим желанием ради самонаполнения. Естественно, это противоречит пути исправления души.

ПЕРВЫЙ ГРЕХ – НЕ ГРЕХ

Изнасилование – в духовном это значит, что я преступаю закон?

Да. Что значит насильно? Здесь есть маленькая проблема, связанная со свободой воли человека.

Я насильно использовал свое желание ради себя вместо того, чтобы использовать его для отдачи, для любви, для наполнения ближнего. Я наполнился им сам – это я сделал или мне это подставили? Это первое.

Второе – я соглашаюсь с этим или нет? Возможно, что первый раз я не понимал, что происходит, был под каким-то влиянием непонятных мне сил, и в результате что-то случилось.

И в нашем мире к человеку, нарушившему закон впервые, суд относится иначе, чем к рецидивисту, к тому, кто уже повторно, сознательно использовал те же самые условия для самонаслаждения, для собственного наполнения.

Но ведь Шхем хочет жениться на Дине, как бы загладить вину?

Что Шхем сказал своему отцу Хамору? «Возьми мне ее в жены. Я желаю вести себя именно таким образом». Это уже преступление!

Первый раз – нет. Это так же, как Адам, когда первый раз вкусил с Древа познания добра и зла. Не считается, что он совершил грех. Первый раз я не знаю, что делаю и что получится из этого. Но второй раз – уже всё. За это ты должен отвечать.

Потому что ты решаешь, уже все данные перед тобой.

Первое изнасилование произошло без моей свободы воли?

Ну, конечно! Подставили меня, допустим, что называется, свыше.

Но второй раз, когда я говорю: «Я хочу продолжать это делать»...

Это уже ты говоришь. Отсюда и начинаются проблемы.

Смотрите, ведь и земные законы соответствуют всем этим вещам.

Мы инстинктивно подсознательно понимаем, что так все обстоит на самом деле.

Психология работает. Можно сказать в общем, что материалистическая психология – это часть каббалы.

/5/ И ЯАКОВ УСЛЫШАЛ, ЧТО ОН ОБЕСЧЕСТИЛ ДИНУ, ДОЧЬ ЕГО... /6/ И ВЫШЕЛ ХАМОР, ОТЕЦ ШХЕМА, К ЯАКОВУ, ЧТОБЫ ПОГОВОРИТЬ С НИМ. /7/ СЫНОВЬЯ ЖЕ ЯАКОВА, УСЛЫШАВ, ПРИШЛИ С ПОЛЯ; И ОГОРЧИЛИСЬ ЛЮДИ ЭТИ, И СТРАШНО РАЗГНЕВАЛИСЬ, ИБО МЕРЗОСТЬ СОВЕРШИЛ ОН С ИЗРАИЛЕМ, ИЗНАСИЛОВАВ...

ГЛАВА «И ПОСЛАЛ»

То есть желание, которое надо было направить на отдачу и любовь к ближнему, использовал для себя. Человек при этом совершил в себе огромный антидуховный поступок.

Что сейчас делать, каким образом он может себя исправлять? Давай будем говорить об одном человеке, а не о театре многих действующих лиц. Это не должно быть сложно. Как в театре кабуки, когда показывается внутренняя жизнь человека в виде нескольких внешних образов. Это возможно.

ПОЛНАЯ КОНСТРУКЦИЯ ДУШИ

Теперь возмутились дети.

Возмутились. Дети – это 12 сыновей Яакова, которые представляют собой 12 уже исправленных свойств.

Эти 12 исправленных свойств представляют собой полную конструкцию души. Ведь душа состоит из четырех частей: хохма, бина, зэир анпин и малхут, каждая из которых состоит из трех линий. 4 умножить на 3 равно 12 – полная конструкция души, которая должна исправлять малхут, в том числе Дину, стеречь ее, чтобы ею не пользоваться. Это как бы их сестра, причем, сестра – это та часть, где получается свет хохма.

Дина, в принципе, – как лакмусовая бумажка, такая проверка...

Нет. Это очень сильное эгоистическое свойство...

...которое нельзя не взять? Такое красивое...

Да, поэтому они и возмутились: как можно было использовать ее ради себя?! И единственное, что здесь можно сделать, – это убить, то есть полностью срезать это эгоистическое намерение. Так что у них не оставалось другого выхода.

Они должны были просто вырезать весь этот Шхем.

Сейчас мы это прочтем. Происходит следующее:

/13/ И ОТВЕЧАЛИ СЫНЫ ЯАКОВА ШХЕМУ И ХАМОРУ, ОТЦУ ЕГО, И С ЛУКАВСТВОМ ГОВОРИЛИ, ТАК КАК ОН ОБЕСЧЕСТИЛ ДИНУ, СЕСТРУ ИХ. /14/ И СКАЗАЛИ ИМ: «НЕ МОЖЕМ ЭТОГО СДЕЛАТЬ, ВЫДАТЬ НАШУ СЕСТРУ ЗА ЧЕЛОВЕКА, У КОТОРОГО ПЛОТЬ КРАЙНЯЯ, ИБО ЭТО БЕСЧЕСТИЕ ДЛЯ НАС».

За человека, который использовал ее ради себя. Это называется «использование крайней плоти», то есть те желания, которые невозможно использовать на отдачу, он использовал для того, чтобы «совокупиться», соединиться с этим желанием – с Диной.

ЭТО НАЗЫВАЕТСЯ «БЫТЬ ОБРЕЗАННЫМ»

/15/ ТОЛЬКО НА ТОМ СОЙДЕМСЯ С ВАМИ, ЕСЛИ БУДЕТЕ, КАК МЫ, ЧТОБЫ ОБРЕЗАН БЫЛ У ВАС КАЖДЫЙ МУЖЧИНА. /16/ И БУДЕМ ВЫДАВАТЬ ДОЧЕРЕЙ НАШИХ ЗА ВАС, А ВАШИХ ДОЧЕРЕЙ БРАТЬ БУДЕМ ЗА СЕБЯ, И ПОСЕЛИМСЯ У ВАС, И СТАНЕМ ОДНИМ НАРОДОМ. /17/ ЕСЛИ ЖЕ НЕ ПОСЛУШАЕТЕСЬ НАС В ТОМ, ЧТОБЫ ОБРЕЗАТЬСЯ...».

Ставят условие. Нормальное, вроде бы, условие: если вы хотите быть такими, как мы, породниться с нами, то вы должны тоже использовать свое эгоистическое желание только в той мере, в которой вы можете использовать его в альтруистическом ключе, то есть в обрезанном. Использовать только часть из вашего эгоизма, которую можно переделать в альтруизм. Это называется «быть обрезанным».

Они как бы говорят: «Если вы поставите границу»?
Да. Тогда вы будете подходить Дине и сможете использовать ее нормально.

Но дело в том, что вообще нельзя Дину использовать до конца исправления.

Поэтому то, что они говорят, что все жители Шхема должны обрезаться, с одной стороны, правильно. А с другой стороны, они понимают и знают, что всё равно невозможно сделать так, чтобы жители Шхема (желания, которые называются Шхем) даже после обрезания…

Они сделали себе обрезание, они исправили себя, но всё равно и в таком состоянии они не могут работать с желаниями, называемыми Диной. Поэтому пока их надо полностью уничтожить, то есть полностью убрать. Невозможно убрать только кусочек их желания, надо полностью убрать их намерение ради себя. Это и называется, что умерщвляют весь Шхем.

Вернулся Хамор (отец) к жителям Шхема и сказал: «Вот такое условие. Тогда мы сможем с ними жить, жениться, рожать от них и так далее».

То есть брать их желания и использовать для себя – вот что Хамор хочет.

Да, но он говорит: «Давайте обрежемся». И народ соглашается.

Народ не понимает. Он думает, что может «обрезаться» в своем эгоистическом желании.

Так же, как в нашем мире есть альтруисты, которые работают, якобы, на других, а на самом деле ради себя.

Так же мы говорим о «разбиении сосуда» – сосуд уверен, что сможет выдержать этот свет?

Поговори с любым человеком: «Да я! Да я готов! Да я даю!». Это то, что хамор (хомер – материя) говорит человеку: «Да, пожалуйста! Ты возьми. Дай ему, дай ему. Разве я против?!». И ты уже альтруист, ты уже и духовный человек.

До тех пор, пока не уберешь полностью, не убьешь в себе, не уничтожишь (не зарежешь) все эти намерения, – только после того, как ты отрежешь их все, – только после этого начнешь понимать, что надо восстанавливать их с нуля. А просто так кусочек от них – от эгоистического желания – ты не отрежешь.

Ну, вот они обрезались.

/25/ И БЫЛО НА ТРЕТИЙ ДЕНЬ, КОГДА ОНИ БЫЛИ БОЛЬНЫ, ВЗЯЛИ ДВА СЫНА ЯАКОВА, ШИМОН И ЛЕВИ, БРАТЬЯ ДИНЫ, КАЖДЫЙ СВОЙ МЕЧ, И НАПАЛИ НА ГОРОД БЕЗБОЯЗНЕННО, И ПЕРЕБИЛИ ВСЕХ МУЖЧИН. /26/ ТАКЖЕ ХАМОРА И СЫНА ЕГО, ШХЕМА, УБИЛИ ОНИ ОСТРИЕМ МЕЧА И ВЗЯЛИ ДИНУ ИЗ ДОМА ШХЕМА, И ВЫШЛИ. /27/ СЫНОВЬЯ ЯАКОВА ПРОШЛИ ПО УБИТЫМ И РАЗГРАБИЛИ ГОРОД, ТАК КАК ОБЕСЧЕСТИЛИ СЕСТРУ ИХ.

Тут вообще происходят страшные вещи! Поясните, как их понимать в духовном аспекте?

ГЛАВА «И ПОСЛАЛ»

ДВА ТРИНАДЦАТИЛЕТНИХ МАЛЬЧУГАНА

В духовном это происходит очень просто. Проводишь свет на желания, которые выявляются как противоположные свету и, таким образом, заканчиваешь с ними.

А Вы говорили, что надо немного «прыгать» между состоянием духовным и...

Но не здесь. Прыгать, когда ты находишься между ними. Здесь же совершенно ясно, какой должен быть суд.

Смотрите, что пишет Мидраш:

Удалось спастись только двадцати жителям Шхема. Они сбежали в город Тапуах и сообщили местному царю о том, что Шимон и Леви уничтожили Шхем.

– Не может быть, чтобы два тринадцатилетних мальчика вырезали население такого большого города, как Шхем, – воскликнул Йишви, царь Тапуаха. – Я отправлю в Шхем разведчиков, чтобы они выяснили, что произошло на самом деле.

Когда разведчики вернулись, они сообщили, что Шхем лежит в развалинах, а все мужчины и скот перерезаны.

– Неслыханно! – разгневался Йишви. – Даже во времена Нимрода такого не бывало. Чтобы два человека опустошили большой город! Мы должны отомстить им! Однако советники отговорили его воевать с родом Яакова.

– Не пытайся нападать на тех двоих, что сумели стереть с лица земли целый город, – упрашивали они царя.

Вот что написано в письменной Торе:

/30/ И СКАЗАЛ ЯАКОВ ШИМОНУ И ЛЕВИ: «СМУТИЛИ ВЫ МЕНЯ, ОПОЗОРИВ МЕНЯ СРЕДИ ЖИТЕЛЕЙ ЭТОЙ СТРАНЫ – КНААНЕЕВ И ПРИЗЕЕВ! Я ЖЕ МАЛОЛЮДЕН:

СОБЕРУТСЯ ПРОТИВ МЕНЯ И ПОРАЗЯТ МЕНЯ, И ИСТРЕБЛЕН Я БУДУ С ДОМОМ МОИМ». /31/ НО ОНИ СКАЗАЛИ: «НЕУЖЕЛИ, КАК С БЛУДНИЦЕЙ, ПОСТУПАТЬ ЕМУ С СЕСТРОЙ НАШЕЙ?».

Что тут произошло? По Мидрашу два тринадцатилетних мальчугана…

Это не мальчуганы! Тринадцатилетние – то есть, они были уже во взрослом состоянии.

Это не значит, что им по 13 лет?

Нет. Годы не имеют значения. Это же душа.

Это уже состояние постижения?

Да, это душа, которая в состоянии провести свет хохма. И этот свет хохма, который приходит на желания Шхем уничтожает их, просто отрезает их от себя, от жизни.

Их уничтожение – это их ощущение, что они при этом свете не могут существовать?

Да. Но в этом и заключается их исправление. Эти желания не уничтожились. Уничтожились только эгоистические намерения, – потом эти желания возрождаются с альтруистическим намерением и идут вперед. Всё исправляется.

Вся эта трагедия оказывается на самом деле не такой уж трагедией, а счастьем?

Нет, это трагедия человека, который должен в себе проанализировать, отделить всё правильное от неправильного и знать, как использовать каждое свое желание и намерение.

То есть совершить обрезание?

Обрезание души. Край сердца своего, что называется.

ОТСТИРАЕМ НАШИ ОДЕЖДЫ

Дальше было следующее. Поход в Бейт-Эль.

Бейт-Эль – в переводе с иврита означает «Дом Творца».

/2/ И СКАЗАЛ ЯАКОВ ДОМУ СВОЕМУ И ВСЕМ, КТО С НИМ: «УСТРАНИТЕ ЧУЖИХ БОГОВ, КОТОРЫЕ В СРЕДЕ ВАШЕЙ, И ОЧИСТИТЕСЬ, И ПЕРЕМЕНИТЕ ОДЕЖДЫ ВАШИ. /3/ ВСТАНЕМ И ПОЙДЕМ В БЕЙТ-ЭЛЬ, И УСТРОЮ Я ТАМ ЖЕРТВЕННИК ВСЕСИЛЬНОМУ...».

То есть давайте поднимемся в Дом Творца – в такое состояние наших желаний, в которое может войти весь высший свет, согласно условию подобия желания свету. Давайте мы все поднимемся до такого уровня отдачи, любви, единения между нами, которое будет подобно Творцу. Это значит, «поднимемся в Дом Творца».

И это возможно при одном условии...

Если мы очистимся, отстираем наши одежды...

...сдадим всех прежних богов.

Да. Разрушим всех наших идолов. Где-то внутри еще кроются все эти маленькие идолы в человеке.

/4/ И ПЕРЕДАЛИ ОНИ ЯАКОВУ ВСЕХ ЧУЖИХ БОГОВ, КОТОРЫЕ В ИХ РУКАХ, И СЕРЬГИ, КОТОРЫЕ В ИХ УШАХ, И СПРЯТАЛ ИХ ЯАКОВ ПОД ФИСТАШКОВЫМ ДЕРЕВОМ, КОТОРОЕ БЛИЗ ШХЕМА.

Скажите, а эти подробности... Мне как драматургу всегда интересны подробности. Фисташковое дерево, серьги.

По сей день, если ты будешь говорить с местными арабами или с теми, кто долго там живет, они тебе будут показывать такие приметы.

Тора пишет: «фисташковое дерево», «серьги из ушей», что он спрятал это, что «сдали чужих богов, которые в их руках», – все эти вещи, которые обычно пропускаешь...
Говорится об очень определенных желаниях на этом уровне, которые надо проверить, изменить, исправить и, при этом, подняться в Дом Творца.

Когда ты поднимаешься в Дом Творца, там есть еще желания и остаются божки всякие – еще неисправленные желания...

Все время идет очищение?
И далее, далее. Из них ты строишь предметы обихода, которыми загружаешь Дом Творца.

Это постепенное развитие нашего сосуда души, в котором, соответственно, высший свет проявляется все больше и больше.

Пошел Яаков в Бейт-Эль и поставил жертвенник Всесильному. И далее в конце главы пишется:
/10/ И СКАЗАЛ ЕМУ ВСЕСИЛЬНЫЙ: «ИМЯ ТВОЕ ЯАКОВ, ВПРЕДЬ ЖЕ НЕ БУДЕШЬ ТЫ ЗВАТЬСЯ ЯАКОВ, НО ИСРАЭЛЬ БУДЕТ ИМЯ ТВОЕ». И НАРЕК ЕМУ ИМЯ ИСРАЭЛЬ.

На этом заканчивается глава.
Когда Яаков поднимается в Дом Творца, он уже идет по прямому пути к Творцу, поэтому называется Исраэль – яшар к эль – прямо к Творцу. Отсюда и происходит его

имя. Раньше имя его было Яаков (*ивр.* – экев), он шел запутанным путем после Эсава.

Двигался по пустыне…
Да. А сейчас идет прямо к Творцу. Он нашел все силы для средней линии, правильно уравновешивает правую и левую – альтруистическую и эгоистическую. И поэтому создает Дом Творца.

То, что сейчас его зовут Исраэль, означает, что его дети ощутят тот эгоизм, который надо исправить?
Это значит, что человек доходит сейчас до состояния, когда своим минимальным духовным исправлением он оказывается в прямой связи с Творцом. Он уже видит правильное строение своей души.

Впереди еще очень много ступеней развития и исправления души. Но начало уже есть, Дом Творца раскрыт для него.

Какая потрясающая история происходит с нами! Такие путешествия мы совершаем внутри нашей души…
В каждом из нас.

Глава
«И ПОСЕЛИЛСЯ»

ИСТОЧНИК ПОПУЛЯРНОЙ ЛИТЕРАТУРЫ

Одна из самых интересных и любимых мною глав называется «Ваешев» – «И поселился».

Когда-то я читал книгу «Йосеф и его братья». Эта история вдохновила многих писателей. И Фейхтвангер, и Томас Манн обращались к этой драме, потому что в ней есть и любовь, и ненависть, и зависть, и предательство – всё, что побуждает писателя начать писать.

Глава «Ваешев» говорит именно об Йосефе и его братьях. В ней рассказывается, что Яаков, которому Творец дал имя Исраэль, поселился в стране Кнаан. И были у него дети. И больше всех он любил Йосефа.

Говорится так:

/3/ А ИСРАЭЛЬ ЛЮБИЛ ЙОСЕФА БОЛЬШЕ ВСЕХ СЫНОВЕЙ СВОИХ, ПОТОМУ ЧТО ОН СЫН ЕГО СТАРОСТИ; И СДЕЛАЛ ЕМУ ОДЕЖДУ РАЗНОЦВЕТНУЮ. /4/ КОГДА БРАТЬЯ ЕГО УВИДЕЛИ, ЧТО ОТЕЦ ЛЮБИТ ЕГО БОЛЕЕ ВСЕХ БРАТЬЕВ ЕГО, ТО ВОЗНЕНАВИДЕЛИ ЕГО И НЕ МОГЛИ ГОВОРИТЬ С НИМ ДРУЖЕЛЮБНО.

Сразу моментальное драматическое начало.

Для меня это драматическое начало – въезд во внутренний смысл всего происходящего.

В человека?

Конечно, происходящего в человеке. Здесь говорится о человеке, его внутренних свойствах, о том, что он переживает и проходит.

Что такое «любить Йосефа»?

ГЛАВА «И ПОСЕЛИЛСЯ»

Человек поселяется в своем желании, то есть в четком определении тех свойств, которые он должен направить для духовного возвышения.

Это называется «страна Кнаан»: еще неисправленные желания, но уже оформившиеся, так как человек знает, что если обратит свои желания в свойство отдачи и начнет использовать их для отдачи, для связи с другими, то тогда из этого состояния он точно достигнет Творца.

Поэтому Яаков в новых направлениях – только на отдачу – называется уже Исраэль, яшар к эль (направленный прямо к Творцу, прямо к свойству отдачи и любви). Это свойство, состоящее из 12 частей, он уже может в себе структурировать.

12 частей – это 12 сыновей Яакова?

Да, 12 сыновей Яакова. Почему? Потому что внутренняя структура души состоит из четырех частей – так называемое «четырехбуквенное имя Творца». И каждая из них состоит, в свою очередь, из трех линий, поэтому: 4 умножить на 3 получается 12 точно структурированных желаний.

Можно сказать, что наша душа состоит из 12 частей?

Да. Все 12 частей связаны между собой и находятся под одним свойством, называемым Йосеф, которое концентрирует их в себе и направляет совместно на отдачу.

Исраэль точно знает, что через Йосефа он быстрее пройдет к Творцу?

Да. Потому что Исраэль – это маленькая часть этих желаний. Она высшая, головная, но она только лишь решающая, думающая, но не претворяющая, не созидающая, не реализующая. А Йосеф реализует то, что задумывается Исраэлем – Яаковом, его отцом.

Йосеф в переводе означает «собирающий»?
Да, он соберёт.

Кого он собирает? Всех 12 братьев?
Он собирает все эти желания в себе, именно поэтому он говорит своим братьям: «Вы должны поклоняться мне, собираться вокруг меня». Приводит такие эгоистические сны, которые в их глазах выглядят очень нагло.

И вызывают зависть у братьев?
Да.

РАЗНОЦВЕТНЫЕ ОДЕЖДЫ

Что означает «сын его старости»?
Лучше сказать: «зрелости». Человек дозревает. Когда в нем точно внутри сформировывается внутреннее стремление, инструмент для духовного подъема, тогда он, созревшим, видит, что реализация происходит в следующем его желании, называемом не Исраэль, а Йосеф.

Что такое «разноцветные одежды», которые он ему сделал: «Сделал ему одежду разноцветную»?
Все «разноцветные», абсолютно разные и противоположные свойства человека именно в этом собирающем свойстве, называемом Йосеф, могут собраться вместе для единого устремления вперед. Единение происходит на уровне свойства Йосеф.

Глава «И поселился»

Вы все время говорите, что будущее человечества – в единении, в объединении.

Это и есть свойство Йосеф.

И человек, и весь мир соединяются в свойстве Йосеф?

Да. Затем эти свойства структурируются, разделяются, собираются на следующих уровнях в другие всевозможные составляющие, в разнообразные гаммы.

Это свойство остается основополагающим, но потом оно называется уже по-другому: Давид, потом его сын Шломо и так далее. На каждом уровне они называются по-разному.

Правильно ли мое предположение, что когда говорится: «сделал разноцветные одежды», то подразумеваются все расы, все народы?

Конечно.

Все они сходятся в Йосефе?

Одеяние – это облачение намерений на различные виды желаний. Они, хотя и разного цвета, но все направлены на одно устремление к единой цели – к объединению, глобализации, интеграции.

Правильной интеграции – надэгоистической, не такой, какую сегодня мы видим, допустим, в Европе или где-то еще, когда происходят эгоистические объединения всевозможных компаний и стран.

Решили объединиться, чтобы всех задавить?

Да. Это, действительно, очень серьезная внутренняя работа человека, которая уже осуществляется над его правильным желанием. Вернее, не совсем еще правильным, но уже годным к исправлению, поэтому называется «Эрец Кнаан» – Земля Кнаана.

Хорошо, что мы прояснили образ Йосефа, свойство Йосеф, потому что дальше он становится центральной фигурой.

ВСЁ НАЧИНАЕТСЯ С ЗАВИСТИ

Далее Йосеф ведет их всех не добрым путем. Не хотят они по добру. Всевозможными дополнительными страданиями они проходят испытания для того, чтобы понять, что всё равно они должны включиться в Йосефа.

Он должен им продемонстрировать, что, именно благодаря ему, они способны выжить дальше на пути своего духовного развития. Это происходит уже в Египте, когда он показывает им, кто он такой. Показывает, что именно он может осуществить связь между Яаковом и всем этим огромным эгоизмом, называемым Египет.

Тут хотелось бы выяснить еще одну деталь. Всё начинается, так или иначе, с зависти. Ведь из-за зависти братья возненавидели Йосефа.
Вы всё время говорите, что зависть – это положительное свойство человека?

Да. Оно и ведет к духовному развитию.

Но ведет через такие страдания!

Потому что человек поначалу не понимает, что ему даются свойства, совершенно противоположные между

ГЛАВА «И ПОСЕЛИЛСЯ»

собой. К тому же, они еще и совершенно противоположны духовному развитию. И человеку кажется, что эти свойства, может быть, надо уничтожить, убить, аннулировать каким-то образом.

Зависть придавить уж точно.
Да. Ведь таким образом легче всего быть отдающим или, точнее сказать, ничего не требующим.
На самом деле, человек должен реализовать все свои желания – самые эгоистические, самые противоположные между собой, интегрировать их в одно-единое желание и направить только на отдачу.

Далее читаем:
/5/ И ПРИСНИЛСЯ ЙОСЕФУ СОН, И РАССКАЗАЛ ОН БРАТЬЯМ СВОИМ, И ОНИ ЕЩЕ БОЛЕЕ ВОЗНЕНАВИДЕЛИ ЕГО. /6/ И СКАЗАЛ ОН ИМ: «ВЫСЛУШАЙТЕ СОН ЭТОТ, КОТОРЫЙ МНЕ ПРИСНИЛСЯ:
То есть не только настоящее, но и будущее движется по направлению, называемому Йосеф.

/7/ ВОТ МЫ ВЯЖЕМ СНОПЫ ПОСРЕДИ ПОЛЯ, И ВОТ ПОДНЯЛСЯ МОЙ СНОП И СТАЛ, И ВОТ КРУГОМ СТАЛИ ВАШИ СНОПЫ И ПОКЛОНИЛИСЬ МОЕМУ СНОПУ».
Собирательное действие происходит со всеми 613 желаниями, которые находятся в нашей душе. Каждый брат (всего их – 12) олицетворяет собой огромное основополагающее свойство, состоящее из всех свойств души. И все они собирают вокруг себя близкие к ним желания, связывают их вместе, а затем уже Йосеф собирает их все вместе под себя.

Они ему кланяются, так как находятся под ним?

Кланяются – так как именно намерение свойства Йосеф является по-настоящему общим, обобщающим намерением к цели.

ВЫ БУДЕТЕ МНЕ ПОКЛОНЯТЬСЯ

И написано следующее:

/8/ И СКАЗАЛИ ЕМУ БРАТЬЯ: «НЕУЖЕЛИ ТЫ ЦАРСТВОВАТЬ БУДЕШЬ НАД НАМИ ИЛИ ПРАВИТЬ БУДЕШЬ НАМИ?». И ЕЩЕ БОЛЕЕ ВОЗНЕНАВИДЕЛИ ЕГО ЗА СНЫ ЕГО И ЗА РЕЧИ ЕГО.

Потому что каждый из этих братьев (основополагающих желаний в нас) не ощущает других выше себя и поэтому не признает кого-либо другого способным вести себя.

Если мы рассматриваем структуру души, то на самом низком уровне это действительно так. С одной стороны, по иерархии Йосеф находится ниже всех, он последний. С другой стороны, в обратном своем действии, когда идут на отдачу, он становится выше всех.

Поясните, пожалуйста

Здесь мы видим непонимание того состояния, изменения, когда самые эгоистические намерения и желания, изменяясь на отдачу, становятся самыми высокими: «Вы будете мне поклоняться, я вас всех объединю, вы должны подчиняться мне».

Это непонимание, так называемое «обратное действие света и сосуда», – в каббале очень непростое условие, – когда то, что наиболее эгоистично, становится наиболее альтруистичным. Это изменение непонятно отдельным

ГЛАВА «И ПОСЕЛИЛСЯ»

желаниям, потому что проявляется только в объединении, и поэтому они (братья) не могут согласиться с ним. Оно не понимается в каждом отдельном желании.

Дальше ситуация такая: Йосеф рассказывает сны о братьях, а затем и отец с матерью начинают фигурировать в его снах. То есть он не останавливается на конфликте с братьями?

Яаков тоже не понимает этого условия, потому что те свойства, которые есть на его уровне, на уровне мышления, – это принятие решения. Он не видит, что когда в эгоизме происходит реализация решения, то она приводит его к обратному воздействию – от получения на отдачу. И тогда самый тяжелый эгоизм становится самым светлым средством исправления. Этого действия нет в его голове при принятии решений.

/9/ И ЕМУ ПРИСНИЛСЯ ЕЩЕ СОН ДРУГОЙ, И ОН РАССКАЗАЛ ЕГО СВОИМ БРАТЬЯМ, ГОВОРЯ: «ВОТ ПРИСНИЛСЯ МНЕ ЕЩЕ СОН, ЧТО ВОТ СОЛНЦЕ И ЛУНА И ОДИННАДЦАТЬ ЗВЕЗД КЛАНЯЮТСЯ МНЕ». /10/ И РАССКАЗАЛ ОН ОТЦУ СВОЕМУ И БРАТЬЯМ СВОИМ, И ПОБРАНИЛ ЕГО ОТЕЦ ЕГО, И СКАЗАЛ ЕМУ: «ЧТО ЭТО ЗА СОН, ЧТО ПРИСНИЛСЯ ТЕБЕ?! НЕУЖЕЛИ Я, И МАТЬ ТВОЯ, И БРАТЬЯ ТВОИ ПРИДЕМ ПОКЛОНИТЬСЯ ТЕБЕ ДО ЗЕМЛИ?».

ВООБЩЕ НЕВЕРОЯТНО!

Тем не менее, не только они могли бы поклониться Йосефу. Он мог бы сказать тоже самое и про Ицхака – своего деда, и про своего прадеда Авраама. Все они включаются в свойство, называемое Йосеф.

Реализация эгоизма происходит только в человеке – в самом низшем, самом никчемном, самом грубом, самом страшном...

...в последнем убийце!

Да. И в итоге, именно он, возвышаясь, соединяя всех в себе, и достигает самых высот.

Мы говорим о том, что в случае, если самый-самый эгоистичный человек приобретает то, что называется «экран» (свойство отдачи), он становится выше всех?!

Да.

И Йосеф как раз является таким?

И Йосеф такой, да.

Поэтому он и находится перед малхут?

Да. Он находится на самой последней ступени перед малхут, связывающей эгоизм (малхут) со всеми первыми предыдущими сфирот, то есть свойствами Творца.

ЗАЧАТОК БУДУЩИХ ПРОБЛЕМ

Но ведь Йосеф, совершенно не стесняясь, всех обидел. Он говорит то, что ему снится, не скрывая.

Так раскрывается в человеке цель творения и путь ее постижения.

Когда мы отслеживаем продвижение различных персонажей по этому пути, то это выглядит как большая драма и зачаток будущих проблем.

ГЛАВА «И ПОСЕЛИЛСЯ»

В человеке, при этом, есть две возможности. Одна из них – вопреки своему пониманию, осознанию того, что он видит, ощущает, соединить в себе все свои желания под этим намерением – это называется идти верой выше знания. Это очень сложно и, практически, невозможно сделать, не ошибаясь, – обязательно надо ошибиться.

Раскрытие ошибки помогает тебе от неверного решения прийти к правильному.

Это происходит так, будто человек говорит себе: «Я со своим разумом больше не работаю, я пользуюсь разумом высшего»?

Если бы это можно было сделать, не ошибаясь! Это невозможно!

Невозможно подавить свое «я»?

Именно. Поэтому весь этот рассказ говорит нам о необходимых ступенях развития, которые мы обязаны пройти, как бы больно это ни было.

Каждый из нас должен отработать в себе эти ступени. И все события, о которых здесь повествуется, должны состояться в каждом из нас.

Тяжело человеку отменить себя перед высшим и перед мудрецом.

Человек не может это сделать, он просто не в состоянии.

Не в состоянии! Он готов его убить, посадить в яму, продать, – только чтобы не преклониться.

Да.

Не только, чтобы не преклониться, – вообще не пользоваться высшим разумом.

Потому что любые «разумные» свойства нашего состояния, характера, ума, сердца – те, которыми мы пользуемся, не позволяют нам по-другому действовать. То есть эту реализацию, эту методику я вижу неправильной. Поэтому весь мир не понимает: как же это может быть?!

Это непонимание – огромная проблема, описываемая, как грядущая возможная война Гога и Магога.

На каждой ступени своего развития практически всё время человечество натыкается на одну и ту же проблему: как идти верой выше знания.

Вера – это не то, что принято называть верой в нашем мире. Вера – это способность двигаться в отдаче выше получения, когда вопреки своему разуму, вопреки своему расчету, ты способен видеть и верить только в то, что указывается тебе в Торе. Тора – от слова ораа (*ивр.*) – инструкция. На данном этапе повествования это пока еще просто невозможно.

Значит, человек обязан пройти путь страданий и ошибок?

Обязан. Это и есть общее определение всего того состояния, о котором мы здесь читаем.

ПРОЦЕСС РОЖДЕНИЯ – ТРАГИЧЕН

Разве нельзя, как вы все время говорите, не проходить путь страданий, а идти впереди них?

Нет. Мы только можем ускорить наше развитие стремлением идти вперед. Но невозможно без того, чтобы не споткнуться, не набить шишки и на этом научиться.

Только таким образом ты развиваешь в себе определенные новые качества, потому что впускаешь в себя свет,

ГЛАВА «И ПОСЕЛИЛСЯ»

который затем из тебя выходит. Эти постоянные старт-стопные состояния: вход света и выход, вход и выход – работают непрерывно.

В нас каждую секунду происходят огромные импульсные изменения. Они и порождают новые качества. Если какое-то качество не реализуется, не проявится в нас, то в дальнейшем у нас будет отсутствовать целое направление развития.

То есть мы должны выявить и воплотить всю эту генетическую запись?

Обязаны отработать, да. И мы отрабатываем в течение всей этой главы. Сейчас, когда мы с тобой разговариваем, в нас с бесконечной скоростью происходит отработка всех этих записей.

Поэтому весь наш путь построен только на том, чтобы своими личными усилиями ускорить прохождение к цели.

Для этого вначале необходимо обзавестись вспомогательными инструментами, которые помогли бы пройти этот путь вопреки своему разуму, вопреки своим свойствам, качествам, чувствам. И когда ты проходишь эти состояния, но со своим устремлением вперед, ты ускоряешь их. Кроме того, ты как бы подслащиваешь их, ты в состоянии их проходить.

Прохождение этого пути только под историческим катком, который на тебя сзади давит, – это ужасные состояния.

Это похоже на выбивание пробки через узкое горлышко?

Да. И ты должен сам пробивать эту пробку.

Вообще, честно говоря, получается совсем не оптимистическая история…

Минуточку! Мы видим, что любой путь развития и сам процесс рождения – абсолютно трагичны.

Через боль.

Когда рождается новое существо из предыдущего состояния и развивается в беспомощности, не понимая и не зная действительности, всё время нуждаясь в поддержке, в непрерывных попытках что-то сделать, – оно ведь долго терпит неудачи на этом длительном пути познания.

Только на своих ошибках ты учишься. На том, что и природа, и любящее тебя окружение всё время дают тебе новые задания, упражнения, – что-то разбивают, чтобы ты собирал.

Ведут тебя к тому, чтобы ты отменил себя перед свойством Йосеф?

Да.

Ребенок переворачивается перед выходом на свет, – это значит, что он приобретает разум Йосефа?

Он выходит головой вниз, отменяя тем самым свое бывшее представление о мире. И только тогда он может родиться на следующей ступени.

БРАТЬЕВ МОИХ ИЩУ

Далее история развивается следующим образом: братья уходят пасти скот. И отец посылает Йосефа: «Пойди к ним». Тут происходит странная встреча, которая записана во многих святых книгах, а здесь – всего в четырех строчках.

ГЛАВА «И ПОСЕЛИЛСЯ»

/14/ ...И ПОСЛАЛ ЕГО ИЗ ДОЛИНЫ ХЕВРОН, И ОН ПРИБЫЛ В ШХЕМ. /15/ И ЗАМЕТИЛ ЕГО КТО-ТО, ЧТО ВОТ ОН БЛУЖДАЕТ ПО ПОЛЮ. И СПРОСИЛ ЕГО ЧЕЛОВЕК ЭТОТ, ГОВОРЯ: «ЧЕГО ИЩЕШЬ ТЫ?». /16/ И СКАЗАЛ ОН: «БРАТЬЕВ МОИХ ИЩУ Я; СКАЖИ МНЕ, ГДЕ ОНИ ПАСУТ?».

Йосеф выходит собирать братьев вместе, потому что пришло время начинать общую работу всех одиннадцати свойств с помощью двенадцатого – «Йосефа» – над общим эгоизмом. Он обозначается у нас как Египет.

Что это за человек, которого встречает Йосеф?

Человек внутри него. Если я хочу достичь свойства человек, то должен найти и собрать все составляющие этого свойства. Я должен искать через этого человека во мне, как реализовать все свои свойства для следующего возвышения.

Человек на иврите – Адам.

Адам по смыслу – «подобный Творцу», то есть мое следующее состояние, более близкое к Творцу. И если я в себе уже определил его, то тогда я могу работать с этим свойством. Я как бы совещаюсь в себе с тем образом, к которому хочу стремиться.

И этот образ говорит человеку: «Ищи братьев, собирай их»?

Да. Он говорит ему: «Они там-то. Иди и найди их». Что значит, «искать» и «найти»? Не просто нашел в поле какого-то человека и спрашивает у него. Речь идет о человеке, который действительно заблудился в поле жизни. И если он определяет в себе свой будущий правильный образ и советуется с ним, то только тогда находит все двенадцать свойств в себе и концентрирует их правильным образом, создаёт из них правильную конфигурацию в себе.

И открывает душу?

Да. Идет работать со своим эгоизмом с помощью всех этих свойств. Он не может начать работать с эгоизмом, не собрав вместе всех братьев – все свои свойства. Это и есть его истинная цель, его путь.

Реализация Йосефа – взять эти 12 свойств и ввести их в Египет, в эгоизм, получив, таким образом, возможность начинать реализовывать исправление.

Какая глубина за всем этим! Вдруг человек начинает ощущать истинный смысл этой истории, жить этим, плыть по течению этой реки.

Восприятие намного проще, если понимаешь, что все это – внутри человека. Хотя, с одной стороны, это уводит, конечно, от всей театральности. Но с другой стороны, концентрирует и помогает ощутить, что всё это – в каждом из нас.

И БРОСИЛИ ЕГО В ЯМУ. НЕПРЕОДОЛИМАЯ НЕНАВИСТЬ

Как важно правильно читать, понимая, что речь идет о внутренних процессах, а не о внешних событиях.

Вернемся к тексту: человек этот посылает Йосефа к братьям в Дотан. И говорится следующее:

ГЛАВА «И ПОСЕЛИЛСЯ»

/18/ И УВИДЕЛИ ОНИ ЕГО ИЗДАЛИ, И, ПРЕЖДЕ ЧЕМ ОН ПРИБЛИЗИЛСЯ К НИМ, ЗАМЫСЛИЛИ ОНИ ПРОТИВ НЕГО, ЧТОБЫ УБИТЬ ЕГО.

Уже издали им понятно, что не хотят они следующего состояния, в которое им придется погрузиться, если они свяжутся с ним. И поэтому они просто уничтожают это следующее состояние. В их глазах оно ущербное и не ведет к цели.

«Мы не хотим страданий».

Не только. Вообще, даже и этой цели не хотим – считаем, что это неверный путь.

Написано:

/19/ И СКАЗАЛИ ДРУГ ДРУГУ: «ВОТ СНОВИДЕЦ ТОТ ПРИХОДИТ. /20/ ТЕПЕРЬ ЖЕ ПОЙДЕМТЕ, УБЬЕМ ЕГО, И БРОСИМ ЕГО В ОДНУ ИЗ ЯМ, И СКАЖЕМ: ЛЮТЫЙ ЗВЕРЬ СЪЕЛ ЕГО, И УВИДИМ, СБУДУТСЯ ЛИ СНЫ ЕГО».

То есть этим путем (путем Йосефа) я идти не хочу. Все во мне восстает против него. И я готов на всё, только чтобы не впускать в себя свойство, собирающее вместе все остальные свойства для того, чтобы исправить мой общий эгоизм.

Говорится о такой жуткой ненависти людей!

Ты представляешь, какие еще будут столкновения перед грядущей глобализацией и интеграцией всего человечества?! Насколько проявятся противоречия в человечестве: «Идти ли на самом деле этим путем?! В состоянии ли каждый из нас собраться и подчиниться общей цели?!».

Йосеф не относится ко всем предыдущим свойствам. Он – свойство объединения, которое мы сами из себя создаем. Этого свойства изначально нет в нас. Оно находится над нами, как нечто общее, что мы должны из себя создать. Нет в нас этого желания! Каждый желает быть в себе. Каждое свойство внутри нас желает реализовать именно себя.

Но тут речь идет не просто о людях, а о братьях. Родственная связь между ними существует?

Их связывает происхождение от одного отца (средней линии). И каждый из них считает, что он является одним из источников, по крайней мере. Поэтому не может он быть несовершенным. Есть старшие, есть младшие, происходящие от разных матерей (жен и наложниц) – от различных желаний, не связанных между собой.

Лея, Рахель и наложницы – это не связанные между собой желания. Всего четыре женских состояния, что также соответствует четырехбуквенному имени Творца.

Когда мы говорим о мире, о человечестве в целом, мы тоже говорим о братьях?

Изначально все мы происходим из одного источника. И в этом отношении все мы – братья.

Одного из братьев звали Реувен. О нем написано так:
/21/ НО УСЛЫШАЛ РЕУВЕН, И ИЗБАВИЛ ЕГО ОТ РУК ИХ, И СКАЗАЛ: «НЕ ЛИШИМ ЕГО ЖИЗНИ!». /22/ И СКАЗАЛ ИМ РЕУВЕН: «НЕ ПРОЛИВАЙТЕ КРОВИ! БРОСЬТЕ ЕГО В ЭТУ ЯМУ, ЧТО В ПУСТЫНЕ, НО РУКИ НЕ НАЛАГАЙТЕ НА НЕГО», – ДАБЫ ИЗБАВИТЬ ЕГО ОТ ИХ РУКИ, ЧТОБЫ ВОЗВРАТИТЬ ЕГО К ОТЦУ ЕГО. /23/ И БЫЛО, КОГДА ПОДОШЕЛ ЙОСЕФ К БРАТЬЯМ СВОИМ,

Глава «И поселился»

СТЯНУЛИ ОНИ С ЙОСЕФА ОДЕЖДУ ЕГО, ОДЕЖДУ РАЗНОЦВЕТНУЮ, ЧТО НА НЕМ. /24/ И ВЗЯЛИ ЕГО, И БРОСИЛИ ЕГО В ЯМУ; ЯМА ЖЕ ЭТА ПУСТАЯ, В НЕЙ НЕ БЫЛО ВОДЫ.

Реувен, как я помню, самый старший брат?

Да. Дело в том, что мы не имеем права уничтожать ни единого своего свойства. Все наши свойства, хорошие они или самые плохие, нам необходимы.

Даже самые последние свойства?! Вы хотите сказать, что у человека нет плохих свойств?

Вообще, конечно, нет. Они все равноценны. Просто мы их пока таким образом разделяем и определяем: это лучше, это хуже и так далее. Есть свойства, неисправленные нами.

На плохие – хорошие их вообще нельзя делить. Есть еще не пригодные к правильному исправлению и поэтому возникающие в нас в плохих состояниях, в плохих качествах. Но измени их, и они будут самыми лучшими, самыми эффективными.

Поэтому Реувен говорит: «Не убивайте его, давайте просто в яму его бросим».

Да. И они соглашаются.

Что это за яма – пустая, без воды? В пустыне?

Бросить в яму – значит, создать ему такие условия, чтобы лишить это свойство возможности быть над нами. Реувен говорит так: «Мы все понимаем, что мы не можем действовать таким образом. Давайте просто лишим его воды». Имеется в виду – лишим его свойства отдачи. Оголим его полностью.

Снимем с него разноцветные одежды.

Да. Оголим, лишим его всего наполнения. Свойство отдачи – это вода. Понизим его по уровню. Бросим его одного в эгоистическую яму, в которой без нас он не сможет работать с эгоизмом.

Он же работает с эгоизмом только с помощью наших одиннадцати свойств? Значит, если мы бросим его в яме, он там и останется. Законсервируется в этом эгоизме, в этой яме, и, находясь внутри эгоизма, ни на что больше не будет способен.

Грубо говоря, так мы освободимся от жгучей зависти. Нечему будет завидовать, так как он будет ниже нас?

Да. И на этом кончается их контакт с Йосефом.

Затем они возвращаются к отцу.

Мы уже понимаем, что говорим не о внешних историях, мы уже давно об этом забыли. Мы говорим о том, что происходит в человеке, как он движется к Творцу: «Яшар к Эль» – прямо к Творцу.

ИОСИФ И ЕГО БРАТЬЯ (СЛЕДУЮЩИЙ «СЕЗОН»)

Мы продолжаем читать недельную главу «Ваешев» – «И поселился»: рассказ о Йосефе и его братьях. Йосеф раздражает своих братьев, они ему страшно завидуют

ГЛАВА «И ПОСЕЛИЛСЯ»

(имеются в виду наши душевные свойства) и, в результате, сбрасывают его в яму.

И что происходит дальше:

/25/ И КОГДА СЕЛИ ОНИ ЕСТЬ ХЛЕБ, ТО ВЗГЛЯНУЛИ И УВИДЕЛИ: ВОТ КАРАВАН ИШМАЭЛЬТЯН ПРИХОДИТ ИЗ ГИЛЬАДА, И ВЕРБЛЮДЫ ИХ НЕСУТ ПРЯНОСТИ, БАЛЬЗАМ И ЛАДАН; ИДУТ ОНИ, ЧТОБЫ СВЕЗТИ В ЕГИПЕТ. /26/ И СКАЗАЛ ЙЕhУДА БРАТЬЯМ СВОИМ: «ЧТО ПОЛЬЗЫ, ЕСЛИ УБЬЕМ БРАТА НАШЕГО И СКРОЕМ КРОВЬ ЕГО? /27/ ПОЙДЕМ, ПРОДАДИМ ЕГО ИШМАЭЛЬТЯНАМ, А РУКА НАША ДА НЕ БУДЕТ НА НЕМ, ИБО ОН НАШ БРАТ, НАША ПЛОТЬ». И ПОСЛУШАЛИСЬ ЕГО БРАТЬЯ. /28/ И КОГДА ПРОХОДИЛИ ЛЮДИ МИДЬЯНА, КУПЦЫ, ОНИ ВЫТАЩИЛИ, И ПОДНЯЛИ ЙОСЕФА ИЗ ЯМЫ, И ПРОДАЛИ ЙОСЕФА ЗА ДВАДЦАТЬ СРЕБРЕНИКОВ ИШМАЭЛЬТЯНАМ, КОТОРЫЕ ОТВЕЛИ ЙОСЕФА В ЕГИПЕТ.

Приходит решение не убивать Йосефа, а вытащить из ямы.

В яму не сажать, потому что это равносильно смерти, а продать.

И заработать на продаже брата?

Дело не в «заработать». Хотя, конечно, и заработать тоже, потому что человек не может избавиться от того свойства, которое находится внутри него.

То есть он не отрежет двенадцатую часть?

Он не может просто отрезать – он должен как-то ее реализовать. Он может как бы купировать ее в себе, внутри какой-то капсулы и временно не пользоваться, но, в итоге, это не решение проблемы. Если это свойство во мне призвано работать с эгоизмом, пускай оно в нем и находится, пускай оно и будет таким.

Двадцать сребреников – это десять и десять: десять сфирот прямого света и десять сфирот обратного света – то, что можно выиграть за счет использования свойства «Йосеф».

Если поместить его в Египет.

Если поместить его в эгоизм, в Египет. Таким образом, эти свойства выигрывают от того, что Йосеф отрывается от них.

С одной стороны, он их брат, он все равно несет в себе зачаток всех их, даже будучи в Египте. С другой стороны, через него они все равно связаны с Египтом, с этим огромным эгоизмом. Но пока еще это состояние работает в человеке отдельно. Только свойство «Йосеф» начинает работать с эгоизмом.

Дело в том, что в человеке существовало определенное противоречие. Один со своим личным свойством «Йосеф» я не могу работать с эгоизмом – я практически ничего не могу в нем делать. Зачем же мне к нему идти? Йосеф мог бы спокойно идти в Египет – человек мог окунаться в свой эгоизм. А работать в нем? В чем? Он не понимает и не знает, как работать без всех остальных свойств (своих братьев), которые в нем есть.

Что же здесь произошло?

Произошло выяснение, каким образом я могу работать и с ними – с этими свойствами, братьями, и с эгоизмом.

ГЛАВА «И ПОСЕЛИЛСЯ»

С одной стороны, для чего Йосеф хотел собрать своих братьев? Чтобы работать с эгоизмом и исправить всю свою душу. Так?

С другой стороны, эти свойства не согласны вместе с ним окунаться в эгоизм, потому что они абсолютно альтруистичны и не желают быть в контакте с эгоистическим желанием человека.

Поэтому между ними возникает эта драма: убить – не убить, потерять его, бросить в яму, продать и так далее. Здесь происходит выяснение, контакт между ними: каким образом человек ощущает возможность работать своими свойствами и с ними, и со своим эгоизмом одновременно.

МАНДАТ НА РАБОТУ С ЭГОИЗМОМ

Как я могу проникнуть в это состояние?

Что происходит в связи с актом внешней продажи Йосефа в Египет? Происходит то, что человек все-таки связывает эти двенадцать свойств (одиннадцать плюс «Йосеф») с эгоизмом. Они выигрывают от того, что начинает работать в эгоизме. Поэтому братья продают Йосефа, они его передают.

Они это понимают?

Только таким образом эти свойства могут работать внутри эгоизма. Человек вдруг понимает: «Сразу же взять и соединить в себе все эти свойства и начинать работать со своим эгоизмом фронтально невозможно».

А вот при таком переходе, когда он как бы получает от них мандат на работу с эгоизмом: они его продают, передают, – он может начинать контактировать с эгоизмом на каком-то определенном уровне, называемом «Йосеф в Египте».

Потом, когда он там освоится и подготовит почву, поневоле они придут к нему. И тогда он сможет взять эти свои исконные свойства, так называемых своих братьев, и использовать их для исправления всего Египта – всего эгоизма.

То есть в человеке работает программа построения мостика между свойствами?

Но каждый раз он не понимает, каким образом ее реализовать, и обязан на таких ошибках учиться.

И снова Реувен.

/29/ РЕУВЕН ЖЕ ПРИШЕЛ ОПЯТЬ К ЯМЕ, И ВОТ – НЕТ ЙОСЕФА В ЯМЕ. И РАЗОРВАЛ ОН ОДЕЖДЫ СВОИ, /30/ И ВОЗВРАТИЛСЯ К БРАТЬЯМ СВОИМ, И СКАЗАЛ: «РЕБЕНКА НЕТ, А Я, КУДА Я ДЕНУСЬ?». /31/ И ВЗЯЛИ ОНИ ОДЕЖДУ ЙОСЕФА, И ЗАРЕЗАЛИ КОЗЛЕНКА, И ОБМАКНУЛИ ОДЕЖДУ В КРОВЬ. /32/ И ПОСЛАЛИ РАЗНОЦВЕТНУЮ ОДЕЖДУ, И ДОСТАВИЛИ К ОТЦУ СВОЕМУ, И СКАЗАЛИ: «ЭТО НАШЛИ МЫ; УЗНАЙ ЖЕ, СЫНА ЛИ ТВОЕГО ОДЕЖДА ЭТА ИЛИ НЕТ».

Зарезать на животном уровне – естественно. Сейчас он весь пошел в свойство отдачи – работать со своим собственным эгоизмом, то есть весь его животный уровень на этом реализовался.

ФЛИП-ФЛОП

Йосеф переходит на другой уровень?

Да. И одеяние его, естественно, совершенно другое, то есть свойство отдачи – ор хозер (обратный свет, отраженный свет).

ГЛАВА «И ПОСЕЛИЛСЯ»

Одеяние этого уровня уже не нужно?

Да. Одеяние это уже не его, оно ему уже не нужно. И его животная эгоистическая суть, которую он сейчас идет исправлять в Египет, находится на следующем уровне, на уровне «человек».

Уровни: неживой, растительный, животный – умирают. Остается только уровень человек. На этом уровне человек работает со своим эгоизмом. Предыдущие свойства отдачи уже не работают, они отошли. Эта ступень как бы уходит к Яакову. Отработала она свое, как в ракетоносителе.

Яаков, конечно, скорбит. Свойство Яаков в человеке видит все эти еще нереализованные свойства. И существует разрыв между головой, головной частью души: Авраам, Ицхак, Яаков – и низшей частью души.

С Йосефом?

Йосеф – с малхут[4], с Египтом, с этим неисправленным свойством.

Братья находятся в этом разрыве?

Да. В итоге вся система должна прийти к работе в едином организме именно в Египте, когда вся семья, все эти свойства нисходят в эгоизм и в изгнании начинают в нем работать. В изгнании, то есть в подчинении эгоизму.

Убийство и эта одежда – это, как Вы сказали, как бы сбрасывание отработанной ступени ракетоносителя. Ракета уходит в эгоизм?

---

4   Малхут – (*ивр.* царство), десятая самая нижняя сфира, это материальный, физический мир, в котором проявляется наибольшее желание получать и в котором происходят все исправления.

Да, следующая ступень – эгоизм. Причем, каждая из этих ступеней противоположна предыдущей. В духовном мире происходит такой «флип-флоп», переворот.

Тяжелый переворот.

Да. Потому что малхут верхней ступени становится кетэром нижней ступени. И при этом она превращается. Как при рождении ребенок переворачивается и рождается вниз головой, так и здесь.

Поэтому мы видим, что будучи, вроде бы, большим, любимым, основным (хотя его таким и не признают), в Египте он вдруг становится рабом, потом из раба – наместником Фараона и так далее.

Эти перевороты все время случаются в человеке.

Далее происходит следующая история. Йосефа отвезли в Египет, и купил его придворный министр, начальник палачей Потифар.

Представляешь? Купил именно человек (свойство в человеке), которое ответственно за наказание. Наказание за что? За альтруистические действия.

Так как мы находимся в эгоизме?

Да. Это ведь происходит в эгоизме.

Что для Фараона, для этого эгоизма, является самым страшным? Действие на отдачу. Намерения на отдачу должны быть уничтожены.

Потифар следит за тем, чтобы не было намерений на отдачу?

Да, именно. Только таким образом Египет и живет.

Глава «И ПОСЕЛИЛСЯ»

БЕСПРЕДЕЛЬНЫЕ ВОЗМОЖНОСТИ ОБОГАТИТЬСЯ

Почему именно Потифар приобретает Йосефа?

Благодаря Йосефу свойство Потифар может еще больше возвыситься. Оно становится более чувственным, более чувствительным и к действиям отдачи, и к действиям получения. Именно благодаря Йосефу.

И эгоисту, и альтруисту очень важно определить в эгоизме следующую ступень: что есть в ней для себя, что – не для себя. Видеть вперед: это – для эгоистической выгоды или для альтруистической? Это Йосеф и добавляет Потифару.

Потифар видит в использовании свойства Йосеф большие наслаждения?

Конечно!

Потифару необходимо возвышение, он его и приобретает. Написано: он видит, что успех и удача все время с Йосефом. И он говорит: «Надо мне его…».

Если ты берешь свойство из девяти первых сфирот (свойств Творца, практически) и берешь его на эгоизм (эгоизм начинает работать на себя, но в нем есть свойство отдачи), то ты уже знаешь, как отдать, чтобы получить.

Перед тобой есть огромное поле деятельности. Например, развитие технологии или торговли, которое обогатило мир и общество в начале своего развития. Я продаю какие-то дешевые бусы индейцам за тонны золота. Ты понимаешь?

Да. И вывожу эти богатства.

Это то, что можно делать. Ты даешь человеку то, что ему кажется ценным (а для тебя, на самом деле, в этом никакой ценности нет), и получаешь от него настоящую ценность для себя.

Поэтому Потифар, когда он получает, – это эгоистическое свойство в человеке получает возможность работать с отдачей, отдавать ради того, чтобы получать. Это не просто грабить. Это возможность получать столько, сколько тебе дадут, и начинать функционировать так, что у тебя получается жизнь, полная возможностей обогатиться.

До этого ты уже достаточно наполнялся. И вдруг ты видишь, что можешь еще больше поглощать. Отдавая – получать?

Девяносто девять процентов эгоистического развития происходит именно тогда, когда альтруизм сотрудничает с эгоизмом, работает внутри эгоизма, в унисон с ним. Это то, что произошло с человечеством всего лишь за 300-400 последних лет. До этого времени такого не было. Был грабеж, были вассалы, подчиненные…

Был простой эгоизм?

Да. Только работал этот эгоизм исключительно на получение: подчинить, убить, ограбить. А когда возникла торговля «я – тебе, ты – мне», вот тут-то и расцвел эгоизм.

Сегодня мы видим крах свойства Потифар в нас. Сегодняшняя глобализация, сегодняшний кризис – это крах всей экономики, которая построена на принципе: «я – тебе, ты – мне».

Тем не менее, до нашего времени эта экономика успешно развивалась, и никто не видел, что идет крах. Как слепы были люди!

ГЛАВА «И ПОСЕЛИЛСЯ»

Не понимали. Пару десятков лет назад дали Нобелевскую премию за разработку теории, утверждающей, что это состояние, это развитие бесконечно, что оно никогда не кончится. Ты представляешь, насколько люди (экономисты, ученые) были глупы? Нобелевская премия за теорию, что общество накопления, общество потребления бесконечно.

Отчего такая недальновидность?
Человек не в состоянии видеть, почему это происходит. Он начинает ступень Потифар с Йосефа. Потифар очень рад, он с удовольствием покупает Йосефа, с его помощью он становится могущественным, богатым.

Он делает Йосефа начальником в своем доме, отвечающим за все ключи и за все двери.
Вообще за всё. Кроме того, что он выше. Все, что делает Йосеф, служит для пользы Потифара, для пользы эгоизма в нас. И в итоге, это приводит его к кризису.
Наш кризис — это и есть следующая картинка.

ЖЕНЩИНА РУКОВОДИТ МИРОМ

Попытаемся проследить, что будет с нами дальше. В этой главе возникает образ жены Потифара. Жена — это «я» Потифара?
В эгоизме не всегда свойство отдачи и свойство получения находятся в связке. Отдача ради получения — безусловно, свойство эгоистическое, но есть еще более эгоистическое свойство: «просто получать». Это женское свойство.

Это как бы сердце Потифара?

Да. Стремление отдать, чтобы получить, – это мужское свойство. Поэтому мужчина выходит на охоту за добычей, грабит, обменивает, находит что-то, потому что у него есть свойство на отдачу. Женщина (женская часть) только получает.

Она – получающая составляющая этого свойства?

Да. И поэтому это свойство наиболее вредное внутри себя, но менее вредное в действии. Оно не имеет возможности широко действовать: выходить на войну, на грабеж, на убийство, на всевозможные действия по принципу «я – тебе, ты – мне» (отдаешь-получаешь). Внешние контакты женскому свойству не присущи.

Но именно оно подталкивает мужское свойство к действию?

Оно подталкивает мужское свойство из себя.

То есть оно – шея, которая двигает головой? Ради женщины человек совершает все свои поступки?

Женщина руководит миром.

Эта самая женщина, сердце Потифара, его желание получать, захотела заполучить Йосефа. Написано, что Йосеф был красив станом, виден, то есть красивый мужчина – хорошее свойство.

Она желает контакта не со своим мужем, а именно с этим свойством, которое считается рабом, но является как будто тем же свойством, что и Потифар.

ГЛАВА «И ПОСЕЛИЛСЯ»

Она спокойно говорит: «Ложись со мной и давай с тобой...»?

Да. Потому что в контакте со свойством Йосеф я – женское желание получать – обогащусь неимоверно. Я при этом наполню себя абсолютно всем.

Йосеф для нее важнее Потифара?

Да, конечно. Потифар – придаток своей жены, он – намерения только на этой ступени. А Йосеф позволяет овладеть всеми ступенями, то есть заполучить всё богатство мира, весь высший свет для этого желания – «жены».

Она делает несколько попыток завлечь Йосефа, но он не поддается. Он заявляет: «Мне доверили все ключи и возложили на меня всю ответственность, я не могу предать хозяина».

То есть я должен работать ради него, ради Потифара. Он мой хозяин. А ты это желание, которое может идти только через него, то есть Потифар как бы буфер между нами.

Тогда она идет на хитрость: заманивает Йосефа и укладывает. И хотя он убегает, у нее в руках остаются его одежды в доказательство, что он будто бы был с ней.

Она кричит: «Слуги, слуги, смотрите, он был со мной». Прибегает Потифар и отправляет Йосефа в тюрьму. Потифар поверил ей, поверил своему сердцу, своей жене.

Эти два свойства – пара: эгоизм и маленькое намерение на отдачу.

Это его «я» – его сердце. Поэтому он ему и поверил?

Но человек не может иначе. Они идут вместе. Это решимо дэ-итлабшут и решимо дэ-авиют[5]. Они работают совместно.

И тут начинается потрясающая история: Йосефа помещают в темницу, и начальник тюрьмы вдруг видит, что Йосеф очень успешен и удачлив. И он делает его ответственным за всю темницу.

ПЕКАРЬ И ВИНОЧЕРПИЙ

Темница – это следующая, более низкая ступень. С одной стороны, она считается темницей – более глухая, более темная, ведь теперь Йосеф не наместник Потифара, не человек, в руках которого все ключи.

Это следующая ступень, то есть более эгоистическая. Но Йосеф начинает ее разрабатывать, то есть свойство Йосеф в человеке начинает работать с этим еще более низким эгоизмом. И тогда оно обнаруживает в ней, в этой ступени, средство для еще большего возвышения.

Пока же происходит понижение Йосефа?

Да, действительно. И оттуда он уже выходит к Фараону. Чем ниже опускаешься, тем выше поднимаешься. Еще ниже опускаешься – еще выше поднимаешься. По такому плану мы и развиваемся.

---

5 Каждое предыдущее состояние сосуда (кли), содержащего свет, оставляет после себя два вида решимот (записей, воспоминаний). Решимо дэ-итлабшут – решимо от света, который был внутри сосуда, и решимо дэ-авиют – решимо от экрана (силы сопротивления эгоизму), который у него есть в настоящее время.

Глава «И поселился»

Параллельно развивается история виночерпия и пекаря, которые провинились перед Фараоном и отправлены в темницу для встречи с Йосефом. Начальник тюрьмы говорит Йосефу: «Вот, давай, займись ими. Они – высокие люди».

Пекарь и виночерпий олицетворяют очень интересные, основополагающие, главные свойства в человеке. Пекарь – это свойство бины, чистой отдачи.

Именно пекарь?

Да. Хлеб – это свойство бины, свойство отдачи.

Вино – это хохма, свет мудрости, который при опьянении обращается в свою противоположность – исчезновение всей мудрости.

Есть вино пьянящее, и есть вино радующее. Именно радующее, Вы сказали, – это свет мудрости. А пьянящее?

Пьянящее, наоборот, – свет глупости.

К глупости приводит употребление для себя?

Да. Но хлеб – всегда основа жизни. Вначале надо приобрести свойство отдачи. Хлеб – символ этого свойства, уровень пекаря. Затем обрести свойство получения ради отдачи – это уровень виночерпия.

Это два основных свойства, кроме них ничего нет. Это две ступени – свойство бины и свойство, в дальнейшем восходящее в кетэр.

Эти два основных свойства перестают работать в тот момент, когда Йосеф отработал свою ступень с Потифаром и оказывается в тюрьме, в еще более низком своем эгоизме.

Пекарь и виночерпий перестают работать на Фараона?

Да. Перестают работать на Фараона, на общую душу. Потому что это одна система. Душа – одна общая конструкция в человеке. Получается, что они вдруг не могут работать.

Кто может, в таком случае, дать им следующий уровень развития? Именно Йосеф, который находится в тюрьме. Получается, что два свойства (пекарь и виночерпий) оказываются в темнице вместе с ним. Они тоже отработали свое и падают в эту же ступень.

И тогда происходит подъем на следующую ступень. Подъем на следующую ступень всегда происходит поэтапно.

Первый этап называется сном – это предварительная, еще не четкая реализация следующей ступени. Поэтому Йосеф разгадывает их сны. Он представляет себе, каким образом они, с их свойствами, желаниями, возможностями, находясь в этой долговой, или рабской тюрьме, внутри своего эгоизма, могут реализовать свои высоты, свои основные свойства. Таким образом, он разгадывает их сны.

Что же он делает в себе? Йосеф начинает осознавать в себе, что закончилась эгоистическая реализация свойства пекаря: отдавать ради отдачи – и свойства виночерпия: получать ради отдачи. Теперь возможно его участие в этих свойствах. И поэтому он говорит: «Одного из вас убьют...».

Я прочту это. Сны очень интересные:

/9/ И РАССКАЗАЛ НАЧАЛЬНИК ВИНОЧЕРПИЕВ СВОЙ СОН ЙОСЕФУ, И СКАЗАЛ ЕМУ: «ВО СНЕ МОЕМ, ВОТ, ПЕРЕДО МНОЙ ВИНОГРАДНАЯ ЛОЗА. /10/ А НА ЛОЗЕ ТРИ ВЕТВИ, А ОНА ЗАЦВЕЛА – ПОЯВИЛИСЬ ПОЧКИ НА НЕЙ, СОЗРЕЛИ В ГРОЗДЬЯХ ЕЕ ЯГОДЫ. /11/ И

ГЛАВА «И ПОСЕЛИЛСЯ»

ЧАША ФАРАОНА В РУКЕ МОЕЙ, И ВЗЯЛ Я ЯГОДЫ, И ВЫЖАЛ ИХ В ЧАШУ ФАРАОНА, И ДАЛ ЧАШУ В РУКУ ФАРАОНА». /12/ И СКАЗАЛ ЕМУ ЙОСЕФ: «ВОТ ЕГО ТОЛКОВАНИЕ: ТРИ ВЕТВИ – ЭТО ТРИ ДНЯ...

Три дня – это три линии, которые только он, Йосеф, может правильно реализовать. Это ему сейчас и предстоит сделать. Предыдущая ступень не могла их реализовать (с виночерпием), а он сможет.

/13/ ЕЩЕ ЧЕРЕЗ ТРИ ДНЯ ФАРАОН ВОЗНЕСЕТ ТЕБЯ И ВОЗВРАТИТ ТЕБЯ НА НАЧАЛЬНУЮ ДОЛЖНОСТЬ ТВОЮ, И ТЫ БУДЕШЬ ДАВАТЬ ЧАШУ ФАРАОНА В РУКУ ЕГО, ПО ПРЕЖНЕМУ ПОРЯДКУ, КОГДА ТЫ БЫЛ ЕГО ВИНОЧЕРПИЕМ. /14/ И ЕСЛИ БУДЕШЬ ПОМНИТЬ ОБО МНЕ, КОГДА СТАНЕТ ТЕБЕ ХОРОШО, ТО СДЕЛАЕШЬ МНЕ МИЛОСТЬ, И НАПОМНИШЬ ОБО МНЕ ФАРАОНУ, И ВЫВЕДЕШЬ МЕНЯ ИЗ ЭТОГО ДОМА. /15/ ИБО УКРАДЕН БЫЛ Я ИЗ СТРАНЫ ЕВРЕЕВ, И ЗДЕСЬ ТАКЖЕ Я НЕ СДЕЛАЛ НИЧЕГО, ЧТОБЫ САЖАТЬ МЕНЯ В ЭТУ ЯМУ».

Йосеф предсказывает события, и виночерпий очень доволен тем, что должно произойти.

Дальше следующий сон:

/16/ И УВИДЕЛ НАЧАЛЬНИК ПЕКАРЕЙ, ЧТО ОН ХОРОШО ИСТОЛКОВАЛ, И СКАЗАЛ ЙОСЕФУ: «И МНЕ ТОЖЕ СНИЛОСЬ: ВОТ ТРИ КОРЗИНЫ ВЕЛЬМОЖИ МОЕГО НА ГОЛОВЕ МОЕЙ, /17/ И В ВЕРХНЕЙ КОРЗИНЕ ВСЯКИЕ ЯСТВА ФАРАОНА, ПРИГОТОВЛЕННЫЕ ПЕКАРЕМ, А ПТИЦЫ КЛЮЮТ ИХ ИЗ КОРЗИНЫ С ГОЛОВЫ МОЕЙ». /18/ И ОТВЕЧАЛ ЙОСЕФ, И СКАЗАЛ: «ВОТ ЕГО ИСТОЛКОВАНИЕ: ТРИ КОРЗИНЫ – ЭТО ТРИ ДНЯ. /19/ ЕЩЕ ЧЕРЕЗ ТРИ ДНЯ ФАРАОН СНИМЕТ С ТЕБЯ ГОЛОВУ ТВОЮ И ПОВЕСИТ ТЕБЯ НА ДЕРЕВЕ, А ПТИЦЫ БУДУТ КЛЕВАТЬ С ТЕБЯ ПЛОТЬ ТВОЮ».

То есть свойство бины, которое на этой ступени работало внутри фараона, на получение, больше не работает.

Эта ступень отходит? Почему она больше не работает?

Чистая бина больше не может работать. Только получение ради отдачи или отдача ради получения. Но эгоизм должен работать.

ДЕНЬ РОЖДЕНИЯ ФАРАОНА

Дальше происходит вот что:

/20/ И БЫЛО, НА ТРЕТИЙ ДЕНЬ, ДЕНЬ РОЖДЕНИЯ ФАРАОНА, ОН УСТРОИЛ ПИР ДЛЯ ВСЕХ СВОИХ РАБОВ...

Кстати, это единственный раз, когда упоминается день рождения.

День рождения Фараона.

Да. Единственный, кто празднует день рождения, – это Фараон. Поэтому день рождения, что люди празднуют, – это праздник эгоизма.

Праздник Фараона. Мало кто знает об этом.

Да. Так что, надо ли его праздновать?

Это интересно...

/20/ ...ОН УСТРОИЛ ПИР ДЛЯ ВСЕХ СВОИХ РАБОВ, И СЧИТАЛ НАЧАЛЬНИКА ВИНОЧЕРПИЕВ И НАЧАЛЬНИКА ПЕКАРЕЙ В СРЕДЕ СВОИХ РАБОВ. /21/ И ВОЗВРАТИЛ НАЧАЛЬНИКА ВИНОЧЕРПИЕВ НА ДОЛЖНОСТЬ ВИНОЧЕРПИЯ, И ОН ПОДАВАЛ ЧАШУ В РУКУ ФАРАОНА; /22/ НАЧАЛЬНИКА ЖЕ ПЕКАРЕЙ ОН ПОВЕСИЛ, КАК ИМ ИСТОЛКОВАЛ ЙОСЕФ. /23/ И НЕ ВСПОМНИЛ

ГЛАВА «И ПОСЕЛИЛСЯ»

НАЧАЛЬНИК ВИНОЧЕРПИЕВ ОБ ЙОСЕФЕ, И ЗАБЫЛ ЕГО.

Такая концовочка вдруг. Почему он его забыл?

Концовочка не в этом, я бы сказал. А мораль такова: если мы считаем своей основой эгоизм, то должны праздновать свой день рождения.

Но это в том случае, если этот эгоизм бессмертен, как считали египтяне, и как человек чувствует. Иначе, если он заканчивается, умирает практически (чем же еще заканчивается вся эта жизнь?), то стоит ли нам праздновать день рождения?

И каков ответ?

По-моему, никто, кроме эгоистов, день рождения не справляет. Радоваться нечему. Как сказано: «Сидели мудрецы семьдесят лет и думали, кто счастливей: родившейся или не родившейся в данном мире». И пришли к выводу, что лучше не родиться. Но если ты родился – достигай цели, реализуй ее.

Фараон мог радоваться, потому что был уверен в том, что он достиг цели, то есть, что эгоистическая реализация эгоизма бесконечна.

На этих словах мы заканчиваем главу. Я считаю, что это оптимистические слова, несмотря на то, что говорим мы о фараоне.

Каждый из нас – фараон.

Для меня каждая глава, каждая наша беседа – это праздник. Праздник – потому, что ты постигаешь, что происходит в тебе на самом деле и как двигаться к правде, к истине.

Глава «В КОНЦЕ»

РАЗВИТИЕ ЖЕЛАНИЙ

Следующая глава называется «Микец» – «В конце». Мы подошли к критической точке: начинаем двигаться к нашему внутреннему Египту. Туда заходит Йосеф и затем потихоньку начинает притягивать туда своих братьев. В главе «Микец» происходит история со снами. Этим начинается глава.

Я заглянул в «Большой комментарий». Там написано, что фараону два года подряд снились сны, но он не просил их растолковать. Однако сон, приснившийся в новогоднюю ночь (Рош Ашана – на иврите), вдруг взволновал его.

Сон был такой:

/1/ И БЫЛО: К КОНЦУ ДВУХ ЛЕТ ФАРАОНУ СНИЛОСЬ, ЧТО СТОИТ ОН У РЕКИ, /2/ И ВОТ ИЗ РЕКИ ВЫХОДЯТ СЕМЬ КОРОВ, ТУЧНЫХ И ХОЛЕНЫХ, И СТАЛИ ПАСТИСЬ НА ЛУГУ. /3/ И ВОТ СЕМЬ ДРУГИХ КОРОВ ВЫХОДЯТ ЗА НИМИ ИЗ РЕКИ, ТОЩИХ И НЕВЗРАЧНЫХ, И СТАЛИ ВОЗЛЕ ТЕХ КОРОВ НА БЕРЕГУ РЕКИ. /4/ И СЪЕЛИ КОРОВЫ ТОЩИЕ И НЕВЗРАЧНЫЕ СЕМЬ КОРОВ ТУЧНЫХ И ХОЛЕНЫХ. И ПРОСНУЛСЯ ФАРАОН. /5/ И ЗАСНУЛ, И СНИЛОСЬ ОПЯТЬ ЕМУ: ВОТ СЕМЬ КОЛОСЬЕВ ВСХОДЯТ НА ОДНОМ СТЕБЛЕ, ТУЧНЫХ И ХОРОШИХ. /6/ И ВОТ СЕМЬ КОЛОСЬЕВ, ТОЩИХ И ОПАЛЕННЫХ ВОСТОЧНЫМ ВЕТРОМ, ВЫРАСТАЮТ ПОЗАДИ НИХ. /7/ И ПРОГЛОТИЛИ КОЛОСЬЯ ТОЩИЕ СЕМЬ ТУЧНЫХ И ПОЛНЫХ КОЛОСЬЕВ. И ПРОСНУЛСЯ ФАРАОН, И ВОТ, ЭТО СОН.

Снам в Торе придается огромное значение. На снах строились такие теории...

Глава «В конце»

Да и Фрейд строил всё на снах. Что такое сны?
Во-первых, мы имеем дело не с фараоном, не с людьми и коровами, а с желанием. Желание – это единственное, что создано.

И поэтому всё происходит внутри желания. Желание, находящееся на определенном уровне, само себе рисует состояние, соответствующее своему уровню. На самом деле все происходящее определяется воздействием света на желание. Желания могут быть на 4-х уровнях: неживом, растительном, животном и человеческом.

Желание на уровне, когда оно себя совершенно не ощущает, не осознаёт, существует только под влиянием двух сил – силы света и желания, наполнения желания.

Есть такие желания, которые под воздействием света развиваются настолько, что начинают ощущать наполнение или опустошение, и не просто как данность. Они испытывают наслаждение или страдание: при наполнении – наслаждение, при опустошении – страдание.

Есть и другие желания, более высокого типа, когда они ощущают не только наполнение и опустошение, но и причину наполнения и причину опустошения в себе.

Есть желания еще выше, которые ощущают первопричину: откуда все приходит, почему, план, цель, – то есть ощущают уже силу, замысел, мысль, которая создала всю цепочку развития желаний.

Но всё равно, кроме желания и наполнения, и осознания того, что с ними происходит, ничего другого в природе нет. И поэтому нам надо так же относиться к тому, кто мы. Наш мир – это всего лишь желание, которое наполняется, опустошается. В нем происходят всевозможные метаморфозы. И оно постоянно находится в различных состояниях.

Об этом говорится в Торе, каббале?

Мы говорим, в первую очередь, о самом высоком виде желания, когда оно осознаёт себя. И самое главное, из осознания себя начинает осознавать свою первопричину, то есть Творца, создавшего его.

Такое желание уже ощущает не только свои состояния: наполнение – опустошение, приятное – неприятное, – то есть воспринимает не только наслаждение – страдание, но и причину наслаждений и страданий. Оно уже поднимается к причинности и через причинность ощущает, определяет самый высший источник и желания, и наслаждения, наполнения. Этот самый высший источник оно называет своим Творцом.

Так вот, ощущение первоисточника (Творца) внутри желания, называется раскрытием Творца. В таком виде желание называется «Адам» – человек.

Разница между всеми видами желаний и всеми видами творений – это всего лишь в его уровне, глубине самопостижения, самоощущения, самопознания, вплоть до самопознания того, что находится в самой моей сути, внутри меня, в корне. К этому и приводит нас наука каббала.

Поэтому Тора («инструкция») даёт нам настрой на то, чтобы по этой развивающейся в нас причинно-следственной цепочке мы постигли наш корень.

Как происходит постижение первоисточника желаний?

Мы постигаем его внутри своего желания, постигаем в мере нашего подобия ему, то есть достигаем такого же уровня, степени развития, как и наш корень. Человек достигает состояния Адам, что значит – подобный корню, Творцу. В этом заключается цель нашего развития.

Глава «В конце»

Сейчас конкретно говорится об одной из стадий нашего развития, когда внутри этого желания развиваются силы, называемые Яаков, его сыновья, Йосеф, фараон, придворные фараона, особенно два министра: одного фараон повесил, а второго – возвысил. Всё это является силами, которые двигают желание вперед.

Но самое основное желание, продвигающееся вперед, – Йосеф, есод.

Йосеф – объединяющий.

Да. Тот, кто объединяет все эти желания в себе. Поэтому главное, как двигается он, являющийся суммой всех предыдущих воздействий.

На нем всё замыкается? И хорошее, и плохое?

На нем замыкается фараон со всеми его министрами, Яаков со всеми его детьми. Неживая природа, растительная, животная – всё замыкается на Йосефе. И он, в данном случае, ведущий – ведущее желание, тянущее за собой все остальные.

Паровоз?

Да. И поэтому вокруг него всё завязывается.

Проходит два года – две стадии развития этого желания после того, как Йосеф рассказал о своем сне.

Сон – это такое состояние, когда человек стремится к своей следующей стадии. Или желание, когда оно начинает подниматься, стремиться быть в своей следующей стадии, но фактически еще не может, а только пытается приблизиться к ней. Это еще нечеткое, неполное осознание следующей своей ступени. Поэтому сон – это переходное состояние между…

Двумя ступенями?

Да, допустим. Это уже следующая ступень, но еще не оформленная, еще не ощущаемая как реальная. Такое значение в нашем духовном пути имеют вещие сны.

Но эти сны – не во время сна, когда человек ложится и спит. Это его постижение следующей ступени, только постижение еще неявное.

СНЫ ФАРАОНА

Сейчас фараон задаётся вопросом. До этого ему два года спокойно снились сны, и он не беспокоился. И вдруг сейчас, именно в начале года, он думает: «Почему в начале года (Рош Ашана)?».

Он видит, что следующая ступень – судьбоносная. И она находится на развилке пути. В какую сторону идти: в сторону добра или в сторону зла, хорошего или плохого развития? Как решить, что говорит ему этот сон?

Эта следующая ступень проявляется и хорошей своей стороной, и плохой: есть семь колосьев хороших-плохих, семь коров хороших-плохих. Как же сделать из этого вывод, что предпочесть? Ясно, что желательно предпочесть хорошее развитие. Но как ты его предпочитаешь? В чем оно может заключаться?

У самого фараона, у всего эгоизма (фараон олицетворяет собой всё желание), этого решения нет. Кроме фараона, все его министры, Яаков со своим домом, Йосеф – это всё свойства, которые связывают желания со светом.

Каким образом все эти свойства соединить с желанием, чтобы достичь следующего уровня?

Глава «В конце»

С точки зрения фараона, достичь следующего уровня – значит использовать максимально эгоизм и максимально свет для их взаимного сочетания в эгоистическую сторону, для пользы эгоизма.

Поэтому вещий сон для фараона означает одно: «как сделать, чтобы наполнить свой эгоизм» – не опустошиться и наполнить все свои закрома, накормить весь свой народ, наполниться золотом, деньгами, купить весь мир.

Для Йосефа развитие этого эгоизма полезно. Оно необходимо, потому что без развития зла нет затем его исправления и подъема до уровня Творца.

Как сказано: «Я создал зло и создал Тору [каббалу] для его исправления», – потому что свет возвращает к Источнику. Исправляет и, таким образом, возвращает к Источнику. Потому необходим этот первый этап эгоистического развития.

Йосеф полностью с этим согласен. Он идет вместе с фараоном и на семь лет, то есть на полную ступень, на полную левую линию в развитии эгоизма на следующей ступени, соответственно вместе с фараоном, становится его преданным слугой, потому что здесь фараон и Йосеф идут вместе.

Так же человек – мы видим, как человечество развивалось. На протяжении тысяч лет оно развивало, наращивало эгоизм и было довольно своим эгоизмом, и ничего не хотело слушать. Сегодня мы тоже приходим к такому же состоянию – должны подсчитать наших «коров».

Где тучные, а где тощие? Вы считаете, что сейчас начинаются 7 лет голода?

Нет, нет! Сейчас мы уже находимся на следующем этапе. Мы уже взрастили свой эгоизм, сейчас мы начинаем этап выхода из него.

Мы еще не прошли этап ощущения эгоизма как зла. Но мы его в себе накопили. Сейчас идет осознание зла. Семь тучных лет прошло – мы накопили эгоизм, думали, что в нем мы будем счастливы. Сейчас начинается осознание его, как зла. Это и есть ощущение настоящего кризиса.

Я не могу не спросить вас: Что дальше?

Дальше мы должны ощутить эгоизм, как зло, вплоть до ударов (египетских казней), вплоть до такого состояния, когда мы пожелаем выбраться, выскочить из него любыми путями. Нахождение в нем будет ощущаться нами, как тьма египетская, и мы захотим удрать из нее любыми способами! Если перед нами будет море, то будем прыгать в него, только бы избавиться от этого страшного эгоизма.

Но если мы захотим пользоваться методикой, которая есть у нас, то тогда пройдем по морю, как посуху.

Казни у нас впереди. А пока фараон проснулся. В «Большом комментарии» написано, что он стал обращаться к своим колдунам-астрологам – их там было полно...

Да. Но поскольку эти астрологи и колдуны работают только в эгоистическом желании, они не могут дать ему решения.

И тогда начальник виночерпиев вдруг вспоминает: «Там, в тюрьме, у меня был парень Йосеф, который мне всё объяснил. И еще сказал: «Ты меня потом вытащи отсюда», – а я забыл о нем».

Он рассказывает о Йосефе, как тот разгадал его сон, когда он находился в тюрьме. И приводят Йосефа. Говорится, что Йосеф остригся и переменил свои оде-

ГЛАВА «В КОНЦЕ»

жды. Наверное, не просто так говорится? Странно – остригся после тюрьмы?!

Тут дело в том, что он меняет свою позицию, так как сейчас ему, человеку, предстоит возможность работать с эгоизмом. И поэтому понимает, что необходимо бурное серьезное развитие эгоизма под предводительством Йосефа.

Этот эгоизм не просто работает на себя. А он работает на себя, потому что использует свойство Йосеф, то есть это отдача для получения. Альтруистические свойства, свойства отдачи, духовные свойства используются для развития эгоизма.

Фараон сейчас вознуждался в Йосефе. Его подчиненные не сумели ничего разгадать. И фараон рассказывает свой сон.

/25/ И СКАЗАЛ ЙОСЕФ ФАРАОНУ: «СОН ФАРАОНА ОДИН: ЧТО ВСЕСИЛЬНЫЙ СДЕЛАЕТ, ТО ВОЗВЕСТИЛ ОН ФАРАОНУ. /26/ СЕМЬ КОРОВ ХОРОШИХ – ЭТО СЕМЬ ЛЕТ, И СЕМЬ КОЛОСЬЕВ ХОРОШИХ – ЭТО СЕМЬ ЛЕТ; ЭТО – ОДИН СОН. /27/ И СЕМЬ КОРОВ ТОЩИХ И ХУДЫХ, ВЫШЕДШИХ ПОСЛЕ НИХ, – ЭТО СЕМЬ ЛЕТ; РАВНО И СЕМЬ КОЛОСЬЕВ ПУСТЫХ, ОПАЛЕННЫХ ВОСТОЧНЫМ ВЕТРОМ, ЭТО – СЕМЬ ЛЕТ ГОЛОДА. /29/ ВОТ НАСТУПАЮТ СЕМЬ ЛЕТ БОЛЬШОГО УРОЖАЯ ВО ВСЕЙ СТРАНЕ ЕГИПЕТСКОЙ. /30/ И НАСТАНУТ ПОСЛЕ НИХ СЕМЬ ЛЕТ ГОЛОДА, И ЗАБУДЕТСЯ ВЕСЬ УРОЖАЙ ВО ВСЕЙ СТРАНЕ ЕГИПЕТСКОЙ, И ИСТОЩИТ ГОЛОД СТРАНУ.

То есть будет семь лет благоденствия и семь лет голода. И Йосеф дает фараону совет, как из этого выбраться.

/33/ А ТЕПЕРЬ, ДА УСМОТРИТ ФАРАОН ЧЕЛОВЕКА РАЗУМНОГО И МУДРОГО, И ПОСТАВИТ ЕГО НАД СТРАНОЙ ЕГИПЕТСКОЙ. /34/ ДА РАСПОРЯДИТСЯ ФАРАОН, И НАЗНАЧИТ НАДЗИРАТЕЛЕЙ НАД СТРАНОЮ, И НАЛОЖИТ ПЯТИНУ НА СТРАНУ ЕГИПЕТСКУЮ В СЕМЬ ЛЕТ УРОЖАЯ. /35/ И ПУСТЬ СОБИРАЮТ ВСЕ СЪЕСТНОЕ НАСТУПАЮЩИХ ХОРОШИХ ЛЕТ ЭТИХ, И НАКОПЛЯЮТ ХЛЕБА ПОД ВЕДЕНИЕМ ФАРАОНА В ПИЩУ ДЛЯ ГОРОДОВ, И ХРАНЯТ.

Он говорит: то, что сохранят, мы используем во время голода.

Да. Пятую часть. 20 процентов – не десятину.

Почему не десятину?

Потому что семь лет и семь лет.

Йосеф явно намекает на себя: «Ты должен взять мудрого человека, который начнет…».

«Кто у тебя еще есть такой…?».

«Я тебе объяснил сон. Кто еще у тебя есть? Ты должен взять меня. Я начну командовать твоей страной».

Конечно, лучше всего можно перевести это в желания, в эгоизм, который ощущает, что он продолжает свой путь именно с той мудростью, с тем пониманием, с которым сейчас дошел до решения этой задачи. То есть он не будет менять по дороге эту методику.

И естественно, что фараон, то есть эгоизм, берет именно это альтруистическое свойство, с помощью которого есть самая большая надежда достичь благоденствия. Так они идут вперед.

ГЛАВА «В КОНЦЕ»

ЙОСЕФ В ПОДЧИНЕНИИ ФАРАОНА

Но в «Большом комментарии» сказано, что он с его рабами еще задумался, они посмотрели, подумали: «Кто ж этот мудрый, который…», – и всё равно пришли к Йосефу и сказали:

/40/ ТЫ БУДЕШЬ НАД ДОМОМ МОИМ, И ПО ВЕЛЕНИЮ ТВОЕМУ БУДЕТ УПРАВЛЯТЬСЯ ВЕСЬ НАРОД МОЙ; ТОЛЬКО ПРЕСТОЛОМ Я БУДУ ВЫШЕ ТЕБЯ».

Так сказал фараон. Всё-таки он боится за свой престол или нет?

Нет. Ни в коем случае! Не боится, потому что идет совершенно четкое подчинение Йосефа фараону. Альтруистическое желание в человеке идет по пути эгоистического развития – ради эгоизма. Это то, что у нас называется «предварительное развитие желания», которое невозможно развить до состояния зла, если не вложить в него все свои чаяния, все свои цели.

Это возможно только при стремлении к бесконечному, к совершеннейшему духовному состоянию, когда человек желает всё: этот мир, будущий мир и всё, что угодно. Он думает достичь всего, вплоть до Творца, – всего! И когда в нем развивается огромное желание, тогда-то он и начинает осознавать, что ему не хватает подобия свойству отдачи.

Но это будет в дальнейшем, после всех процессов. А пока свойство отдачи в нем находится под свойством получения.

Йосеф – как главный инженер, как заместитель директора завода?

Ну, допустим.

Я заглянул в «Большой комментарий». Все-таки, как ни странно, какая-то демократия в Египте была. Там написано так:

Царский двор был в смятении и негодовании: «Раб, купленный за двадцать серебряных монет, да еще только что вышедший из тюрьмы, будет править нами?».

Фараон решил успокоить всех: «Этот человек вовсе не раб. Посмотрите, он выглядит, как свободный гражданин, принадлежащий к великому и благородному народу. Неужели вы не видите его изящества и аристократичности? По-моему, он похож на человека, привыкшего повелевать».

И в самом деле, трудно было не обратить внимание на царскую осанку Йосефа. Это видел Потифар, это понимал начальник тюрьмы – все чувствовали, что Йосеф был рожден, чтобы стать великим правителем.

Тем не менее, министры продолжали возражать: «Его нельзя наделять властью! Тебе, о царь, известны законы. Правитель Египта, а также его заместитель, второй человек в государстве, должны владеть семьюдесятью языками. На каких языках, кроме еврейского, может изъясняться твой Йосеф?».

С этим возражением фараон не мог не согласиться. И он пообещал, что проверит Йосефа при первой же возможности.

Дальше написано: Творец учит Йосефа семидесяти языкам – снова во сне. Что такое 70 языков?

О ПОЛЬЗЕ ИНОСТРАННЫХ ЯЗЫКОВ

Семьдесят языков – это все семь сфирот, частей, из которых состоит эгоизм и с которыми он может наполняться.

Йосеф – та сила, которая соединяет свет с желанием. Когда Йосеф приходит к контакту с эгоизмом, в нем нет явного понимания этих свойств, желаний, этой возможности

Глава «В конце»

наполнить эгоизм, потому что он в них не работал. Он был отключен от них.

То есть он не работал в этих семидесяти языках?

Нет. У него не было реализации всего этого.

Сейчас есть возможность реализовываться. Йосеф, как собирающая сфира, собирающая система, которая в себе, как в линзе, собирает все предыдущие семь светов, наполнений, наслаждений, насыщений. Поэтому за одну ночь (за один контакт с фараоном) он аккумулирует в себе все эти возможности.

За один контакт с Творцом? Или все-таки с фараоном?

С фараоном. За один контакт с фараоном Йосеф должен почувствовать весь эгоизм. Должен почувствовать, чем он должен наполняться.

Самое главное – у него есть всегда его связь с Творцом. Связь с фараоном только сейчас устанавливается. Поэтому сейчас, когда «семь тучных или тощих лет», о которых он рассказывал, – семь предыдущих сфирот находятся в его власти, он находит общий язык между ним и малхут, между ним и фараоном.

Раньше не было контакта. Контакт находится между есод и малхут. Есод – это Йосеф, малхут – фараон. Поэтому между ними мгновенно возникает связь и понимание того, что только Йосеф может наполнить это огромное желание, которое олицетворяет фараон, или Египет.

Контакт – это 70 языков, которые он постигает?

Это исходит еще из дома Яакова. Яаков – это все предыдущие сфирот: хэсэд, гвура, тифэрэт – это Авраам, Ицхак, Яаков, потом все сыновья Яакова – это нэцах, ход, есод. Нэцах и ход – его сыновья. Есод – это Йосеф, который соединяет, собирает всё вместе.

Всё, что проходит от Творца через все свойства Творца, уже оформляется по этим двенадцати полным путям: четыре стадии – юд, кей, вав, кей.

Имя Творца – юд, кей, вав, кей.
В каждой стадии – три линии, значит, всего двенадцать частей – и есод заканчивает их все. Он является как бы тем соском, к которому надо присосаться. В нем сосредоточено все. Так корова относительно теленка – всё сосредоточено в ее соске, и через него она отдает.

Свойство возможности отдать, соединить в себе все предыдущие свойства и передать их в правильном виде – это и есть Йосеф.

На следующее утро после сна, в котором Йосеф научился семидесяти языкам и Творец добавил в его имя свою букву, фараон призывает его для испытания. Йосеф говорит на семидесяти языках и поднимается по ступеням к трону фараона всё ближе и ближе.

Да. Йосеф показывает фараону, что он может наполнить все 70 пустых желаний, которые представляют собой всё созданное эгоистическое желание, называемое фараон, желание обратное Творцу, обратное свету, но полностью подобное Ему, равное Ему по размеру, по всем желаниям.

Здесь в Мидраше следует очень интересное замечание. Написано:
И вот теперь настала очередь Йосефа, и он обратился к фараону на иврите... Фараон был смущен, ибо оказалось, что он не знает этого языка.

ГЛАВА «В КОНЦЕ»

Все языки – это языки наполнения эгоизма, а иврит – это связь между есод и малхут.

Написано: и фараон смутился. Он просит, чтоб Йосеф обучал его ивриту. Тот учит его, но фараон не улавливает и берет слово с Йосефа, что тот никому не скажет, что фараон не постиг этот язык.
Иврит – язык отдачи, экран, обратный свет.
Фараон – это эгоизм, язык отдачи он не в состоянии постичь никогда! Он остается материалом творения, который желает только получать.
Что значит намерение отдавать, которое затем облачает фараона? Он не понимает, наше желание не понимает этого. Оно может только склониться перед этим, позволить облачить себя в свойство отдачи. И благодаря этому он находит контакт, связь, что называется, языка со светом, с Творцом, но не более того. Материал остается материалом.

Это очень интересно! Видите, мы сейчас уже начинаем постигать и языки – языки связи с Творцом, чем мы, собственно, и занимаемся. Изучаем язык связи с Творцом.

ФАРАОН В ТУПИКЕ

Мы говорим о том, как в нас происходят изменения. Продолжаем главу «В конце» – «Микец». В этой судьбоносной главе Йосеф объясняет сны и принят фараоном, как человек знающий. Фараон ощущает, что за Йосефом стоит сила.
/41/ И СКАЗАЛ ФАРАОН ЙОСЕФУ: «СМОТРИ, Я НАЗНАЧИЛ ТЕБЯ НАД ВСЕЙ СТРАНОЮ ЕГИПЕТСКОЙ!»./42/ И

СНЯЛ ФАРАОН ПЕРСТЕНЬ СВОЙ С РУКИ СВОЕЙ, И НАДЕЛ ЕГО НА РУКУ ЙОСЕФУ, И ОДЕЛ ЕГО В ОДЕЖДУ ИЗ ВИССОНА, И ВОЗЛОЖИЛ ЗОЛОТУЮ ЦЕПЬ НА ШЕЮ ЕМУ. /43/ И ВЕЛЕЛ ВЕЗТИ ЕГО НА КОЛЕСНИЦЕ, ПРЕДНАЗНАЧЕННОЙ ДЛЯ НАМЕСТНИКА, И ВОЗГЛАШАЛИ ПЕРЕД НИМ: «ПРЕКЛОНЯТЬСЯ!», И ДАЛ ЕМУ ВЛАСТЬ НАД ВСЕЙ СТРАНОЮ ЕГИПЕТСКОЙ. /44/ И СКАЗАЛ ФАРАОН ЙОСЕФУ: «Я ФАРАОН, НО БЕЗ ТЕБЯ НИКТО НЕ ПОДНИМЕТ НИ РУКИ, НИ НОГИ СВОЕЙ ВО ВСЕЙ СТРАНЕ ЕГИПЕТСКОЙ». /45/ И НАРЕК ФАРАОН ИМЯ ЙОСЕФУ: ЦАФНАТ-ПАНЕАХ, И ДАЛ ЕМУ В ЖЕНЫ АСНАТ, ДОЧЬ ПОТИ-ФЕРА, ЖРЕЦА ГОРОДА ОН. И ВЫШЕЛ ЙОСЕФ ПРАВИТЕЛЕМ СТРАНЫ ЕГИПЕТСКОЙ.

Йосеф становится вторым человеком в Египте.

Да. Управляющим всем.

От какого ощущения это идет? Египтяне были под властью фараона. Но вдруг фараону объясняют сон, и он берет Йосефа и назначает его вторым человеком в Египте.

Дело в том, что два управляющих фараона – это виночерпий и министр земледелия. Хлеб и вино – самые главные орудия, при помощи которых он управляет всем Египтом – всем своим эгоизмом.

Люди, с которыми встретился Йосеф, совсем не маленькие. Просто они исчерпали себя, они больше ничего не могут. С помощью этих двух великих сил человек уже не может действовать.

Самое главное – это свет хохма и свет хасадим, свет познания и свет общения, соединения, ощущения всей

Глава «В конце»

системы природы. Вино олицетворяет собой знание, мудрость. Хлеб олицетворяет собой силу и единение всего.

Эти две великие силы, кроме которых ничего и нет, сейчас не хотят быть подвластными фараону. Он не может с ними действовать, не получается. Когда оказывается здесь Йосеф, который прекрасно понимает, что происходит с этими двумя силами, и может ими управлять, то для фараона (в состоянии его эгоизма) его появление является спасением.

Он хватает Йосефа – среднюю линию поведения между правой и левой, между вином и хлебом, виночерпия, который соединяет их вместе. Он может наполнять, он продолжает наполнять человека.

Идея, или метод, который называется Йосеф (свойство есод), – это свойство, которое умеет правильно соединить в себе все средства, правую и левую стороны: и вино, и хлеб.

Вы говорите, что фараон был в тупике?

Конечно. Что происходит с его двумя министрами? Через них фараон уже не может управлять ничем. У него нет никого другого. Эти две великие силы находятся в таком же состоянии, как мы сегодня в нашем мире: не знаем, каким образом двигаться дальше.

Сегодня прогресс привел нас к тупику. Человек уже понимает, что с помощью прогресса он не двинется дальше. Он должен искать Йосефа?

Да.

ФАРАОН – РЕВОЛЮЦИОНЕР?

Фараон понимает это. А почему человечеству сейчас не видно, что оно должно искать Йосефа?

Фараон был умней.

Фараон – так называется состояние, когда человек, действительно, находится в глубине своего эгоизма. Фараон понимает, что обязан всё-таки спасаться. Он является единоличным властителем всего человека или всей земли, смотря в каких масштабах говорить: внутренних или внешних. Хотя это и не имеет абсолютно никакого значения: это – одно и то же.

Когда человечество действительно дойдет «до ручки», когда оно осознаёт, что нет другого выхода, абсолютно никакого, когда страдания будут таковы, что все замкнутся в безысходности, тогда появится ощущение, как у фараона.

Одного министра он повесил, а второй тоже еле-еле справляется – без сил: ничего не может рассказать и сказать. Только вспоминает про Йосефа – для этого он и остался жить.

Тут нам говорят о том, что природой созданы такие условия. Человек, или человечество, претерпев огромные страдания, всё-таки осознаёт, что есть другой путь. Поневоле у людей появляется возможность увидеть его и принять.

Йосеф – это полная противоположность Египту. Совсем другой человек. Откуда?! Из народа, которым египтяне пренебрегали. И, тем не менее, фараон ставит его выше всех.

Сам фараон – революционер?

Глава «В конце»

Все его действия от безысходности. Ничего особенного в нем нет. Когда получаешь много ударов, становишься умнее. Вот фараон и стал умней. Он соглашается, потому что нет выхода.

Другой метод есть, кроме ударов?

Нет. Никакого! Если бы можно было заранее узнать, услышать от кого-то! Если бы существовал какой-то метод, «прилетел бы волшебник в голубом вертолете» и рассказал фараону об этом….

В наше время есть наука каббала, она раскрывается и заранее говорит человечеству: «Не стоит идти таким путем, иначе получите по голове». Если люди не согласны: «Мы хотим сами. Мы не верим в эту вашу науку», – то получают по голове.

Сегодня мы находимся в этом состоянии. Несмотря на то, что мы распространяем науку каббала, мы также должны получить достаточное количество ударов.

Все истории с праотцами и далее – это распространение методики исправления в добром виде. Они заранее предлагают человечеству: «Давай, идем…».

Тоже самое и дальше – с Моше. Творец говорит: «Иди обязательно к народу и говори». Моше возражает: «Я не умею говорить. Они меня не понимают. Что мне делать? Они такие жестоковыйные! Они такие невосприимчивые…». – Всё равно, иди и объясняй, и делай».

Потом следует обучение, уже по выходу из Египта на протяжении сорока лет в пустыне. То есть мы имеем дело с постоянным распространением, с постоянным предложением методики исправления: вместо ударов – ускорение пути.

В наше время мы имеем дело еще и с религиями. А какая религия была в то время? Религия фараона?

Идолопоклонство. Абсолютное отрицание единой управляющей силы.

Только потом фараон начинает видеть и говорить, что Творец един и праведник, а я – грешник. Но сколько пришлось перенести ударов ему, нашему несчастному эгоизму, прежде, чем он соглашается смириться с этим.

ДОЧЬ ПОТИФАРА – ДОЧЬ ДИНЫ

Есть интересное добавление в «Большом комментарии».

Но, в конце концов, египетский народ стал выражать недовольство тем, что им стал править бывший раб. Чтобы успокоить египтян, фараон решил выдать замуж за Йосефа дочь Потифара – Аснат. Кроме всего прочего, это событие еще раз доказало всем, что Йосеф не согрешил с женой Потифара, ибо в противном случае вряд ли Потифар отдал бы ему в жены свою дочь.

Дальше написано:

На самом деле Аснат была не родной, а приемной дочерью Потифара. Ее настоящей матерью была Дина, дочь Яакова, родившая ее от насильника Шхема. Яаков привязал девочке на шею табличку с именем ее родителей и отдал ее на воспитание. Текст таблички завершался такими словами: «Тот, кто женится на этой девушке, должен знать, что она из рода Яакова».

Почему это происходит? Потому, что Йосеф не может работать над своим эгоизмом. Желание должно подходить под Йосефа. Оно не может быть египетским, потому что египетское желание – ради себя. А здесь Йосеф – только ради отдачи. Откуда желание могло бы появиться у него? Как мог бы действовать Йосеф, не будь у него подходящего желания?

То есть Йосеф не может жениться на египтянке?
Нет.

Он может жениться только на линии Яакова?
Жениться – имеется в виду «работать с подходящим желанием».
Мужчина называется «намерение», а женщина называется «желание». Желание вместе с намерением рождает следующие ступени. И поэтому для Йосефа должно быть подходящее желание. Из египтянок ничего такого быть не может.

Недаром говорится о Дине, которая пострадала от Шхема?
Да. Это всё-таки связь с Египтом, потому что Шхем – эгоистическое желание, но идет от Дины.

Поэтому она находится там сейчас. Тоже ждет Йосефа, чтобы вместе с ним потом родить детей и продолжить это всё?
Да.

БОЛЬШАЯ ЧЕЛОВЕЧЕСКАЯ КОМЕДИЯ

Вы спрашиваете, какое впечатление у меня от «Большого комментария»? Если я соединяю письменную Тору и «Большой комментарий», у меня возникает ощущение, что в этом мире нет ничего нового, что всё уже давно придумано, что все истории уже существуют.

Всё было – и еще как! Мы какое-то дешевое повторение. Там за каждым стоит такая глубина! А у нас здесь какая глубина? Всё на эгоистическом уровне.

Все это расписано по книгам: Мишна, Талмуд, Пророки, Святые Писания. «Большой комментарий». Есть еще столько книг! Почему бы не поместить все в один большой рассказ? Конечно, получился бы солидный роман…

Но специально расписано в двух источниках: в письменном и в устном. Тора устная тоже записана. Дело не в том, что именно они излагают. И не поэтому называются они: письменная и устная.

Устная – потому, что зависит от уровня постижения человека. Каждый постигает в мере своего экрана.

Экран – это сопротивление?

Сопротивление. Альтруистическое намерение над эгоистическим желанием. Поэтому мера этого экрана дает уровень постижения.

Письменная Тора одинакова для всех: перед тобой книжечка, а насколько глубоко ты ее копнешь, зависит от твоего экрана. Как ставить этот экран, как его восстанавливать, как с ним работать, об этом говорит устная Тора. Когда ты читаешь Мидраш, Мишна или Талмуд, это должно настраивать тебя на обретение экрана. Иначе это не Тора. Иначе ты просто читаешь какое-то историческое произведение.

Как быть человеку нашего мира, с детства воспитанному на историях?

Глава «В конце»

Люди разовьются постепенно. Еще немножко, еще одно-два поколения. Ну, что сделаешь? Мы наблюдаем, я бы сказал, в большую человеческую комедию.

Да, комедия... Пишется ли сейчас этим поколением новая Тора?

Ничего не пишется, кроме того, что каждое поколение все записывает в своей душе, отрабатывает свои ступени.

Наше поколение отрабатывает очень серьезную ступень перехода в раскрытие, когда устная и письменная Тора будут раскрываться одновременно. Не только раскрываться на словах, но и реализовываться в чувствах. Все будет раскрываться человеку внутри – в его действиях.

Фараон, Йосеф, Потифар, Аснат, Батья, Ципора, Моше и все персонажи – где они все во мне? Как я с этим работаю? Весь мир находится во мне, но эти – мои краеугольные, основополагающие свойства.

Все это описано в книгах: Мишна, Талмуд, Пророки, Святые Писания… «Большой комментарий». Есть еще столько книг! Почему бы не поместить все в один большой рассказ? Конечно, получился бы солидный роман…

Они будут иметь эти же имена для всего мира?

Конечно! Откуда они появились?

Если человек, не читая Тору, начнет раскрывать в себе это, то он начнет называть этими именами свои свойства. Они раскрываются, и человек понимает: «Это называется Аснат. Это – Йосеф». Начнет понимать, не зная вообще об этих именах.

Хотелось бы, чтоб так было на самом деле.

Так оно, в итоге, и будет.

ВОПРОСЫ, НА КОТОРЫЕ НЕТ ОТВЕТА

Продолжим чтение.

/45/ ...И ВЫШЕЛ ЙОСЕФ ПРАВИТЕЛЕМ СТРАНЫ ЕГИПЕТСКОЙ. /46/ А ЙОСЕФУ БЫЛО ТРИДЦАТЬ ЛЕТ, КОГДА ПРЕДСТАЛ ОН ПЕРЕД ФАРАОНОМ, ЦАРЕМ ЕГИПЕТСКИМ. И ВЫШЕЛ ЙОСЕФ ОТ ФАРАОНА, И ПРОШЕЛ ПО ВСЕЙ СТРАНЕ ЕГИПЕТСКОЙ. /47/ И ПРОИЗВЕЛА ЗЕМЛЯ В СЕМЬ ЛЕТ УРОЖАЙ ГОРСТЯМИ. /48/ И СОБРАЛ ОН ВСЕ СЪЕСТНОЕ ТЕХ СЕМИ ЛЕТ, КОТОРЫЕ БЫЛИ В СТРАНЕ ЕГИПЕТСКОЙ...

/49/ И СКОПИЛ ЙОСЕФ ХЛЕБА, КАК ПЕСОК У МОРЯ, ЧРЕЗВЫЧАЙНО МНОГО, ДО ТОГО, ЧТО ПЕРЕСТАЛ СЧИТАТЬ, ИБО НЕ СТАЛО СЧЕТА.

То есть он полностью исправил на отдачу всю эгоистическую египетскую машину; получил всё это ради отдачи, собрал всё это.

Семь лет – это полный цикл всего желания: хэсэд, гвура, тифэрэт, нэцах, ход, есод и седьмой год или седьмой день (шаббат) – малхут. На этом закончился его этап исправления Египта – то, что он смог сделать.

И он ждет, что сейчас наступит голод?

Да.

Вначале исправление идет на малом уровне – катнут, а затем следует гадлут. Первые семь лет – маленькое исправление, на маленьком уровне.

Сейчас в человеке должен проявиться огромный эгоизм, новые большие эгоистические провалы, требования, сумбур: «Откуда?! Зачем?! Для чего?! Почему?». Его уже не удовлетворяет прошлое. В нем возникают новые эгоистические миазмы. Это – следующие семь лет голода.

Почему голода? Вопросы, на которые нет ответа: «А зачем существовать?! Для чего?! Почему?! Как?! Кто управляет миром?! Мой фараон, я или кто-то другой? Как все происходит в мире? Для чего я существую?». Эти вопросы – следующие семь лет, семь голодных лет.

Эти вопросы встанут перед каждым человеком?

Конечно! Как ты будешь развиваться, если они в тебе не встанут? Они должны обнаружить всю пустоту.

В мире раскрывается глобализация. Но «человек человеку волк», и он не хочет быть вместе с другими. Ему говорят: «Обязан!», – а он не хочет. Этот разрыв и приносит эти вопросы? Мы должны просто ощутить, что не хотим объединиться, а мир требует от нас объединения?

Да. Но у нас есть методика исправления, давайте возьмем и пойдем с ней так же, как Йосеф. Есть чем жить, есть чем существовать, весь этот путь можно пройти хорошо. – Чем? – Йосеф его исправляет!

Йосеф говорит фараону: «Мы сейчас закупим весь Египет. Желаниям во мне некуда деваться, они пустые, они желают наполниться». Человек желает в чем-то существовать: какая-то надежда, маленькие личные отдохновения, – что-то должно быть у него. И тогда поневоле он приходит к альтруистическому наполнению: я готов быть вместе с другими, я готов к объединению. А иначе, что для меня жизнь? – Темная пустота, то есть голод...

Только бы прекратилась эта боль?

Да. Только бы прекратилась эта пустота, этот голод. Он хуже смерти. И таким образом, за семь следующих лет он исправляет все возникающие в нем эгоистические пустоты, желания.

ВЕРНУТЬСЯ К ХЛЕБУ

Семь лет голода – мы сейчас к ним подойдем. Но до этого у меня есть важный вопрос. У Йосефа от Аснат рождаются два сына: Менаше и Эфраим. Что означает рождение сыновей перед семью годами голода?

Это следующие ступени. Это говорит о том, что Йосеф вступает на большой уровень. Ты рождаешь сыновей, когда становишься уже взрослым. И мужчина, и женщина, и огромные желания, и экран на них работают в тебе так, что порождают следующую ступень. Две линии – Менаше и Эфраим.

Йосеф обязан быть большим перед семью годами голода?

Да, да. Исходят из Йосефа две линии: Менаше и Эфраим – потом их благословляет Яаков.

Написано так:
И БЫЛ ГОЛОД ВО ВСЕХ СТРАНАХ, В СТРАНЕ ЖЕ ЕГИПЕТСКОЙ БЫЛ ХЛЕБ.

Только через Йосефа, только через среднюю линию можно наполниться! Поэтому огромнейший эгоизм (Египет – это явное проявление огромнейшего эгоизма) проявляется в связи с методикой наполнения.

Обратите внимание:

ГЛАВА «В КОНЦЕ»

/54/ ...И БЫЛ ГОЛОД ВО ВСЕХ СТРАНАХ, В СТРАНЕ ЖЕ ЕГИПЕТСКОЙ БЫЛ ХЛЕБ.

Голодом называется, когда нет хлеба? Не мяса, не рыбы, а хлеба?

Хлеб – это свойство бины. Самое минимальное свойство, на котором ты можешь существовать в духовном мире – отдача ради отдачи.

Это минимальное духовное существование. Я существую – я ничего не беру себе, но существую в этом огромном духовном пространстве.

То необходимое, что должно быть со мной всегда?

Подобно тому, как маленький ребенок существует рядом со взрослыми. Не сам я что-то понимаю, делаю, воспринимаю, а я живу, прислоняясь к большому состоянию.

Человечество, так или иначе, должно вернуться к разумному потреблению. Мы говорим, что оно должно вернуться к хлебу. Останутся, конечно, и мясо и рыба...

В наше время это называется «методика разумного существования».

Всегда мы существовали по правилу: всё загрести, побольше и еще больше. Было общество максимального потребления, наращивание потребления поощрялось.

Сейчас мы начинаем буксовать. Мы не можем дальше потреблять и из-за того, что исчерпывается природа, и из-за того, что у нас не работают системы потребления. Даже государство готово раздавать всем деньги – только покупайте.

В США поставили такой эксперимент, но никто ничего не покупал. Люди уже пресыщены.

А что дальше делать? Общество потребления, так называемая американская мечта, больше не работает.

Мы подходим к обществу разумного потребления. Ты потребляешь столько, сколько тебе необходимо для существования. Всё остальное – на отдачу, на общее благосостояние.

Это и есть свойство Йосеф. И это то, что он делает в течение семи лет голода с возникающими в нем египетскими желаниями. Постепенно в нем поднимаются все его, так называемые, египтяне, все эгоистические желания. И он исправляет их под свое свойство. И поэтому становится большим. Не маленьким, как до этого – хафец хэсэд, а становится уже большим.

Поэтому рождается и символ того, что он исправляет эти свойства со следующей ступени, более высокой ступени, с помощью своих сыновей – Эфраима и Менаше.

Вернемся к нашему миру. Как произойдет разворот от потребления, к которому все приучены с детства, впитали с молоком матери? Снова через страдания к разумному потреблению?

Может быть, через страдания. Человек под воздействием страданий сам начнет естественным путем понижать свои требования. Или, наоборот, наполняй себя, но только ради отдачи, чтобы через тебя проходили все огромные постижения, чувства.

Всё-таки придет к этому человек? И деваться некуда будет?

Да. Желательно, быстрее.

ГЛАВА «В КОНЦЕ»

ЕГИПЕТ – КОНЦЕНТРАЦИЯ ЭГОИСТИЧЕСКОГО ЗЛА

Мы продолжаем читать главу «В конце» («Микец»). Говорим о происходящем с нами и о том, как мы изменяемся под воздействием этой книги, которую читаем по-новому и благодаря которой смотрим на мир по-другому. В этой главе мы читаем, что Йосеф стал вторым человеком в Египте. Управляющим. Он знает всё, что произойдет. Семь сытых и семь тощих лет...

Весь Египет, весь эгоизм находится под властью свойства Йосеф.

Пишется в Торе:
/55/ И КОГДА СТАЛА ГОЛОДАТЬ ВСЯ СТРАНА ЕГИПЕТСКАЯ, И НАРОД ЗАВОПИЛ К ФАРАОНУ О ХЛЕБЕ,

Частные желания в человеке становятся пустыми, поднимаются и требуют. Человек находится в депрессии, он не знает, что делать с собой, в этом мире у него нет ничего, ради чего стоит существовать.

СКАЗАЛ ФАРАОН ВСЕМ ЕГИПТЯНАМ: «ИДИТЕ К ЙОСЕФУ, ЧТО ОН СКАЖЕТ – ДЕЛАЙТЕ!». /56/ И ГОЛОД НАСТАЛ ПО ВСЕЙ СТРАНЕ, И ОТВОРИЛ ЙОСЕФ ВСЕ, ЧТО В ЗАПАСЕ ИХ, И ПРОДАВАЛ ЕГИПТЯНАМ, ИБО УСИЛИВАЛСЯ ГОЛОД В СТРАНЕ ЕГИПЕТСКОЙ. /57/ И ИЗ ВСЕХ СТРАН ПРИХОДИЛИ В ЕГИПЕТ ПОКУПАТЬ У ЙОСЕФА, ИБО УСИЛИЛСЯ ГОЛОД НА ВСЕЙ ЗЕМЛЕ.

Если наш эгоизм (Египет) – это всё, что есть, то что значит «из всех стран»? Какие еще страны существуют?

Египет – это концентрация эгоистического зла (на иврите «Мицраим», «миц ра» – концентрация зла). Кроме этого существуют и другие желания, не с самой последней ступени, а предыдущие – более мягкие. Но всё равно все они стекаются в Египет.

Все приходят в Египет? Если голод возникает, то он возникает везде?

Да. Он возникает везде. А в Египте, поскольку там самые большие желания, они раскрываются последними.

Сейчас говорится о том, что приходит Яаков, он посылает туда своих сыновей. Почему? Потому, что сначала голод ощущается не в Египте, а в более маленьких, мелких желаниях.

Человек издали ощущает: этого нет, еще чего-то нет. Начинает потихонечку стонать, ворчать, но пока не серьезно. Египетские удары приходят потом, – тогда, когда дойдет до самого Египта. Пока же проявляются предварительные ощущения из окружающих областей. Не самые сильные желания.

Но всегда подталкивает голод, а не войны. Голод!

Голод – это ненаполненность желаний, неудовлетворенное желание. У нас нет ничего, кроме желаний. Мы состоим лишь из них. Когда желания не наполняются, это состояние называется голодом.

Что такое война? Ведь войны подталкивают к чему-то – уйти с территории...

Войны – это средство наполнения. Война, тяжелая работа или какие-то другие действия необходимы только для того, чтобы наполнить желания. Больше ничего нет.

Посмотри на животных. Они существуют только для того, чтобы есть, произвести и вырастить потомство, и умереть. Это – все их желания.

У них нет ощущения прошлого и будущего? Хорошо было бы существовать на этом уровне.

Когда начинается такое существование, тогда действительно плохо. Но если человек может находиться в этом состоянии – пожалуйста.

Ни в коем случае нельзя его подталкивать! Можно дать ему какую-то книжку. Что-то увидит в ней – увидит, нет – нет. Но если у него нет настоящей потребности, голода, то нельзя ни о чем разговаривать с ним. И ни в коем случае нельзя в нем этот голод возбуждать. Голод должен быть его личным.

ОТМЕНИТЬ РАЗУМ ПЕРЕД ЧУВСТВОМ?

Получается, что мы работаем с людьми, у которых есть вопрос?

Обязательно! Сегодня человечество находится в таком состоянии, когда возникают вопросы, когда возникает голод, удары, и ты не знаешь, что делать дальше, и находишься в таком состоянии изо дня в день. Мы видим, как меняется мир.

И будет еще хуже. Ежеминутно! Нас втянет в такую воронку, в такой водоворот. Начнется издалека, а потом – все ближе. Так мы и будем жить.

Действительно, никто не мог предположить, что с такой скоростью всё будет развиваться.

Это еще не скорость.

Скорость будет нарастать? Изменения будут мгновенными?

Конечно! Ты не сможешь вспомнить, с чего начался день.

И это только для того, чтобы у человека возник вопрос?

Нет. Нам необходимо отработать все наши внутренние желания. Осознать их, ощутить, попытаться найти в них что-то, получить несколько ударов, какое-то направление, исправить, выбрать из них. Это огромное количество действий.

Раньше эти действия проходили незаметно, мы не знали о них. В подсознании мы отрабатывали свои предыдущие эгоистические ступени путем маленьких страданий. Каждый из нас в течение многих жизней.

Но сейчас мы должны проходить эти ступени осознанно, явно. Они уже не крутятся где-то в подсознании, неощутимо, подобно тому, как мы не чувствуем работу своего организма.

Разве сейчас я чувствую, каким образом во мне что-то происходит? Переливаются какие-то электролиты, по ним токи проходят, что-то возбуждается, движется, происходят химические реакции – огромное количество, миллиарды событий – я этого не чувствую. Идет отработка системы, она работает. И это тоже включается в наш общий эгоизм.

Сумасшедший компьютер какой-то…

В размерах Вселенной?! Это то, что мы знаем. А то, чего мы не знаем, в миллиарды раз больше!

Глава «В конце»

В науке каббала, которой мы занимаемся, есть бесконечные глубины. Человек, который погружается в нее, не сможет отказаться от этого.

И не надо. Это всё очень просто. Когда ты переходишь с разума на ощущения, то становишься непосредственной частью этой системы, ты живешь ею, и тогда у тебя нет никаких проблем. Это несложно.

Главное – перейти из осмысления в ощущения, и тогда вся система предстанет перед тобой в раскрытом, простом виде. Какой бы она ни была архисложной, ты ее ощущаешь. Когда ты ее ощущаешь, она не сложная.

Вы говорите сейчас об отмене разума? Отменить разум перед чувством?

Да. Появляется другой разум – исходя из ощущения. Это уже духовный разум.

То есть мы приобретаем высший разум?

Да. Сейчас мы желаем понять разумом. А когда мы ощущаем, то через ощущения рождается новый разум.

Все наше развитие и прогресс – это путь «разумного» человека этого мира? И он сейчас обесценивается. Сумасшедшая история и все погибшие за науку и прогресс: Галилео Галилей и все-все – это была цепочка?

Конечно. Нас приводят к определенному состоянию. До сих пор происходила отработка предыдущих ступеней. Всё запланировано, не могло быть иначе.

Нет никакого милосердия к человеческому телу.

Тело – это определенный комплекс желаний животного уровня, данных нам в ощущениях. Но есть еще огромное количество желаний на других уровнях, которые мы должны раскрыть.

Вы говорите об этом, как о биологической массе?
Конечно. Это даже не биологическая масса, это проявление определенного постижения общего огромного желания, но на минимальном уровне. Очень слабенькая картина того, что где-то дальше происходит по-настоящему.

И УВИДЕЛ ЙОСЕФ СВОИХ БРАТЬЕВ

Человек земной сможет это принять?
Земной – нет. Он должен приобрести определенные инструменты, в них он все это увидит.

Он захочет приобрести эти инструменты из-за голода?
Да. Процесс адаптации может происходить через голод. Голод всегда есть. Потребность – это вопрос. Кроме голода, нужны еще усилия.

Мы возвращаемся к Яакову?
Яаков тоже не имеет никакой возможности продолжать существование в своей пустыне, потому что приходит следующая ступень. Он должен осваивать следующую ступень.
Яаков – средняя линия. Йосеф (есод) – его продолжение, средняя линия Яакова. И поэтому Яаков должен идти вслед за ним.

Наступает его время. И Яаков посылает своих сыновей в Египет, а Биньямина (младшего сына) оставляет при себе.

ГЛАВА «В КОНЦЕ»

/6/ ...И ПРИШЛИ БРАТЬЯ ЙОСЕФА, И ПОКЛОНИЛИСЬ ПЕРЕД НИМ ДО ЗЕМЛИ. /7/ И УВИДЕЛ ЙОСЕФ СВОИХ БРАТЬЕВ, И УЗНАЛ ИХ, И ПРИТВОРИЛСЯ ПЕРЕД НИМИ ЧУЖИМ, И ГОВОРИЛ С НИМИ СУРОВО, И СКАЗАЛ: "ОТКУДА ПРИШЛИ ВЫ?". И СКАЗАЛИ ОНИ: "ИЗ СТРАНЫ КНААН, ЧТОБЫ КУПИТЬ СЪЕСТНОГО". /8/ И УЗНАЛ ЙОСЕФ БРАТЬЕВ СВОИХ, А ОНИ НЕ УЗНАЛИ ЕГО. /9/ И ВСПОМНИЛ ЙОСЕФ СНЫ, КОТОРЫЕ СНИЛИСЬ ЕМУ О НИХ, И СКАЗАЛ ИМ: "ВЫ СОГЛЯДАТАИ, ВЫСМАТРИВАТЬ ПРИШЛИ ВЫ НАГОТУ ЭТОЙ СТРАНЫ!".

/15/ ...ЖИЗНЬЮ ФАРАОНА КЛЯНУСЬ, ЧТО НЕ ВЫЙДЕТЕ ОТСЮДА, РАЗВЕ ТОЛЬКО ПРИДЕТ МЕНЬШИЙ ВАШ БРАТ СЮДА!

/17/ И ЗАБРАЛ ОН ИХ ПОД СТРАЖУ НА ТРИ ДНЯ.

Биньямин, младший брат, является какой-то мощной связкой. Яаков его не отправил, он им очень дорожит. И Йосеф им очень дорожит, он ему необходим. Что это – «младший брат Биньямин»? Что это такое, очень сильно связывающее Йосефа и Яакова?
Почему вокруг Биньямина сейчас все закручивается? Биньямин – в переводе «сын правой», правой линии?

Да, Биньямин – правая линия.

Средняя линия идет через Яакова к Йосефу, но ее не достаточно. Она должна всё время подкрепляться правой линией, то есть идти верой выше знания. Необходимо всё время идти альтруистическим методом. У Йосефа не хватает этого действия, у Яакова тоже.

Поэтому Яаков оставил это дорогое свойство при себе?

Да. Человек ценит это свойство, он его хранит. Поэтому Йосеф надеется, что если будет у него Биньямин, то он сможет соединиться и со своим корнем, со своим отцом – с Яаковом.

Каждый продвигающийся духовно должен иметь при себе Биньямина – состояние вера выше разума. Обязательно должен иметь правую линию. Обязательно иметь свойство отдачи, как можно больше. И через него уже можно подключаться к уровню, который называется праотцы – Авраам, Ицхак, Яаков.

Это самое дорогое?

Это – следующее. Потому что таким образом ты поднимаешься.

Ты спускаешься вниз, все ниже в Египет, осваиваешь его. Именно благодаря тому, что освоил Египет, ты можешь начинать исправление, то есть соединяться с уровнем праотцев.

Поэтому после того, как Йосеф осваивается в Египте и там появляются его братья, только после того, как братья приводят Биньямина, появляется связь между Египтом и Яаковом.

Можно брать огромные желания, которые называются Египет и использовать их для подъема на уровень, который называется праотцы, – это огромный уровень, хабад: хохма, бина, даат – Авраам, Ицхак, Яаков.

ЧТО ТАКОЕ СЛЕЗЫ?

На третий день Йосеф сжалился и сказал: «Везите Яакову хлеб, чтобы страна не голодала. А один из вас останется у меня в залог».

Глава «В конце»

Тут братья сказали друг другу: «Наказаны мы за брата нашего, которого в свое время подвергли страданиям и продали». В них сидит это.

Да. Эти свойства в человеке начинают обнаруживать связь: мы не можем соединиться с эгоизмом в Египте, который сейчас мог бы поставлять нам наполнение, потому что у нас отсутствует связь с ним. Эта связь была в нашем брате. Есод (Йосеф) – это точка, которая соединяет предыдущие свойства всех его братьев с малхут – с Египтом, с фараоном. И сейчас братья начинают понимать, что именно этого им и не хватает.

Они говорят об этом – говорят перед Йосефом. Они не знают, что он понимает язык. Реувен им говорит: «Говорил же я вам: что вы делаете?». Йосеф понимает, он слышит разговор между ними, отворачивается, плачет. Потом возвращается и говорит: «Оставьте мне Шимона, брата вашего, и идите».

С одной стороны, он говорит им: «Уходите!». С другой стороны, сам уходит, плачет. Что такое слезы?

Слезы – малое состояние. Он из большого состояния переходит в малое, потому что в таком виде он может скрыться от них. Он перестает быть в контакте с этими желаниями. Он еще не может работать с ними, потому что отсутствует связь с Биньямином и с отцом, с Яаковом. Эти желания должны собраться вместе.

Он не может накормить эти свойства! Он не может эти свойства взять и работать с ними в эгоизме, если не получит контакта с высшей ступенью через Яакова. Здесь говорится о том, каким образом осваивается следующая высшая ступень.

/25/ И ПРИКАЗАЛ ЙОСЕФ, ЧТОБЫ НАПОЛНИЛИ СОСУДЫ ИХ ХЛЕБОМ, И ЧТОБЫ ВОЗВРАТИЛИ ИХ СЕРЕБРО КАЖДОМУ В МЕШОК ЕГО И ВЫДАЛИ ИМ ПИЩУ НА ДОРОГУ. И СДЕЛАЛИ ИМ ТАК. /26/ И ВОЗЛОЖИЛИ ОНИ ХЛЕБ СВОЙ НА ОСЛОВ СВОИХ, И ПОШЛИ ОТТУДА. /27/ И ВСКРЫЛ ОДИН МЕШОК СВОЙ, ЧТОБЫ ДАТЬ КОРМУ ОСЛУ СВОЕМУ НА НОЧЛЕГ, И УВИДЕЛ СЕРЕБРО СВОЕ ВВЕРХУ СУМЫ ЕГО. /28/ И СКАЗАЛ ОН БРАТЬЯМ СВОИМ: "ВОЗВРАЩЕНО СЕРЕБРО МОЕ, И ВОТ ОНО В СУМЕ МОЕЙ!". И ОБМЕРЛО СЕРДЦЕ ИХ, И С ТРЕПЕТОМ ГОВОРИЛИ ДРУГ ДРУГУ: "ЧТО ЭТО ВСЕСИЛЬНЫЙ СДЕЛАЛ С НАМИ?".

Оказалось, что у всех, кроме хлеба, который дал Иосеф, есть еще серебро, которое они должны были заплатить. Им вернули серебро.

Они бесплатно получили наполнение в эгоизм. Как же это может быть? Без экрана, без человека, без того, кто осваивает всё это, ставит экран, делает расчет, получает только ради отдачи и так далее? Мы же говорим об исправляющихся свойствах в человеке. А здесь он произвел все необходимые расчеты, всё сделал, а в итоге получил без экрана. Как же это может быть?

Кто работает за нас?! Кто это сделал мне? Я вдруг обнаруживаю, что не я это сделал, что это сделано свыше.

«Что это Всесильный сделал с нами?».

Да. Что Он сделал с нами? Почему? Почему отобрал у нас возможность работы на отдачу? Вот проблема. Мы не в состоянии двигаться дальше, если так будем работать. Нам лучше смерть, чем получать.

После того, как ты делаешь все необходимые действия, вкладываешь огромное количество усилий, вдруг выясняется, что всё это не твои усилия, не твоя добыча. Человек в растерянности: «А как же идти дальше? Каким путем?».

Они хотели сделать все нормально: заплатили – получили. Для них это удар.

В духовном ты получаешь наполнение потом и только лишь согласно твоим усилиям, верой выше знания. Ты от себя отрываешь, от себя отдаешь, и только в свойстве отдачи раскрываешь. Тут вдруг свойство отдачи выдается тебе сверху, без твоих усилий.

Награждение вдвойне. Откуда может быть такое?! Оно очень встряхивает человека. Вдруг становится непонятна методика работы, она совершенно обескураживает.

Ты сделал четкую работу, которая должна была бы оцениваться, допустим, в 1 рубль, а получаешь за это 100 рублей. Тебе это выдается, и ты понимаешь, что должен быть расчет. Где происходит расчет? В чем проблема? Кто вместо меня доработал, приложил усилия? Я этих усилий не прилагал.

И тут они обнаруживают, что это свойство и есть Йосеф. Если бы эти свойства в человеке были связаны со свойством Йосеф, тогда они заработали бы вдвойне: и хасадим, и хохма – оба этих свойства, то есть и хлеб, и серебро.

ЕСТЬ В ИЗОБИЛИИ ВИНО И ХЛЕБ

Вы отвечаете на вопросы, о которых я думаю, что на них нельзя ответить.

Я бы сказал так: во всем этом существует один-единственный метод – работа с эгоизмом с помощью экрана для того, чтобы его наполнить. И в наполнении сделать такой вид отдачи, чтобы внешне уподобиться Творцу. Это всё, что описывается в каббале и во всех историях.

Я правильно представляю эту систему, и поэтому она не кажется мне сложной. Любое имя, любое свойство, любое действие находится внутри системы, состоящей из 12 колен, или из 12 сыновей Яакова.

Имя Творца.

Да. Четырехбуквенное имя Творца, умноженное на три линии, – двенадцать. Фараон – внизу, его свойства управляющие. Йосеф может соединиться через эти управляющие свойства со своим фараоном.

Фараон начинает ощущать, что без Йосефа он не может себя наполнить, – пришло такое время. Его управляющие выходят из строя. Огромный эгоизм ощущает, что нет наполнения.

Но когда этот эгоизм начинает работать со свойством отдачи, то он становится житницей всего мира. У него есть в изобилии и вино, то есть свет мудрости, и хлеб – свет милосердия.

Затем для того, чтобы поднять дальше, необходимо соединение прежней ступени – Яакова с Йосефом. Поэтому на этой ступени и возникает голод в земле Кнаан.

И соединением являются сыновья, которых посылает Яаков?

Да. Но не просто братья – соединение происходит через Биньямина. Потом со стороны Йосефа будут Эфраим и Менаше.

Нам рассказывается про весь огромный эгоистический аппарат, который, постепенно исправляясь, принимает на себя облик Творца.

Я не представляю, что человек, который нас постоянно слушает, может читать Тору, как историю.

Постепенно, я думаю, он будет задаваться этими вопросами: «А что это? Где это во мне?». Ведь говорится о том, что находится внутри каждого человека. Об его ощущении внутреннего мира, который только называется земными терминами, словами, именами.

Даже если человек не задавал вопросы, он через цепочку этих передач что-то получает?

Получает в двух линиях. Со стороны разума он начинает понимать, запоминать, начинает формулировать это по-другому.

Со стороны внутренних чувств: когда мы говорим об этом, то привлекаем на себя высший свет. И все люди, которые слушают наши беседы даже в записи, получают от этого окружающий свет, то есть какое-то воздействие, дальнюю подсветку.

Эта дальняя подсветка, воздействующая на них, постепенно чистит их изнутри. Вдруг они начинают ощущать что-то внутри себя, даже если не понимают и не запоминают. Они приближаются к раскрытию в себе внутреннего мира, настоящего мира, настоящей реальности.

Потому что в их мире, внутри, есть запись все этого? Вся цепочка?

Абсолютно все. Все миры существуют.

Вся дорожка сложена наверх?

Наверх – это значит внутри.

Маленькая подсветка, о которой вы говорили, развязывает узелки внутри? И человек начинает двигаться?

Обратная дорожка складывается. Сначала она развернулась и потом складывается за ним? Так он поднимается? Да.

ИЗ ТЮРЬМЫ В ТЮРЬМУ

Итак, оказалось, что у всех осталось серебро. Они вернулись к Яакову и объявили ему, что Йосеф просит сына Биньямина. И что говорит Яаков?

/36/ И СКАЗАЛ ИМ ЯАКОВ, ОТЕЦ ИХ: "ВЫ ЛИШИЛИ МЕНЯ ДЕТЕЙ! ЙОСЕФА НЕТ, И ШИМОНА НЕТ, И БИНЬЯМИНА ЗАБЕРЕТЕ – ВСЕ ЭТО НА МЕНЯ!". /37/ И СКАЗАЛ РЕУВЕН ОТЦУ СВОЕМУ ТАК: "ДВУХ ДЕТЕЙ МОИХ УМЕРТВИШЬ ТЫ, ЕСЛИ Я НЕ ДОСТАВЛЮ ЕГО К ТЕБЕ! ДАЙ ЕГО МНЕ НА РУКИ, И Я ВОЗВРАЩУ ЕГО ТЕБЕ!". /38/ НО ОН СКАЗАЛ: "НЕ СОЙДЕТ МОЙ СЫН С ВАМИ, ИБО БРАТ ЕГО УМЕР, И ОН ОДИН ОСТАЛСЯ. ЕСЛИ СЛУЧИТСЯ С НИМ НЕСЧАСТЬЕ В ПУТИ, ПО КОТОРОМУ ПОЙДЕТЕ, ТО СВЕДЕТЕ СЕДИНУ МОЮ СО СКОРБЬЮ В МОГИЛУ".

Яаков, несмотря ни на что, не согласен отдать сына. Голод еще не такой сильный?

А они привезли с собой зерно.

Дело в том, что есть контакт между желаниями и возможностями человека и его ближайшим будущим. Ведь там остался Шимон.

Здесь – зерно и серебро, всё, что получили из Египта. Наполнение есть. И Биньямин при нем. Человек может существовать в этом состоянии до тех пор, пока в нем не обнаружатся новые голодные свойства, новые голодные желания.

Следующие ступени?

Следующие ступени. Тогда уже не останется никакого выхода и придется спускаться.

Огромная проблема – спускаться в эгоистические желания! Для человека, приобретшего духовный уровень, спуститься вниз – это невероятная тяжесть! Снова начинать получать ради себя, хотя он уже был на таком уровне, когда он отдает, любит, расширяется в других. А здесь снова эгоистические действия – нисхождение с духовного уровня, регрессия. Это ужасно!

Представь себе человека, которого низвергают с королевского уровня, который должен отречься от всех прекрасных действий, постижений, – от всего, и уподобиться самому низкому уровню. И при этом осознанно нисходить в него. Для чего? Без всякой перспективы, снова на уровень животного?

Словно человеку, вышедшему из тюрьмы, говорят: «Ты должен вернуться».

Иначе ты не можешь постичь новые желания! Они должны начинаться в тебе, развиваться с очень маленьких: с животного уровня, потом выше, выше, пока желания не станут человеческими. Теми, которые были у тебя раньше, но сейчас стали еще больше.

Однако начинать развитие они должны только с такого уровня. Поэтому мы падаем из духовного уровня на низшую ступень. Для того, чтобы снова подняться! Но, падая, мы снова начинаем с такой ступени, что нам стыдно за нее.

Что нас держит? Что нас поддерживает? Есть подсветка? У человека, который продвинулся в духовном и падает, есть ощущение чего-то впереди?

Это падение ради подъёма на следующую, более высокую ступень.

Он ощущает, что между ступенями есть провал?

Да. Он «падает вверх».

И ТОГДА НАСТУПИЛ ГОЛОД

Мы заканчиваем главу «Микец», приводим братьев к Йосефу, то есть соединяем их внутри себя в одно целое. До этого Йосеф отправил братьев обратно, чтобы они рассказали отцу и чтобы без Биньямина, младшего брата, не возвращались. Иначе не желает он разговаривать с ними, не даст съестного. Братья пришли к отцу. Отец сказал: Вы хотите забрать у меня моего любимого... Всю мою жизнь!

«Вы хотите забрать у меня всю мою жизнь?! Достаточно, что часть моей жизни уже ушла с Йосефом».

И, в Торе это повторяется, он не соглашался. Но, как написано: «И тогда наступил голод».

/1/ А ГОЛОД ТЯГОТЕЛ НАД СТРАНОЮ. /2/ И БЫЛО, КОГДА ОНИ СЪЕЛИ УЖЕ ВЕСЬ ХЛЕБ, КОТОРЫЙ ПРИВЕЗЛИ ИЗ ЕГИПТА, СКАЗАЛ ИМ ОТЕЦ ИХ: «ПОЙДИТЕ ОПЯТЬ И КУПИТЕ НАМ НЕМНОГО СЪЕСТНОГО».

Тут вступает брат Йеуда. И говорит: «Мы не можем идти. Без Биньямина мы никуда не пойдем. Под мою ответственность отпусти его. Возьми моих детей, только чтобы я пошел с Биньямином». Тогда отец соглашается. Голод заставляет их двигаться.

Еще раз объясните это состояние – время страданий,

которые подталкивают. Действует не столько подтягивающая сила, сколько страдания, которые подталкивают?

Никакой подтягивающей силы в природе нет.

Всё – страдания. Причем сильные страдания. Голод такой, что просто умираешь от голода. В тебе раскрываются такие бездны, пустóты, что если ты их не наполнишь, то умрешь. Это вгоняет людей в наркотики, в восстания, в террор, в революции, в самосожжение – во что угодно.

Под словом «голод» подразумевается страдание?

Да, естественно. Духовный голод. Мы не говорим о хлебе. Причем тут выпеченный хлеб?!

Мы должны понять, о чем говорит вся Тора, – ни в коем случае не о нашем мире! Она говорит о том, как двигаться к связи между собой, о том, к чему призывал Авраам еще в Древнем Вавилоне. О том, как мы постепенно продвигаемся к этому в течение огромного периода, который охватывает тысячи поколений, пока не достигнем всё-таки этого состояния.

Мы сегодня находимся только в преддверье этого голода, который начнется и у нас тоже. Он сейчас начинается как тревога за будущее из-за финансового, экономического кризиса.

Именно такой голод: как выходить из обрушившихся на нас проблем, – подталкивает нас к объединению.

Он гонит нас к Йосефу?

Да. И вообще, если мы начнем изучать каббалу, серьезный первоисточник, то увидим, что «Биньямин вэ Йосеф» (включение Биньямина в Йосефа) – это включение малхут в зеир анпин. Низшая часть (душа) всей системы подключается к системе.

В этой системе Биньямин представляет собой малхут, а Йосеф – зеир анпин[6]. Включение одного в другого говорит о том, что малхут – наша душа, эгоистическое желание, которое уже готово, способно, пригодно для того, чтобы включиться в альтруистические свойства Творца.

Мы как бы разбавляем это эгоистическое желание?

В этом Йосеф и не был понят своими братьями.

Он спустился в Египет. Сейчас в Египте он набирается хорошего эгоизма. Для того, чтобы правильно передать этот эгоизм всему остальному миру, человечеству, системе ему необходим Биньямин. Биньямин олицетворяет собой их малхут.

Ему не нужны все братья?

Нет. Биньямин замыкает. Биньямин с Йосефом. Мы не слышим больше ни о ком, за исключением Йеуды, потому что он объединяет, создает «ихуд» между ними.

Это серьезные действия в системе. Они не очень понятны человеку. Это система связи между нами, которая раскрывается уже на серьезном уровне. Сейчас Йосеф представляет собой эгоизм – нормальный, серьезный эгоизм, раскрывающийся в Египте. Египет – это олицетворение всего человеческого эгоизма. А Биньямин представляет собой души, их коренные свойства.

Взаимное включение Йосефа и Биньямина необходимо для того, чтобы двигаться дальше.

Начать исправление?

Да, продолжать исправление дальше. Причем, Биньямин – это самый любимый сын Яакова.

---

6 Зеир анпин – шесть нижних сфирот, исключая малхут.

ГЛАВА «В КОНЦЕ»

ЧТО ТАКОЕ ПЛАЧ?

Йосеф и Биньямин – оба от Рахель.

Да. Это понятно, потому что это маленькая нуква. Есть два состояния в душах: маленькое и большое. Малое состояние в душах – от Рахель, большое состояние в душах – от Леи.

Малое состояние сейчас самое главное, потому что оно основное, оно определяет все свойства души, а большое состояние только их увеличивает.

Они, действительно, братья, которые вместе составляют целое – малое состояние.

В духовном мире Биньямин с Йосефом представляют собой одно единое целое, они вместе должны идти вперед. И вот приходят братья. Йосеф, увидев Биньямина, просит своего управителя (всё время существует между ними какой-то управитель дома) приготовить мясную трапезу.

Братья говорят управителю: «Когда мы вышли, то оказалось, что мы случайно увезли ваши кубки, ваши драгоценности». Но он им объясняет, что это Йосеф решил, Йосеф и Всевышний. «Но тот сказал, что это не вы, а Йосеф и Бог вашего отца так сделал», – говорит он им.

Повествования Торы переключаются с земных событий и вдруг затрагивают Творца, какую-то систему.

Это трудно объяснить даже иносказательно, хотя повествование разворачивается как роман, но всё равно трудно.

И они добавляют тут же еще.

/29/ И ВЗГЛЯНУЛ ОН, И УВИДЕЛ БИНЬЯМИНА, БРАТА СВОЕГО, СЫНА МАТЕРИ СВОЕЙ, И СКАЗАЛ: «ЭТО ЛИ МЛАДШИЙ БРАТ ВАШ, О КОТОРОМ ВЫ СКАЗАЛИ

МНЕ?». И СКАЗАЛ: «ДА ПОМИЛУЕТ ВСЕСИЛЬНЫЙ ТЕБЯ, СЫН МОЙ!». /30/ И ПОТОРОПИЛСЯ ЙОСЕФ, ИБО ВОСПЫЛАЛА ЛЮБОВЬ ЕГО К БРАТУ ЕГО, И ОН ХОТЕЛ ПЛАКАТЬ, И ВОШЕЛ В КОМНАТУ, И ПЛАКАЛ ТАМ.

Да. Не смог быть вместе с ними! Йосеф еще не мог им раскрыть, кто он такой.

Постоянно, как и голод, существует плач. Что это – плач?
Плач – потому что Йосеф без Биньямина находится в малом состоянии.

Одно из положений малого состояния – плач. Лежать или сидеть, быть у кого-то на руках или плакать – это состояния, которые характерны для маленького, для приниженного.

Даже если он большой, но сидит, то считается маленьким: он не находится в действии. Лежит или спит его голова, туловище и ноги находятся на одном уровне. Или отключаются ноги, тогда это тоже не называется большим состоянием, как у ребенка, который до года не умеет ходить. Малое состояние характеризуется отсутствием света хохма – света жизни в душе.

Без Биньямина Йосеф не может достичь большого состояния. Почему Йосеф требует это свойство теперь, когда находится в своем эгоизме в Египте?

Человек в египетском эгоизме ощущает в себе огромные эгоистические силы. Теперь ему необходима связь со светом. Когда Йосеф будет в паре с Биньямином, тогда зеир анпин (сила отдачи) и малхут (сила получения) соединятся и смогут привлечь к себе свет.

ГЛАВА «В КОНЦЕ»

РАСКРЫТИЕ КРИЗИСА

Вы добавляете – и никуда от этого не деться.

Я не могу не добавить! Одна фраза, пусть она даже непонятна, дает человеку определенный толчок. Если он начнет искать смысл, то увидит, что система так и работает.

Мы находимся в кризисе. Кризис огромный, эгоистический – аллегорически это то, что раскрыл Йосеф в Египте. Сейчас мы тоже раскрываем кризис, мы не можем соединиться, не можем ничего сделать, иначе говоря, не можем наполнить нашу систему светом: деньгами, надеждой, работой для всех, ощущением безопасности и так далее.

Что нам делать? Здесь ответ на вопрос: «Что делается в таком состоянии?». Это – пара Биньямин и Йосеф.

Сейчас мы находимся в состоянии Йосефа, который зовет Биньямина?

Да, конечно. Без Биньямина Йосеф не сможет наполнить эту систему.

Если бы мы знали, как надо действовать, то все вместе мы сделали бы это легко.

Кто является Биньямином сейчас?

Биньямином является система, методика нашего наполнения, правильная методика.

Почему Йосеф плачет? Когда они соединяются вместе, в нем оголяются эгоистические свойства, которые уже можно наполнить. Это состояние – катнут (малое состояние), оно выражается здесь и затем переходит в гадлут (большое состояние).

Потом начинаются семь прекрасных лет Египта, то есть действительно эгоистическое, но уже правильное, к выходу, наполнение.

Тогда я продолжу наши каббалистические разговоры, раз уж мы говорим «зеир анпин» и «малхут». Чтобы построить антиэгоистический экран, Йосефу не хватает Биньямина?

Конечно. Не на чем строить!

Есть отраженный свет, а он получает прямой свет?

Да. Для того, чтобы работала система, необходимы плюс и минус. Один Йосеф сделать ничего не может.

Это и называется найти методику, которая позволит притянуть свет?

Да. Правильное соединение между источником и получателем.

НЕ ЕДА, А МЕРЗОСТЬ

/31/ И УМЫЛ СВОЕ ЛИЦО, И ВЫШЕЛ, И СДЕРЖАЛСЯ, И СКАЗАЛ: «ПОДАВАЙТЕ КУШАНЬЕ!». /32/ И ПОДАЛИ ЕМУ ОСОБО И ИМ ОСОБО, А ЕГИПТЯНАМ, ЕВШИМ С НИМ, – ОСОБО, ИБО НЕ МОГУТ ЕГИПТЯНЕ ЕСТЬ С ЕВРЕЯМИ, ПОТОМУ ЧТО ЭТО МЕРЗОСТЬ ДЛЯ ЕГИПТЯН.

Получается интересная штука: с одной стороны, Йосеф ими руководит, он там бог и царь, но сидеть и кушать с ним они не могут, также как и с его братьями-евреями.

Глава «В конце»

Во-первых, мы должны понять, что хотя наполнение происходит с помощью Йосефа, но когда это наполнение достигает египтян, в них оно происходит по их признаку.

Йосеф наполняет желание насладиться, которое называется египтяне, с помощью своих сил, своего понимания, своих возможностей, которые у него есть, ввиду его собой души.

Йосеф – это свойство есод, собирающее в себе все высшие свойства и могущее провести свет дальше.

Для того, чтобы провести свет дальше, египтянам нужен Йосеф. Позже, допустим, в средние века, европейским властителям были необходимы их еврейские помощники, финансисты и так далее. И они получали это наполнение в свои уже эгоистические, настоящие желания.

То, что кушает Йосеф, и то, как он получает высший свет, изобилие, и каким образом он проводит к нему египтян, – это его работа. Как затем они действуют – это уже их дело.

Но для того, чтобы дальше продолжать эту работу и для себя, и для египтян, для того, чтобы готовить всех вместе к выходу из Египта, то есть к духовному подъему, Йосефу уже необходим Биньямин.

Кубки, которые он им дал, – это те же во много раз увеличенные сосуды, которые евреи возьмут из Египта, когда будут убегать оттуда к горе Синай.

Еда, которую принимает Йосеф, для египтян невозможна? Они сгорят? Они не могут принять ее без него?

Для них это не еда – это мерзость, потому что она вся идет в свойстве отдачи.

Всё, что я принимаю, я принимаю только для того, чтобы наполнить других, передать по системе, потому что система взаимосвязана: я получаю от тебя, чтобы передать другим; я получаю от других, чтобы опять передать, и так далее. Так работает каждый: и ты, и все остальные, – как клетки в одном теле.

Йосеф, как желудок, который перерабатывает пищу и потом дает ее организму?

Допустим, да. Сердце, легкие, которые прогоняют всё для других частей организма.

Получается, что без Йосефа они тоже не могут?

Египтяне не могут без него достать этот свет.

Но для них самих это мерзость, потому что египтяне так не работают. Они работают, как последний окончательный источник: взять и не отдать. Пока это нормально, пока это не проблема, потому что называется «Йосеф в Египте».

ПЕРЕСТРОЙКА СИСТЕМЫ

/34/ И ПОДНОСИЛИ ИМ ОТ НЕГО, И БЫЛА ДОЛЯ БИНЬЯМИНА В ПЯТЬ РАЗ БОЛЬШЕ ДОЛИ КАЖДОГО ИЗ НИХ; И ОНИ ПИЛИ И ПИРОВАЛИ С НИМ.

Происходит постоянное выделение Биньямина, и братья это видят. Когда-то нечто подобное вызвало у них нехорошую реакцию, и они продали Йосефа в Египет. Сейчас снова выделяется Биньямин.

Им некуда деваться. Все 12 детей Яакова, братьев Йосефа, – это остальные свойства человека: ХАБАД, ХАГАТ, НЭХИ, которые разделены на «юд кей вав кей», которые разделены еще по трем линиям. Итого получается 12.

ГЛАВА «В КОНЦЕ»

Четырехбуквенное имя Творца…

Да. Четырехбуквенное имя Творца – это вся система, которая работает по принципу трех линий. И поэтому они должны соблюдать между собой связи именно таким образом для того, чтобы пропускать через себя весь высший свет и наполняться.

Их взаимное сочетание организует правильное течение света в системе. И затем из этой системы, из ее последней части, Йосеф подает на Биньямина, и через Биньямина, кстати говоря, течение света проходит дальше.

Биньямин – это как бы незаметная часть, а, на самом деле, он представляет собой малхут, в то время как Йосеф – это есод. Йосеф – дающая часть, а Биньямин – получающая, он олицетворяет собой всех получающих.

Все эти братья, эти свойства, должны принять свое определенное состояние, связь между собой, и включиться в эту систему. Они начинают понимать, что система входа в Египет, работа с эгоизмом именно такая, никуда от этого не денешься. И все эти свойства должны между собой сочетаться именно таким образом и приходить в такое состояние.

Тут мы полностью завязаны на перестройку системы. Знаменитое слово «перестройка»: из работы человека в состоянии пустыня, когда Яаков находится в районе Беэр-Шевы, в пустыне Синай (ничего там нет, кроме парочки своих коз), он приходит к состоянию голод, то есть к необходимости начинать работу с эгоизмом.

Возникают всё новые и новые желания, свойства, человек идет вперед. Но каким образом использовать эти свойства, что с ними делать, как расширяться в эту новую систему души?

Тогда и происходит присоединение к Египту, вхождение в Египет, а затем выход из Египта. Прохождение сквозь этот огромный эгоизм необходимо.

Сейчас в истории происходит тоже самое. Человек, человеческий род, вся цивилизация вошли в эгоизм. Прошел, окунулся в эгоизм, в свой, так называемый, Египет, и сейчас выходит из него – отрешенный, не понимающий, что делать дальше. Этот эгоизм умерщвляет нас. Мы, оказывается, соединены все вместе. И что дальше? Мы не готовы к этому соединению.

Если мы не соединимся, нам нечего будет кушать, действительно наступит голод.

Мы уже можем представлять себе, что так будет в мире. И нельзя расторгнуть нам эти эгоистические связи между собой. И мы не знаем, как переделать их на альтруистические, на правильные, чтоб себя наполнять.

Сегодня мы уже находимся на выходе из нашего огромного цивилизационного Египта. Но нам необходимо осознать это. Мы еще не прошли десять последних ударов, так называемых, египетских казней, когда человек осознаёт, что он обязан избавиться от своего эгоизма, иначе он не сможет существовать дальше. Настолько обязан, что хочет от него избавиться, даже если впереди ничего нет.

Человек из-за своих страданий от эгоизма начинает так ненавидеть его, что даже если и не будет страданий от него, то все равно он не желает оставаться в эгоизме. Человек желает выбраться из Египта, хотя там у него есть всё, а впереди – пустыня и нет ничего. Из-за палки, которая бьет, он настолько ненавидит это состояние, что больше уже не может быть в нем.

Глава «В конце»

Это подобно тому, как люди выходили из рабства. Ведь мы не слышим о восстаниях рабов.

И никто в то время вообще не знал об этом…

ПРЕКРАСНОЕ КОММУНИСТИЧЕСКОЕ БУДУЩЕЕ

В Древней Греции, где-то в маленьком уголке, что-то произошло. Был Спартак. Вдруг написали об этом на весь мир. Потом социалисты раздули: дескать, борьба за свободу.

Никакой свободы! Рабу было прекрасно. Раб был полностью устроен. У него было всё то, что сегодня человек, приходя наниматься на работу, просит у хозяина, как социальные условия.

У раба всё было. И его детям, и его жене, и ему самому хозяин должен был обеспечить абсолютно всё. Хозяин должен был заботиться о его здоровье, потому что раб – имущество дорогое. Как хороший конь, за которым ухаживают. Конь работает, но ты следишь и заботишься о нем.

Не было тогда никаких восстаний рабов. Были договоренности, что с рабом можно делать, что – нет. Всё четко регламентировалось в обществе.

Но раб стал просто невыгоден, потому что свободный человек работал за вознаграждение и вырабатывал намного больше, чем раб. Поднялась производительность труда, появились другие инструменты для работы.

У раба не было личной мотивации? И тогда началось движение к феодальному строю?

Да. Орудия труда улучшились, раб стал невыгоден – и перешли к другому строю. Так и здесь в нашем повествовании.

Вы говорите, мы еще не дошли до точки кипения?
Мы не дошли. Мы еще желаем быть в рабстве у эгоизма.

Мы еще не осознали, что с новыми инструментами, которые сейчас раскрываются, можем постичь совершенство, вечность, понимание того, что такое настоящая жизнь, а не частное, маленькое прозябание в этом рабстве.

Все последние попытки найти какое-то решение в экономической системе, в социальной перестройке – это и есть свидетельство, что мы еще не дошли до точки кипения?
Да.

Точкой кипения будет момент, когда мир вдруг поймет, что он соединен?
Но надо попытаться привести его к этому пониманию поскорее, иначе эти родовые схватки могут длиться очень долго.

Мы можем на контрасте показать. Нам дана особая возможность понять, где мы находимся, осознать и, таким образом, ускорить наше движение, потому что всё движение зависит от осознания.

Когда-то человеку рисовали прекрасное коммунистическое будущее. Если сегодня рисовать какое-то прекрасное будущее, не будет ли это человека отталкивать? Или всё-таки будет притягивать?
Я считаю, что надо писать, надо стараться выразить всё, насколько можно, надо всё раскрывать, причем

ориентируясь не на то, как люди это воспринимают, а на них самих. Потому что эта идея прочитывается.

Если человек индифферентен, то идея проходит практически бесследно, хотя где-то все же откладывается. Если человек не желает ее, он запоминает ее очень ярко, как любую ненавистную идею. Для меня это хорошо. Если он в какой-то мере солидарен с ней, тогда чем-то проникается. Но надо принимать во внимание, что, в любом случае, информация позитивна. Не важно, как воспринимает ее человек.

Идея «альтруистического коммунизма» – единства человечества на основе выхода из эгоизма – эта идея нелегко принимается…

Как мы воспринимаем идею, которая против нашего естества и противна, противоположна нам? Я вполне понимаю моих оппонентов, даже если им нечем аргументировать. Ведь они видят, что в итоге десятилетий моей работы каббала потихоньку раскрывается в массах и оправдывает свое раскрытие.

Нормальная реакция человека нашего мира на то, что говорит каббала, поначалу должна быть отрицательной. Поэтому на протяжении тысячелетий человеческого развития она скрывалась.

Сегодня начинает раскрываться, но постепенно.

Сегодня ты не можешь объяснить человеку – просто взять и всё раскрыть. Он не вынесет этого. Когда ты выходишь на свет из кромешной тьмы, в которой сидел годами, – это невозможно вынести. Ты должен постепенно, быть может, неделями привыкать к свету.

Резкая, порой грубая критика Вас не ослабляет?

Я единственный, думаю, в мире, которого критика не поражает, не отдаляет, потому что я понимаю критикующих. Я на их месте был бы нисколько не лучше. Я понимаю их природу и понимаю, почему они так реагируют.

Их реакция на меня интересна лишь тем, насколько я могу изменить форму подачи, свой стиль объяснения. Может быть, в чем-то могу. Если могу, то я готов это делать. Но, как правило, я не смотрю ни на какие реакции, «фидбеки» в мою сторону, потому что это мне не помогает. Я всё равно должен делать свою работу.

Научите, как? Что у Вас происходит в этот момент?

Я отношусь с любовью к ним. Серьезно. Я не знаю, как сказать, но я понимаю их, как взрослый понимает детей. Ни в коем случае я не хочу их умалить ни в чем! Но я понимаю их природу. Я понимаю, что ими руководит, что они не могут по-другому, и что это не они – это всё Творец.

Творец делает так, и это для меня хорошо, потому что таким образом я меньше с ними связан и меньше от них завишу. Могу более объективно, непосредственно говорить о каббале и о будущих состояниях человечества.

Если бы я советовал другим, как всё воспринимать, то сказал бы: настройся на то, что ты делаешь, что ты можешь делать. По-другому я не могу, лучше не могу. Может быть, придет кто-то – будет лучше, а сейчас меня поставили, и я должен делать именно так.

Возьмем движение объединения. Движение объединения, например, для русского народа, наевшегося коммунизма...

Никуда не деться, потому что будет голод! А я должен объяснять будущие состояния человечества, на самом деле. Когда эти состояния придут, они об этом вспомнят, поймут, что они это слышали, видели. Было ненавистно – вдруг стало не ненавистно, когда стоит вопрос о жизни и смерти.

Я АБСОЛЮТНО ОДИН…

Итак, Яаков спускается в Египет. Вопрос жизни и смерти. Фараон принимает Йосефа и говорит: «Ты нас спасешь».

До этого Яаков просто категорически и не просто категорически говорил, а кричал: «Вы жизнь мою заберете…!».

Яаков противоположен Египту. Египет – это состояние огромного эгоизма. Яаков – абсолютный альтруизм, средняя линия высшей ступени, которая не имеет никакого отношения к эгоистическим желаниям.

И вдруг приходит голод и заставляет его спуститься.

Да, и никуда не денешься. Поэтому и здесь получится тоже самое.

Надо настроиться на то, чтобы делать максимально то, что могу делать я. Я не идеал, это уж точно – ни в коем случае не идеал! Могу рассказать, кто я есть, если захотят. Но я пытаюсь сделать лучше, насколько могу. Пытайтесь и вы!

Каждому в жизни дается возможность. Эта возможность дана мне, и я делаю. То, что при этом вызываю большой огонь на себя, – ничего не поделать, это побочный эффект моего положения.

Я ни в коем случае не против моих оппонентов! Совершенно! Никак! За исключением нескольких фигур. Среди моих оппонентов есть серьезные люди, философы, думающие – с ними интересно. И они не вызывают у меня отрицательных ощущений или эмоций. Я готов разговаривать с ними дальше, и нам есть чему поучиться друг у друга. Я разговаривал с Прохановым – мне было интересно.

К чему я об этом говорю? Ни в коем случае я не отрицаю никого, потому что все они находятся под воздействием Творца. Я воспринимаю их реакцию на себя как положительную. Она меня охраняет от того, чтобы не связываться с такими людьми.

И вообще, я ни с кем и не связываюсь. Я один, абсолютно один, и не связан ни с какими методиками или течениями. У меня есть свой источник – мой Учитель, последний каббалист из всей цепочки великих каббалистов.

Некоторые их тех, кто учился у Рабаша, тоже Вас критикуют.

Но критика – это хорошо, она помогает. Оппоненты ведь, при этом, распространяют мою идею. Какая разница, в каком виде?

Мы когда-то жили в России. Антисемитские книжки, типа «Осторожно – сионизм!», – это был единственный источник наших знаний об Израиле. Они нас и вырастили. Я думаю, что это все делалось свыше. И нам надо было бы платить им, а не советской власти.

Так же и фараон работает сейчас в Египте, – мы видим из этого рассказа. Он практически вытаскивает эту маленькую группу, проводит ее через себя, придает ей огромные эгоистические свойства и вышвыривает дальше для того, чтобы она исправляла себя уже сама и достигала Земли Израиля, Храма.

ГЛАВА «В КОНЦЕ»

Дальше происходит вот что: Йосеф отпускает братьев и Биньямина, подкладывает свой личный кубок Биньямину.

То есть теперь он должен привести Яакова.

Теперь он должен через Биньямина привести Яакова. Он подкладывает кубок Биньямину, и братья уходят со своим караваном.

Представляешь, сколько надо пройти одних и тех же состояний, вроде бы одних и тех же, которые последовательно, причинно-следственно приводят его к эгоизму, всего лишь к раскрытию эгоизма…

УКРАДЕННЫЙ КУБОК

/3/ ПОУТРУ, КАК РАССВЕЛО, ЛЮДИ ЭТИ БЫЛИ ОТПРАВЛЕНЫ, ОНИ С ОСЛАМИ СВОИМИ. /4/ ЕДВА ВЫШЛИ ОНИ ИЗ ГОРОДА, НЕ УДАЛИЛИСЬ, КАК ЙОСЕФ СКАЗАЛ ТОМУ, КОТОРЫЙ НАД ДОМОМ ЕГО: «ВСТАНЬ, ДОГОНИ ЛЮДЕЙ ЭТИХ И, КОГДА НАСТИГНЕШЬ ИХ, СКАЖИ ИМ: «ЗАЧЕМ ВОЗДАЛИ ВЫ МНЕ ЗЛОМ ЗА ДОБРО? /5/ ВЕДЬ ЭТО ТОТ КУБОК, ИЗ КОТОРОГО ПЬЕТ ГОСПОДИН МОЙ, ОН ЖЕ И ГАДАЕТ ПОСТОЯННО НА НЕМ. ВЫ ДУРНО ПОСТУПИЛИ, ДЕЛАЯ ЭТО!».

Руководитель дома догоняет братьев и говорит: «Вы увезли лучший личный кубок моего господина Йосефа». Они возражают: «Это невозможно. Можешь проверить нас. И если найдешь что-то, ты можешь казнить того, кто это взял».

/9/ «У КОГО ИЗ РАБОВ ТВОИХ ЭТО НАЙДЕТСЯ, ТОТ ДА УМРЕТ, А ТАКЖЕ МЫ БУДЕМ РАБАМИ ГОСПОДИНУ

НАШЕМУ». /10/ И СКАЗАЛ ОН: «ТЕПЕРЬ И ПО ВАШИМ СЛОВАМ БУДЕТ СПРАВЕДЛИВО, ЧТОБЫ ТОТ, У КОГО ЭТО НАЙДЕТСЯ, ОСТАЛСЯ У МЕНЯ РАБОМ, А ВЫ БУДЕТЕ ЧИСТЫ». /11/ И ОНИ ПОСПЕШНО СПУСТИЛИ КАЖДЫЙ СВОЮ СУМУ НАЗЕМЬ, И ОТКРЫЛИ КАЖДЫЙ СУМУ СВОЮ. /12/ И ОН ОБЫСКАЛ: СО СТАРШЕГО НАЧАЛ, А МЛАДШИМ КОНЧИЛ; И НАШЕЛСЯ КУБОК В СУМЕ БИНЬЯМИНА. /13/ И РАЗОРВАЛИ ОНИ ОДЕЖДУ СВОЮ, И НАВЬЮЧИЛ КАЖДЫЙ ОСЛА СВОЕГО, И ВОЗВРАТИЛИСЬ В ГОРОД.

Надо понять, что это – кубок и вино.

Вино – это свет хохма, свет разума, который наполняет эгоистические желания человека и только там проявляется. Почему лишь Йосеф и Биньямин могут это сделать?

Тут очень много объясняется относительно внутренних свойств души, отчего возникает в ней такое состояние.

Как можно соединить альтруистические свойства человека, которыми является Яаков и все его сыновья, с эгоистическими свойствами, которые сейчас должны проявиться в самом явном противоположном им виде, который называется фараон и Египет? Как можно сопоставить эти два свойства? Практически, совместить в одном человеке лед и пламень?

Это творение и Творец в одном человеке.

Мы находимся сейчас в маленьком эгоистическом животном состоянии. В нас нет ни настоящего эгоизма, ни настоящего альтруизма. Они должны начинать проявляться.

Чем занимался Авраам, Ицхак, Яаков? Тем, что возбуждал альтруизм. Возбудил его до какого-то момента – это состояние называется катнут (малое состояние). В человеке уже проявляется это свойство. Не в нашем обычном человеке.

И ему хорошо в нем.

Да. Он устроен, что называется.

И он не хочет ничего знать о том, что еще в нем есть.

Он ощущает Египет как противоположное себе.

Теперь необходимо сопряжение этого с огромным эгоизмом. Оно сопровождается поисками, трудом, страданиями, рабством в дальнейшем и так далее.

Человек не желает входить в такие состояния. Почему? 99 процентов людей в мире удовлетворяются тем, что, заканчивая школу, идут работать, дальше у них появляется жена, дом, машина, немножко того-сего, отпуск…

Почему нельзя просто так и жить?

Потому что мы не животные, потому что и это – животное состояние, потому что мы должны достичь уровня Творца. Вот зачем нам это надо. Потому что Он гонит нас «палкой к счастью».

Это счастье призрачно, совершенно непонятно. И палка – каток, укладывающий асфальт, который постоянно следует за нами, так сказать, устремляется вперед.

Первое «малое» состояние – это состояние, когда тебя всё время ведут, и ты поддаешься этому?

Да. Яаков желает оставаться в пустыне. У него есть свои козы и овцы, и душа находится в состоянии такой умиротворенности, что ничего больше не надо.

И вдруг возникают проблемы – дети, то есть такие следующие состояния, которые вынуждают подняться и его самого. Это патриарх, то есть душа, которая уже приобрела определенный вид. И сейчас она должна войти в новое состояние – Яаков в Египте. Без этого дальнейшее продвижение невозможно. Яаков делает это ради детей – ради движения вперед.

Так страданиями человека вынуждают идти. Вот пример многошаговой, последовательной методики сближения с абсолютно противоположным свойством. Вся она построена на таких очень неприятных сюрпризах.

ВСЕ РАДИ ДЕТЕЙ

Итак, происходит следующее:
Человек почувствовал внутри себя Авраама, то есть почувствовал внутри себя свойство любви, пошел за ним, ему было хорошо с ним. Авраам, там сказано, на какое-то мгновение окунулся в Египет и тут же вышел. Он понял, что «я этого касаться не хочу». Ему нужно было родить следующие состояния, которые называются его сыновьями, Ицхак и Яаков, чтобы, в конце концов, из Яакова вышли 12 сыновей, и они смогли войти, смогли увидеть настоящий эгоизм.

Это свойства, которые уже могли бы войти в сочетание, в сопряжение с огромным эгоизмом Египта и фараона. Все праотцы были в Египте, все они немного окунались в эгоизм, но только в той мере, в которой им было необходимо для дальнейшего движения.

Яаков – средняя линия, которая должна полностью войти в Египет. Он туда входит и там умирает.

Яаков умирает, то есть завершается этот вид работы с эгоизмом и начинается новый – через 12 ветвей (колен) Яакова.

Глава «В конце»

Вы говорите, что человек обязан увидеть весь эгоизм напротив себя, всю эту страшную силу, свою природу?

Он должен в нем заново родиться так, как рождается Моше в Египте и воспитывается 40 лет во дворце фараона в качестве его приемного сына.

Ведь не будь Моше приемным, он стал бы следующим фараоном. А так он вырос рядом с ним, то есть полностью впитал в себя все эгоистические свойства, действия, все желания эгоизма.

Вы говорите, весь мир обязан увидеть всю низость своего эгоизма?

Да. Свою противоположность Творцу. Только тогда – на противоположности, на контрасте между этими свойствами он сможет выскочить из своего Египта к исправлению.

Только тогда появится эта сила – Моше, которая вытащит его из эгоизма?

Да. Но пока до этого еще далеко. Моше 40 лет воспитывается у фараона в настоящем эгоизме, затем 40 лет у Итро, который является философом фараоновского состояния. И только после этого начинает выходить из него.

Сегодня уже видно, что начинается такое брожение?

Сегодня мы видим, но это не только брожение.

Все духовные действия совершаются в несколько этапов. Происходят скрыто внутри нас, затем раскрываются в других аспектах. Они начинают ощущаться нами противоположными или подходящими. Мы начинаем потихоньку соглашаться или нет.

Они проявляются в наших детях больше, чем в нас. А когда проявляются в наших детях, мы с этим больше согласны, потому что естественная любовь к ним руководит нами так, что мы воспринимаем качества своих детей, хотя и противоположными нам, но все равно приемлемыми. И соглашаемся с ними.

У природы есть всевозможные проявления такие как, например, Биньямин и Йосеф. Яаков никогда бы не спустился в Египет, он не хотел этого. Но ради детей, благодаря им, он и спускается. Тоже самое у нас.

Можно сказать, «не мытьем, так катаньем»?

Конечно. Иначе мы бы не выдержали. Прямого попадания в нас эгоизма не выдержали бы. И тогда стали бы полностью противоположными свету, никогда не вошли бы с ним в контакт. Происходит постепенный, обоюдный процесс включения эгоистических и альтруистических свойств вместе – это то, что мы видим в мире сегодня.

Пусть они ненавидят, не хотят, а мы понемногу внедряемся. И то, что люди не соглашаются, что они против – это всё хорошо. Это – контакт. Сегодня они не соглашаются, как Яаков, но завтра подбавится немножко бед, и будут обязаны войти в контакт: и фараон, со своей стороны, и Яаков – со своей. Что сделаешь? Средняя линия должна проявиться.

Это же вид соединения! Даже когда ненавидишь человека...

Это заставляет изучать, знакомиться с настоящей каббалой! Они же пишут целые рецензии обо мне. Я должен быть им благодарен.

Глава «В КОНЦЕ»

Они не очень-то интересные: если честно – очень плоско. Может быть, это я так ощущаю.
Это неважно. Ни в коем случае не умалять! Они выполняют свою работу. Это «ассенизатор и водовоз» революции. Я их всё равно уважаю.

Глава
«И ПОДОШЕЛ»

ЭТО НЕ ЛЮДИ. ЭТО – СИЛЫ

Мы начинаем новую главу «Ваигаш» – «И подошел».

Все-таки никак не могут соединиться братья Йосефа с Йосефом. Идет некая игра: взять их и привести в Египет или не привести.

Проблема очень большая.

И он играет с ними, действительно, как кошка с мышкой. Отсылает, возвращает, подкладывает кубки… Окручивает.
Глава «Ваигаш» в Торе начинается с объяснения того, что было в предыдущих главах. Йеуда объясняет Йосефу, как было дело, как он попросил привести Биньямина, как они не согласились, как он подложил кубки – такая была игра.
И дальше, как в лучших драмах Шекспира. В «Большом комментарии» я нашел очень интересное объяснение того, что происходит дальше.
Вдруг Йеуда осмеливается перейти к угрозам. Он по-настоящему угрожает, он говорит, что когда-то наша бабушка Сара вошла в Египет, и ее захотел фараон. Смотрите, что случилось, – в Египте все покрылись язвами. Наша Дина была изнасилована в городе Шхеме, – и мы просто уничтожили весь Шхем. Смотри, тоже самое будет с этим царством.
Дальше он говорит:
Пока Йеуда излагал Йосефу свои возражения, остальные братья стояли молча. Они не вмешивались в спор, ибо сейчас противостояли друг другу две равные силы: Йосеф, царь Египта, и Йеуда, царь среди братьев. И братья

решили: «Пусть сражаются цари. Не будем вмешиваться в их дела».
Повернувшись лицом к братьям, Йеуда произнес:
– Если я обнажу свой меч, то начну с наместника, а кончу фараоном.
Сказал он это на иврите, предполагая, что Йосеф не понимает, о чем идет речь, так как не знает языка.
Самому же Йосефу он сказал:
– Мы были учтивы с тобой и ничего не скрыли, рассказав, что у нас есть старик-отец и юный брат, последний из его сыновей, что его брат умер, и он остался один, лишившись матери сразу же после рождения, и что отец души в нем не чает.
Что же ты так ведешь себя с нами?
Но Йосеф, казалось бы, не жалеет их и говорит:
– Ваш другой брат, тот, что пропал, не был вором, – заметил ему Йосеф, – он никому не причинил вреда. Однако вы не пожалели его, продав его за двадцать серебряных монет. Не пожалели и отца, которому сказали: «Зверь растерзал его в клочья». Вы ведь понимали, что причиняете страдания отцу, но почему-то это вас не остановило. Вот и теперь – идите, скажите отцу о младшем брате, который действительно заслужил наказание за воровство, что и его сожрал зверь!
Дальше идет продолжение, тоже могучее. Какая-то мощная сила.

Ты как писатель, как сценарист, чувствуешь, как это все закручено автором много тысяч лет назад.

Автором гениальным. До всех Шекспиров, до всех остальных. Как проходит! И какое ощущение! Тут есть ощущение такой мощи Йеуды, что он может стереть весь Египет. Это я нигде не ощущал, честно говоря. Всегда

говорилось, что Египет – могучая страна, которую никто не мог победить. Но тут вдруг он говорит, что сейчас мы разнесем эту страну. Откуда такая сила у Йеуды?

Потому что они – двенадцать сыновей Яакова. Правда, уже не двенадцать.

Одиннадцать.

Тут уже Йосеф, и Биньямин... Это высшие свойства, высшие силы. Это не люди. Имеется в виду, что они – те силы, которые действительно держат наш мир, оживляют его. Достаточно им просто перекрыть одухотворяющую силу, которая проходит сверху вниз на весь наш мир...

И ничего не будет, и Египта тоже...

Ничего не будет, ничего не останется. Поэтому мы и сегодня видим, что народы мира в претензии к Израилю и говорят, что «все от вас зависит, а вы не выполняете то, что должны». «Вы виноваты во всех проблемах мира». И это действительно так.

Почему Йеуда так говорит?

Включение Биньямина в Йосефа означает, что мы не можем работать с огромным желанием полностью, а только с той частью, которая может отдавать, работать на отдачу. Включение Биньямина в Йосефа организует в нашей душе эти два свойства.

Биньямин и Йосеф – не люди, это два свойства, которые находятся в душе. Они настраивают нас на то, что мы сможем постепенно исправить себя с эгоистов на альтруистов, если будем правильно включаться в работу.

Каждый из нас как-то пройдет эту проблему, которую прошел Яаков со своими детьми, с Йосефом, с огромным раскрывающимся эгоизмом фараона. Практически, вся

ГЛАВА «И ПОДОШЕЛ»

эта цепочка, о которой нам говорят, – это состояние, в котором человек постепенно раскрывает свой эгоизм и не знает, каким образом с ним справиться.

С одной стороны, он находится в свойстве отдачи, и это свойство всех сыновей Яакова. С другой стороны, в нем раскрывается фараон – свойство получения. И человек не знает, каким образом совместить в себе эти два противоположных свойства, две силы, которые держат мир. Ничего, кроме них, нет.

И здесь понемногу раскрывается, каким образом можно совместить эти две силы. Сначала туда входит Йосеф. Потом к нему подключается Биньямин, потом приглашают Яакова.

Постепенно вместе со всеми своими, так называемыми, братьями, со всеми альтруистическими свойствами, Йосеф начинает создавать такую систему, которая, в итоге, исправит фараона (эгоизм) и сможет вытащить из Египта всё, кроме маленькой последней части. Ее невозможно исправить до полного исправления, когда она исправляется уже сама по себе.

Все это – целая система взаимосвязей, построения сети, соединения между альтруистическими и эгоистическими свойствами внутри человека. Сейчас нам рассказывают о том, как мы подходим к этому состоянию.

УГРОЗА УНИЧТОЖЕНИЯ ЕГИПТА

Продолжу читать, здесь столько угроз...

Это все человек ощущает на себе.

Услышав эти слова, Йеуда сначала зарыдал, а потом, понимая, что это бесполезно, перешел в атаку. Сказал Йеуда Йосефу:

Мое терпение подходит к концу. Если я обнажу свой меч, весь Египет будет покрыт трупами!
Ярость Йеуды достигла наивысшей точки. Он уже был готов идти в бой, чтобы убить или быть убитым. Еще в середине спора он приказал быстроногому, как олень, Нафтали обежать Египет и сосчитать, сколько в нем провинций. Нафтали вернулся и сообщил, что насчитал двенадцать провинций.

– Хорошо, – сказал Йеуда на иврите. – Я сотру с лица земли три из них, а на каждого из вас придется по одной. Так мы сможем быть уверены в том, что во всем Египте не останется в живых ни одного человека!

Но и Йосеф не сидел, сложа руки. Он передал Фараону, чтобы тот срочно выслал ему на подмогу отряд из трехсот воинов, чтобы помешать братьям уничтожить страну. Когда воины прибыли, Йеуда закричал так громко, что вельможи во дворце фараона – вместе с ним самим – от ужаса сползли на пол, а Йосеф упал с трона. Перепугавшись, триста воинов, прибывших на подмогу, обратились в бегство, и никакой силой их невозможно было вернуть на место предполагаемого боя.

Йосеф понял, что дальше ждать невозможно, иначе может произойти непоправимое – братья действительно могут разрушить египетскую страну.

Приближается развязка. В Торе она описывается очень трогательно. В «Большом комментарии» тоже очень красиво. Говорится так:

Приближалась развязка драмы. Йосеф попросил удалиться из помещения всех египтян. Он не хотел смущать братьев своим признанием на виду у всей публики. После чего он обратился к братьям с такими словами:

– Скажите, тот брат, о котором вы говорите, что он умер, – точно ли он умер?

ГЛАВА «И ПОДОШЕЛ»

– Да, – ответили они.
– Лжецы! Вы продали его! Откуда я знаю? Я купил его! Он мой раб. И сейчас я позову его. Йосеф громко позвал: – Йосеф бэн Яаков, Йосеф бэн Яаков! Братья стали испуганно озираться по сторонам, но никто в комнату не входил.
– Вы не туда смотрите! – сказал им Йосеф. – Я – Йосеф, ваш брат. – И тихо добавил, поскольку понимал, что египтяне подслушивают. – Тот брат, которого вы продали в Египет. Жив ли еще мой отец?
Все застыли, пораженные его словами.
Вызывает трепет...
Да. Это – «Мидраш Агадоль».

Прочитаю то, что сказано в письменной Торе:
/3/ И СКАЗАЛ ЙОСЕФ БРАТЬЯМ СВОИМ: «Я ЙОСЕФ! ЖИВ ЛИ ЕЩЕ ОТЕЦ МОЙ?». НО НЕ МОГЛИ БРАТЬЯ ОТВЕЧАТЬ ЕМУ, ИБО СМУТИЛИСЬ ПЕРЕД НИМ. /4/ И СКАЗАЛ ЙОСЕФ БРАТЬЯМ СВОИМ: «ПОДОЙДИТЕ ЖЕ КО МНЕ!». И ОНИ ПОДОШЛИ, И СКАЗАЛ ОН: «Я ЙОСЕФ, БРАТ ВАШ, КОТОРОГО ВЫ ПРОДАЛИ В ЕГИПЕТ! /5/ ТЕПЕРЬ ЖЕ НЕ ПЕЧАЛЬТЕСЬ, И ДА НЕ ПОКАЖЕТСЯ ВАМ ДОСАДНЫМ, ЧТО ВЫ ПРОДАЛИ МЕНЯ СЮДА, ИБО ДЛЯ ПОДДЕРЖАНИЯ ЖИЗНИ ПОСЛАЛ МЕНЯ ВСЕСИЛЬНЫЙ ПЕРЕД ВАМИ. /6/ ИБО УЖЕ ДВА ГОДА ГОЛОД В СТРАНЕ, И ЕЩЕ ПЯТЬ ЛЕТ БУДУТ БЕЗ ПАХОТЫ И ЖАТВЫ. /7/ И ПОСЛАЛ МЕНЯ ВСЕСИЛЬНЫЙ ПЕРЕД ВАМИ, ЧТОБЫ ПОДГОТОВИТЬ ДЛЯ ВАС СТРАНУ, ЧТОБЫ ДАТЬ ВАМ ДОЖИТЬ ДО ВЕЛИКОГО СПАСЕНИЯ. /8/ ИТАК, НЕ ВЫ ПОСЛАЛИ МЕНЯ СЮДА, А ВСЕСИЛЬНЫЙ...».

Вдруг совершенно неожиданное завершение. Из гнева он говорит: «Успокойтесь».

Он просто объясняет им общую систему…

ДЕСЯТЬ КЛАССОВ ЭКСТЕРНОМ

Есть программа творения, – это он говорит им. Вместо того чтобы отомстить за содеянное ими?
Человек человеку мстит. А тут духовное свойство – Йосеф просто говорит: «Есть программа творения. Теперь я хотел бы сказать об этой программе творения».

Программа творения, которая в свое время представилась Аврааму: как и что будет происходить. Сам Йосеф тоже ощутил всю программу творения от начала до конца? Или ему известен только этот период? Как это происходит у каббалистов?

Мы говорим о том, что происходит внутри человека, что все проблемы, все происшествия, случаи – всё это постепенно раскрывается внутри человека, внутри каждого, кто проходит в постижение Высшего мира.

Он выходит из своего Вавилона, проходит все эти перипетии. Он обнаруживает в себе двенадцать свойств (двенадцать сыновей Яакова) – это внутренняя система его души. Четыре стадии души по три линии в каждой, то есть четыре умножить на три получается двенадцать частей. Это и есть двенадцать сыновей Яакова.

Четыре стадии души – это четырехбуквенное имя Творца?

Да, это и есть четырехбуквенное имя Творца.

Затем Йосеф входит в Египет, то есть входит в осознание своего эгоизма. После того, как он образовал всю

ГЛАВА «И ПОДОШЕЛ»

систему, раскрыл ее в себе (систему отдачи), он начинает работать со своим эгоизмом – как переделать его. Ведь что предстоит совершить всему человечеству? Весь свой первородный эгоизм обратить в альтруизм, в отдачу, в любовь – «возлюби ближнего, как себя».

Здесь показано, каким образом начинается первый контакт между альтруистической системой, двенадцатью сыновьями Яакова, и эгоистической системой, которая называется фараон.

Это две системы – две силы, обе они исходят от Творца, то есть нет в ней лучшего и нет худшего. Надо смотреть на эти две вещи, как на плюс-минус. Без их взаимодействия ничего не получится, а мы должны правильно их использовать.

Поэтому Тора рассказывает о постепенном, последовательном, правильном сочетании эгоистических и альтруистических свойств. В своем симбиозе, в своей связи они должны подойти вместе так, чтобы ночь и день, тьма и свет, плюс и минус работали вместе, чтобы эгоизм работал на отдачу. В этом заключается вся цель.

С этого момента (сейчас они приведут сюда еще и отца) начинается переходный период, новый после всех битв?

Я предпочитаю объяснять это как происходящее внутри человека, потому что это – самое главное.

То, что произошло когда-то где-то в истории с какой-то группой, с племенем – уже произошло. В нашем мире все должно воплощаться одновременно и в материю нашего мира. И действительно, все это когда-то происходило. Были люди, которые это все проходили.

Но для нас самое главное не то, что они проходили – это история, хорошо написанная драма. Главное то, что происходит в каждом из нас. Каждый из нас проходит эти состояния – вот что важно.

Сегодня человек начинает постепенно ощущать, что он, как и всё человечество, находится в кризисе, в непонимании того, что, как и для чего происходит. В результате, он начинает постепенно выявлять в себе эти две противоположные силы и учиться, как правильно достичь их сочетания. Это важно.

В каком состоянии мир находится по отношению к этой истории? Вы могли бы указать какую-то точку?

Сегодня мир начинает осознавать, что эгоизм является злом. Только начинает по-настоящему это осознавать. Через всевозможные лопающиеся финансовые пузыри, через большой кризис мы начинаем понимать, куда нас загнал наш эгоизм, в какую пустоту, в безвестность, в какой-то непонятный тупик. Мы из кожи вон лезем для того, чтобы быть лучше другого, уколоть друг друга. В этом мы видим смысл жизни.

Вы говорите, что человечество уже начинает ощущать, что оно находится в Египте, в этом эгоизме?

Мы находимся под властью Египта.

Уже встал новый фараон где-то здесь, рядышком?

Где-то – да, мы находимся в середине. Там написано: после семи тучных лет – семь голодных лет.

В них мы и входим, и это очень серьезно. Мы начинаем понимать, что надо как-то выбираться из них.

Задача – ускорить процесс понимания и ощущения?

Нет, не просто ускорить. Ускорить – это все равно, как будто ты сидишь в лагере, и тебе сокращают срок, скажем, в два раза. Ну и что? Ты все равно должен сидеть и мучиться. Нет, не ускорить.

Решение заключается в том, чтобы мгновенно сейчас мы могли бы изменить наши состояния так, чтобы начать ощущать мир цельным, полноценным, совершенным, ощущать себя существующими в вечности, в совершенстве. Это все мы можем сделать за очень короткий срок, меняя свой взгляд на мир, меняя себя изнутри.

Для этого есть все предпосылки. Не надо ждать, пока мир заставит нас это делать. Мы можем самостоятельно прийти к изменению, используя те знания, те свойства, которые есть в нас, не ожидая, пока нас будут подгонять «палкой к счастью».

У нас с Вами существует маленькое разногласие, даже не спор. Скажем, я, когда читаю Тору, вижу, что здесь есть только подталкивание, существует только одно – «и был голод». А Вы говорите, в данном случае, что мир увидит...

Тора описывает обязательные шаги, которые ты должен сделать. Это значит, что есть программа, и ты должен ее пройти. Ты должен начать школу в первом классе и закончить – в десятом. Ты должен пройти все 10 классов. Как ты их пройдешь?

Экстерном или нет? Это имеется в виду?

Здесь написано, как ты их пройдешь, если у тебя не будет желания учиться, то есть исходя из твоего естественного, эгоистического существа.

Если под влиянием правильной окружающей среды (обучения, изучения, раздумий, понимания и адаптации) ты захочешь взять все эти имеющиеся в тебе задатки и правильно их использовать, то для тебя все 10 лет пройдут не под «палкой» – наказанием, не под давлением. Наоборот, ты будешь радоваться всему.

КОГДА ЧЕЛОВЕК НАЧИНАЕТ СЛУШАТЬ?

То есть можно радостно пройти весь путь?

Да. Моя жена, например, часто вспоминает, как хорошо ей было в школе, с каким с удовольствием она ходила туда, в лаборатории переливала в пробирочки химические препараты, участвовала в жизни класса. Так было все 10 лет. Я вспоминаю свою школу…

Как муку?

…как муку. Я не хотел туда ходить. Мне это было совершенно не надо. Я шел в библиотеку, брал книжку и прочитывал ее. Начинал-заканчивал книгу, брал новую. И так все время глотал, глотал, глотал книги. Не художественную литературу – очень мало художественной литературы читал. Больше техническую, научную, научно-популярную. А школа для меня была мукой.

Ты видишь: один человек переживал школу так, второй – иначе. Когда мы разговариваем друг с другом, я ее не понимаю – как можно находить там что-то интересное. Общение, друзья – все это было хорошо для нее. Для меня не было ничего хорошего.

Для нее 10 лет, как один день, проскочили.

Да. Она радовалась каждому дню, когда утром шла в школу. По сей день она рассказывает с таким упоением! Женщина в 60 лет вспоминает свои радостные годы. А

Глава «И подошел»

для меня эти годы были совершенно безрадостными. Все зависит от того, как ты ощущаешь их.

Что же нам делать с нашим будущим? Мы можем подготовиться и пройти его хорошо, осознанно, правильно, красиво. И для нас это будет отдохновением. Или мы можем попасть в пропасть.

Сейчас мы находимся в точке перелома. Или нас будут подгонять страдания, ведь все равно мы должны пройти свой путь. Тогда мы будем проходить его точно так, как описано в Торе. Или мы можем пройти его легко – просто плыть над трудностями.

Я хочу понять одно. Как Вы мыслите? Немного идеалистически звучит, что Вы хотите, чтобы Вас услышало человечество, чтобы Вас услышали и простые люди, и те, в чьих руках находится власть.

Тут проблема не в этом. Ты настраиваешься на то, что люди могут услышать меня через те средства массовой информации, через те возможности, которые у них есть.

Что может услышать каждый человек? Что он слышит вообще, кроме своего эгоизма? Это первое.

Второе: Кого-то слышать? Кто захочет кого-то слушать? Кроме того, средства массовой информации – как я могу через них пробиться? Кто из них захочет меня слушать?

Совершенно верно.

Это все – только лишь наружное проявление. Я его совершенно не принимаю во внимание, потому что мы связаны между собой одной внутренней сетью.

Эта внутренняя, «подпольная», сеть есть между нами и связывает нас, все наши сердца, мысли, разум. Через эту сеть передаются наши сигналы от одного к другому. В этой сети я связан со всеми, и ты тоже, и все-все.

Но я умею в эту сеть войти и дать ей правильные указания. Таким образом, я уверен, любой человек в мире, где бы он физически, географически ни находился, будет ощущать то, что я хочу ему передать.

Я не насилую его этим ни в коем случае, я его не направляю на что-то, не гипнотизирую. Я даю ему возможность услышать меня, как будто он читает газету, смотрит телевизор и так далее. Я поставляю ему информацию через эту внутреннюю сеть.

И вдруг он начинает ощущать: да, есть и такая точка зрения в мире. Откуда он это получил, где он это увидел, услышал? Не через средства массовой информации, не кто-то ему что-то рассказал на улице – ничего подобного. Как-то вдруг из себя он осознает. И он будет это ощущать одновременно со всем, чем кормят его СМИ.

Поэтому я уверен в том, что возможно достичь сердца и души, разума каждого человека в мире. Это не проблема. Несмотря на то, что нас 7 миллиардов, это не имеет никакого значения. Ты пускаешь сигнал, и они начинают ощущать, что в мире есть еще и другое мнение, есть другая возможность, кроме как погружаться в эти страдания, в грядущие войны или другие проблемы.

Мы можем сделать все по-другому, красиво, в связи между собой приподняться и плыть к той же цели, только добрым путем.

Вы иронически относитесь к физической трибуне этого мира – к СМИ?

О, абсолютно. Они ничего не дают и ничего не делают. Я на них не обращаю внимания. Они абсолютно ничего не

Глава «И подошел»

дают. Кто они – эти средства массовой информации, какой у них духовный багаж? Кто они? Мыслители, философы? Любого мальчишку, который умеет красиво калякать на потребу публике, принимают в газетку, и он начинает строчить.

Рейтинг командует.

Да, СМИ работают на рейтинг. Потребители им диктуют, что хорошо, что плохо. СМИ не воспитывают население, не поднимают его, а наоборот, бросают ему кости, – те, которые публика и желает получить. И более – ничего.

Когда человек начинает слушать?

Необходимы страдания для того, чтобы начать слушать. Без страданий человек просто спит – это понятно нам всем. Но достаточно маленьких страданий, буквально микроскопических, даже не твоих собственных, а которые ты видишь где-то вдалеке, чтобы все остальное развить в себе и постичь.

Так что мы находимся на очень серьезном переломном этапе. О том же говорит нам эта глава: связь между альтруистическими и эгоистическими силами.

Йосеф находится на переходе между эгоизмом фараона и своими братьями, он является связующим звеном. Поэтому, с одной стороны, он должен, он понимает необходимость быть связанным с фараоном. С другой стороны, он понимает, что быть связанным с ним надо для того, чтобы исправить его. Для этого он должен быть связанным с братьями. И тут выявляется взаимная связь: 300 человек от фараона – против его братьев, и он создаст нужную связь между ними.

Практически это приводит к тому, что каждый из нас начинает понимать, что можно работать с любым нашим свойством, каким бы плохим оно ни было, не уничтожать ничего в человеке, не давить его, не насиловать, не вынуждать, не ставить над ним надсмотрщика.

Наоборот, правильное воспитание, правильный подход к человеку заключается в том, что ты даешь ему возможность работать со всеми его свойствами. Тогда он начинает их правильно исправлять. И реализует себя полностью.

Но, говорят, есть «ген убийцы», «ген вора»...

И хорошо. Пускай убивает, пускай крадет, – только смотря что.

Поясните.

Убивать свой эгоизм, красть от него и передавать другим – это работа со своим эгоизмом внутри человека.

То есть перенаправляется вектор? И рожденный с этим свойством человек как бы перерождается?

Он понимает, что, оказывается, делает зло в первую очередь для себя, и поэтому обращает его в добро.

КОЛЕСНИЦЫ ЙОСЕФА

Пойдем дальше. С главой «Ваигаш» мы оказались в нашем времени. Такое у меня ощущение.

Далее Йосеф говорит: «Возвращайтесь, ведите сюда отца и все семейство, и скот. И живите здесь, потому что будет еще 5 лет голода. И идите, расскажите отцу, какой я стал большой в этой стране».

Написано в Торе, что он пал на шею Биньямину, брату своему, и плакал. И Биньямин плакал на шее его. А потом говорит: «Идите...».

ГЛАВА «И ПОДОШЕЛ»

/19/ «…ВОЗЬМИТЕ СЕБЕ ИЗ СТРАНЫ ЕГИПЕТСКОЙ КОЛЕСНИЦЫ ДЛЯ ДЕТЕЙ ВАШИХ И ДЛЯ ЖЕН ВАШИХ, И ПРИВЕЗИТЕ ОТЦА ВАШЕГО, И ПРИДИТЕ. /20/ И НЕ ЖАЛЕЙТЕ ВЕЩЕЙ ВАШИХ, ИБО ЛУЧШЕЕ ВСЕЙ СТРАНЫ ЕГИПЕТСКОЙ – ДЛЯ ВАС».

Он дает Биньямину 300 серебреников, 5 смен одежды. Сказано: «Передал пищу и сказал братьям: "Не ссорьтесь по дороге", – он говорит». И они пришли к отцу в Кнаан. И дальше в «Большом комментарии» написано, что они боятся зайти к отцу.

Потому что пришли без Биньямина.

Братья не знали, как сообщить отцу и о том, что Йосеф жив. Они же говорили раньше, что его разорвали звери. И они встречают дочь Ашера – Сэрах. То была необыкновенная девушка, поражавшая всех своей удивительной, чуткой натурой. К тому же она замечательно играла на арфе.

Именно это ее качество решили использовать братья. И говорят: «Зайди к Яакову и сообщи ему, что сын его Йосеф жив».

Она заходит, играет на арфе и поет. Она поет, что ее дядя Йосеф по-прежнему жив. Он владыка всего Египта. И на эту песню Яаков благословляет ее. И дальше написано, что она дожила до времен царя Давида и стала одной из самых великих женщин.

И вошли братья в шатер к Яакову:

/26/ И СООБЩИЛИ ЕМУ, ЧТО ЙОСЕФ ЕЩЕ ЖИВ И ЧТО ОН ВЛАДЫЧЕСТВУЕТ НАД ВСЕЙ СТРАНОЙ ЕГИПЕТСКОЙ, И ЗАМЕРЛО СЕРДЦЕ ЕГО, ИБО НЕ ПОВЕРИЛ ОН ИМ. /27/ И ПЕРЕСКАЗАЛИ ОНИ ЕМУ ВСЕ СЛОВА ЙОСЕФА, КОТОРЫЕ ОН ГОВОРИЛ ИМ; А КАК УВИДЕЛ ОН

КОЛЕСНИЦЫ, КОТОРЫЕ ПРИСЛАЛ ЙОСЕФ, ЧТОБЫ ВЕЗТИ ЕГО, ТО ОЖИЛ ДУХ ЯАКОВА, ОТЦА ИХ. /27/ И СКАЗАЛ ИСРАЭЛЬ: «ДОВОЛЬНО! ЕЩЕ ЙОСЕФ, СЫН МОЙ, ЖИВ, ПОЙДУ ЖЕ И УВИЖУ ЕГО, ПРЕЖДЕ ЧЕМ УМЕРЕТЬ».

Человеку всегда нужны доказательства, даже такому, как Яаков?

Да.

В тот момент, когда он увидел колесницы, только тогда он поверил, что жив его сын Йосеф. Он не поверил словам.

Колесница – это система, так называемая малхут, которая раскрывается.

Яаков – это малое состояние души. Но когда он увидел, что раскрывается огромное, большое состояние души, тогда он понял, что Йосеф действительно в Египте. Колесница – это основа, на которой ты движешься вперед. Так это объясняется. Это метафора, в общем-то.

Везде, где упоминается колесница: запряженная, не запряженная, колесница фараона, Йосефа, неважно чья, – имеется в виду раскрытие общей души, которая движется вперед к своему исправлению.

Им не хватало этой колесницы. Яаков и все его сыновья, и Йосеф в том числе, – это девять первых сфирот. Фараон – последняя, десятая, с которой надо соединиться и исправить ее. Тогда девять сфирот имеют смысл, иначе они оторваны и смысла нет.

Яаков понял, что есть соединение?

Да, когда он увидел, что есть соединение – колесница, тогда он готов умереть, потому что Яаков – это малое состояние.

ГЛАВА «И ПОДОШЕЛ»

Тут сказано: вначале его имя – Яаков, потом – Исраэль. Он сразу увидел, что через Йосефа может быть соединен с малхут, с колесницей, – он увидел все десять сфирот. Тогда вместо Яаков он и стал называться Исраэль.

Исраэль – это большое состояние души.

ФАРАОН ВЫХОДИТ НАВСТРЕЧУ

Человек, читающий внимательно, заметит, что здесь все время шел разговор:

…ОЖИЛ ДУХ ЯАКОВА, ОТЦА ИХ. И СКАЗАЛ ИСРАЭЛЬ…

Да, Яаков-Исраэль. Малое состояние – Яаков, большое состояние – Исраэль. Яаков – это он сам, 12 сыновей и Йосеф. Исраэль – это соединение через всевозможные переходы уже с фараоном.

Исраэль – это, когда он видит колесницу, понимает, на что идет, и начинает…

Тогда он может взять этот огромный эгоизм, который есть в фараоне, и начать с ним работать. Это то, что происходит сегодня, когда раскрываются семь миллиардов людей, которые ищут выхода из создавшегося положения.

Фараон скоро начнет искать выход из семи тощих лет. Тогда Исраэль увидит, что может сделать, каким именно образом он может наполнять их через соединение. Все его девять первых сфирот, то есть девять свойств отдачи, вместе с эгоистической десятой, которая является свойством получения, смогут работать в симбиозе. Поэтому Яаков называется Исраэль. Имеется в виду его большое состояние, когда он пропускает через себя весь свет знания, мудрости (хохма), который наполняет всех, в том числе и фараона.

Поэтому когда Яаков спускается в Египет, фараон приветствует его. фараон выходит ему навстречу.

Интересно. Дальше снова начинаются сны. Начинаются видения, о которых мы говорили. Но в данном случае после решения Яакова уже как бы поставлена печать.

И говорится:

/1/ И ОТПРАВИЛСЯ ИСРАЭЛЬ И ВСЕ, ЧТО У НЕГО, И ПРИШЕЛ В БЕЭР ШЕВУ, И ПРИНЕС ЖЕРТВЫ ВСЕСИЛЬНОМУ ОТЦА СВОЕГО, ИЦХАКА. /2/ И СКАЗАЛ ВСЕСИЛЬНЫЙ ИСРАЭЛЮ В НОЧНЫХ ВИДЕНИЯХ, ГОВОРЯ: «ЯАКОВ, ЯАКОВ!», И ТОТ СКАЗАЛ: «ВОТ Я!». /3/ И СКАЗАЛ ОН: «Я ВСЕСИЛЬНЫЙ, ВСЕСИЛЬНЫЙ ОТЦА ТВОЕГО, НЕ БОЙСЯ СОЙТИ В ЕГИПЕТ, ИБО БОЛЬШИМ НАРОДОМ СДЕЛАЮ Я ТЕБЯ ТАМ. /4/ Я СОЙДУ С ТОБОЙ В ЕГИПЕТ, И Я ТАКЖЕ ВЫВЕДУ ТЕБЯ, И ЙОСЕФ ЗАКРОЕТ ГЛАЗА ТВОИ».

Снова полная картина, снова рисуется Яакову понимание того, что он делает правильно. И это – единственный путь.

Так повторяется все время. Повторяется в видениях всем праотцам: Аврааму, Яакову, Йосефу. Сны все время повторяются.

Это кругооборот одной и той же души. На разных ступенях. Так человек проходит все эти состояния. Любой человек в мире будет обязан пройти их.

Есть такие, которые это уже слышат?

И есть такие, которые ещё услышат.

Но услышать должны все?

ГЛАВА «И ПОДОШЕЛ»

Да. Хоть в какой-то мере. Каждый из нас живет в этом мире и с ним контактирует. Наподобие этому каждый из нас должен войти в высший мир и осуществить в нем свое исправление, пройти все его этапы.

Дальше сказано: И пошел Яаков со всей семьей, уже немалой, в Египет. И перечисляются очень точно все имена.

/26/ ВСЕХ ДУШ, ПРИБЫВШИХ С ЯАКОВОМ В ЕГИПЕТ, ПРОИСШЕДШИХ ИЗ ЧРЕСЛ ЕГО, КРОМЕ ЖЕН СЫНОВЕЙ ЯАКОВА, – ВСЕХ ДУШ ШЕСТЬДЕСЯТ ШЕСТЬ.
/27/ СЫНОВЕЙ ЙОСЕФА, РОДИВШИХСЯ У НЕГО В ЕГИПТЕ, ДВЕ ДУШИ; ВСЕХ ДУШ ДОМА ЯАКОВА, ПРИШЕДШИХ В ЕГИПЕТ, СЕМЬДЕСЯТ.

Нас все время преследует эта цифра – 70.

И 66 тоже.

И 66, да. Только сейчас обратил внимание. Мы говорим 70 народов мира. Почему здесь тоже – 70? Семья, которая заходит в Египет, именно 70 душ?

Это малое состояние. Семь сфирот: хэсэд, гвура, тифэрэт, нэцах, ход, есод, малхут – это малое состояние. В таком состоянии они входят в Египет.

У человека существует только своя маленькая система, с которой он приближается к своему эгоизму, начинает с ним работать. Под влиянием совместной работы с эгоизмом он становится уже большим – 10 сфирот.

То есть он входит с желанием, которое определяется как «70»?

Да. Поэтому Фараон встречает его хорошо. Фараон тоже понимает, что без этих свойств отдачи сам эгоизм не может ничего сделать, он не может ничего привлечь.

Даже те эгоистические системы, которые мы строили в нашем мире, по своей природе содержали альтруистические элементы. Отдай – возьми: это отдай, а то возьми. У маленького ребенка такого не существует, он берет – и все. Что такое отдать и получить, он не понимает.

А здесь уже существуют такие элементы отдачи. Процветание, расцвет, развитие стоят на том, что альтруистические элементы включаются в эгоистическое желание. Поэтому фараон заинтересован в том, чтобы семья Яакова спустилась в Египет. Поэтому они откровенно рассказывают о себе и получают в Египте полную свободу.

Эгоизм не мешает делать добро, если оно выгодно?

Если альтруизм не угрожает фараону, если он делает из Египта процветающую страну, то, естественно, на это наш эгоизм готов: «Давай сюда твой альтруизм, я готов!».

Чему мы обучаемся в университете? Как нам взаимодействовать с другими. Наша экономика определяет, как мне взаимодействовать с другими: я немножко дам, а много возьму. Но так происходит, пока властвует эгоизм.

Пагубное свойство твоего эгоизма начинает проявляться, когда тебе надо отдавать много и получать мало: только для того, чтобы существовать. На это эгоизм уже не согласен. И они удирают из Египта. Но забрав с собой тот эгоизм, который смогли поставить на службу альтруизму.

Сегодня в наш мир как раз приходит такое состояние, что необходимо перераспределение сил?

Да. Конечно, сегодня мы должны понять, что должны переделать, перевернуть мир. То есть задействовать не альтруизм ради эгоизма, а эгоизм ради альтруизма.

И тогда мы действительно поднимемся на следующий уровень.

ГЛАВА «И ПОДОШЕЛ»

До сих пор мы притягивали свойство отдачи внутрь себя – и разбухал наш эгоизм. Загрязняли землю, истощали природные ресурсы – в итоге, не сделали ничего хорошего и загнали себя в ужасный тупик. И в семье, и во всем, чем занимается человек, обнаружили тупиковое состояние.

Теперь нам надо это все перевернуть наоборот, чтобы все наши желания – наш эгоизм – служил альтруизму, то есть работал на отдачу, на связь с другими. Это другая, совершенно обратная парадигма. Сейчас мы и начинаем осваивать ее.

Когда получение оборачивается отдачей? Это – цель? Это тоже можно передать человечеству?

Обязательно! Только так! Иначе мы пройдем через огромные разрушительные состояния. В итоге, все равно придем к изменению, но через огромные страдания. Лучше постараться сделать это легко, свободно, быстро.

Мы заканчиваем недельную главу «Ваигаш» – «И подошел». Практически весь дом Яакова пришел в Египет. Это один из поворотных моментов во всей истории человечества?

Да. Это раскрытие цельного, здорового эгоизма.

То есть человеку дано увидеть свой эгоизм?

Это материя его природы.

Но это должно быть страшное состояние?

Нет. Это происходит в человеке постепенно.

Дело в том, что говорится о людях, которые начинают выкарабкиваться из этого Вавилона – из своего собственного эгоизма, из своей клоаки, из мешка со всем своим эгоистическим нутром.

Вы сказали – Вавилон?

Да, Вавилон. Люди хотят выйти из Вавилона. Они хотят начать жить по-другому между собой, чтобы достичь следующей ступени развития человечества.

Вы говорите о группе Авраама, которая вышла вместе с ним из Вавилона?

Да, о ней. Но вдруг, когда группа готова подниматься к солнцу, к свету, на их пути оказался голод. Возникает ощущение абсолютного тупика: у тебя ничего нет, и тебе придется спуститься в Египет.

Нелогично.

Да. Совершенно.

Подъем есть подъем. Понятно, что подъем сопровождается падениями. Но с таким крутым падением?!

Да, это сильное падение. Тот эгоизм, который раскрылся в Вавилоне, был эгоизм общий, недостаточный для того, чтобы подняться на следующую, более высокую ступень. Эгоизм, который раскроется в Египте, – дополнительный к Вавилону, следующее нисхождение, он будет сильным. Он будет таким, что уже назовется «Гора Синай» (Гора Ненависти).

«Сина» в переводе с иврита – это ненависть.

Да. Эгоизм в Вавилоне еще не олицетворяла природная гора. Своей гордостью, своей личностью, своим эгоизмом люди сами захотели достичь неба. Это была как

ГЛАВА «И ПОДОШЕЛ»

бы равнина, которая не олицетворяла собой природный эгоизм. Они перестали понимать друг друга. Были, как одна семья, – и постепенно разошлись: не воевали друг с другом, а просто разбрелись по всей земле.

Египетский эгоизм – это уже такая добавка людям к их эгоизму, что они, несмотря на то, что желают соединиться между собой, не могут. В Вавилоне не желали соединиться, просто разошлись. Начали чувствовать себя плохо один с другим и разъехались мирно, тихо.

В Египте хотят собраться вместе, быть, как одна семья. Но между ними начинает проявляться огромный эгоизм, который и называется Египет.

Этот эгоизм доводит их до такого состояния, когда они проходят между собой все этапы его развития – 400 лет эгоистического египетского изгнания. После этого они достигают его максимального проявления – «стояния у горы Синай».

Перед группой, которая вышла из Вавилона, встает вопрос: что нам делать с этим эгоизмом? Она решила соединиться между собой и пришла к тому, что между ними, наоборот, возникла еще большая ненависть, еще больший эгоизм, еще большее отторжение, чем в остальных народах. К чему же мы пришли?

Другие как-то мирно сосуществуют друг с другом, а эти…

Да, но именно этот огромный эгоизм, который сейчас в них раскрылся, просто разрывает их. И они не могут никуда уйти. Потому что Египет, с одной стороны, олицетворяет собой эгоистическую спайку, зависимость друг от друга, а с другой – внутреннее отторжение друг от друга. Что же делать?!

Здесь возникает полная невозможность дальнейшего сосуществования – надо куда-то сбежать. И они убегают из Египта.

СТРОИМ СДОМ

Вы говорите: «они». Что это значит по отношению к одному человеку?

Это группа. Это группа! Один в поле не воин!

Это группа, которая убегает из Египта, то есть желает во что бы то ни стало подняться над своим эгоизмом, сохраняя свою внутреннюю структуру. Иначе говоря, нет никакого иного выхода, кроме как закрыть глаза и просто удрать от него.

Побег из Египта олицетворяет их побег от эгоизма. Когда они уже убегают от него, он возникает перед ними снова, во всей своей мощи, в виде этой горы! Но возникает одновременно с методикой его исправления.

Преодоления?

Не только преодоления, но и использования эгоизма для связи и отдачи.

Раньше было совершенно непонятно, для чего растет этот огромный эгоизм, это отторжение, эта ненависть. Здесь они получают, наконец-то, озарение!

Тоже самое и сегодня не понятно человечеству. Для чего эта взаимная ненависть и отторжение? Разойтись бы куда-то спокойно. Мы заняты только тем, что ставим между собой какие-то перегородки.

Строим Сдом?

Глава «И подошел»

Да, Сдом олицетворяет именно такое состояние. Но сейчас существует только одна методика – начать работать с этим эгоизмом, вывернуть его наизнанку и правильно использовать для отдачи. Сейчас никуда от этого не денешься, потому что ты не можешь ни подняться, ни удрать от него.

До сегодняшнего дня не понятна система. Как можно взять эгоизм и превратить его в топливо для продвижения?

Да. Насколько я тебя ненавижу, настолько я буду тебя любить, – и не иначе!

Мы считаем, что любовь – это, когда мы договариваемся и аннулируем, забываем, стираем все, что было плохого между нами. И как-то так любим друг друга. А здесь – нет. Сохраняя внутри ненависть между собой, мы строим смычку любви над ней. Строим именно благодаря тому, что внутри остается ненависть.

В духовном совершенно другая любовь и другая связь, не такая, как это принято в нашем мире. Все это не понятно человеку. Это новая методика, которая поднимает нас на другую ступень. Это иная психология, иной домострой. И этого человек в нашем мире не понимает, его надо обучать.

Человек должен понять несколько истин: желание получить – это природа человека, и ее уничтожить нельзя. И над ней можно только, как Вы говорите, подняться, то есть использовать ее для продвижения.

Да. Причем, использовать всё: абсолютно все наши положительные и отрицательные свойства, любые качества, все задатки.

Вы говорите, что другого пути нет?

Нет, потому что мы всё время эгоистически развиваемся. Куда же мы это денем? Мы должны понять, что это эгоистическое развитие природы. Оно, в принципе, создано для нас, оно необходимо для того, чтобы мы использовали именно его.

ДНК ЧЕЛОВЕЧЕСТВА

Еще раз вернемся к этой главе. Они уже пришли в Египет, и здесь написано:

/26/ ВСЕХ ДУШ, ПРИБЫВШИХ С ЯАКОВОМ В ЕГИПЕТ, ПРОИСШЕДШИХ ИЗ ЧРЕСЛ ЕГО, КРОМЕ ЖЕН СЫНОВЕЙ ЯАКОВА, – ВСЕХ ДУШ ШЕСТЬДЕСЯТ ШЕСТЬ. /27/ СЫНОВЕЙ ЙОСЕФА, РОДИВШИХСЯ У НЕГО В ЕГИПТЕ, ДВЕ ДУШИ; ВСЕХ ДУШ ДОМА ЯАКОВА, ПРИШЕДШИХ В ЕГИПЕТ, СЕМЬДЕСЯТ.

70 – что это за цифра? Вы говорите, 70 народов мира…

Семьдесят – это цельная структура. Любая духовная система, так называемый духовный парцуф, состоит из 10 частей. Не может быть иначе – только тогда система закончена. Подобно тому, как каждый человек имеет определенное количество органов.

Из 10 частей три считаются головными, командующими: кетэр, хохма, бина, – а остальные семь – телесными, то есть исполнительными, реализующими.

Здесь имеется в виду малое состояние – без головы, только тело. Как у ребенка: его голова – это его родители. Они его всем обеспечивают. А он находится под их влиянием, под их опекой, и поэтому не отвечает за себя.

Глава «И подошел»

70 человек, спустившихся в Египет, находятся в состоянии ребенка?

Да, они всё еще в состоянии ребенка.

И ждут, когда у них появится голова?

Да. До получения инструкции (Торы) на горе Синай – до этого состояния – их развитие полностью находится «под зонтиком» высших сил. Поэтому они называются «70 человек».

Почему говорится «70 народов мира»?

«70 народов мира» – тоже самое. Потому что отсутствует верхняя часть, три высших сферы.

Их вообще-то 70 или нет?

Это 70 духовных корней. А как они делятся в нашем мире – не имеет значения.

Можно взять все народы мира и действительно определить в них 70 духовных корней?

Сегодня – нет. Сегодня абсолютно всё перемешано. Более того, и в духовных корнях тоже.

По физическим корням мы уже давно никто и ничто. Если ты будешь исследовать сегодня ДНК любого человека, в нем смешаны ДНК абсолютно всех людей в мире. Мы перемешались. Потому что это передается даже через одну чашку, из которой мы пьем. Через что угодно – искупался я в каком-то водоеме, потом еще кто-то после меня или до меня… Происходит обмен информацией, так что в течение тысяч лет мы взаимно включаемся друг в друга. Это просто абсолютное смешение всех и вся!

Но всё-таки по ДНК можно определить, какое было начало?

Да, конечно, это можно определить, потому что есть основное, и есть прилагающееся к нему, вторичное.

Сегодня ни в науке, ни в нашем исправлении нет смысла с этим разбираться, потому что оно одинаково для всех. Поэтому каждый идет вперед в зависимости от своих внутренних сегодняшних свойств, которые в каждом из нас складываются от миллиардов людей.

Вы не разделяете людей по национальной принадлежности? Народ Израиля – другие народы? Вы говорите, кто-то пойдет первым, кто-то за ним, но, так или иначе, все должны пройти этот путь?

Нет, есть разница. Есть группа, о которой мы говорим, – группа Авраама, так называемый, дом Авраама, который уже прошел все этапы развития, поднялся духовно, а потом упал.

Внутри этой группы есть дополнительные информационные данные: запись опыта, духовные гены. Информационные записи, так называемые, решимот. Поэтому у сегодняшних евреев путь развития иной. Он более интенсивный.

Евреи – действительно, особая группа людей в мире. И мы видим, что так к ним и относятся все остальные. Такое отношение происходит от природы, поневоле, и ничего тут не сделаешь – ни к худшему, ни к лучшему. Как ни крути, это особенная группа. И она должна выполнить свое предназначение – исправить себя раньше других и показать на себе пример.

ГЛАВА «И ПОДОШЕЛ»

Как та дорожка, которая когда-то раскаталась, а мы сейчас должны ее закатать? Она поднимается, должна всё собрать и распространить на всё человечество? Да.

ПАСТУХИ, СКОТОВОДЫ

И пришли они в землю Гошен.
/29/ И ЗАПРЯГ ЙОСЕФ СВОЮ КОЛЕСНИЦУ, И ПОДНЯЛСЯ НАВСТРЕЧУ ИСРАЭЛЮ, ОТЦУ СВОЕМУ, В ГОШЕН, И ЯВИЛСЯ К НЕМУ, И ПАЛ НА ШЕЮ ЕМУ, И ПЛАКАЛ НА ШЕЕ ЕГО ДОЛГО. /30/ И СКАЗАЛ ИСРАЭЛЬ ЙОСЕФУ: «МОГУ УМЕРЕТЬ ТЕПЕРЬ, ПОСЛЕ ТОГО, КАК УВИДЕЛ ЛИЦО ТВОЕ, ЧТО ТЫ ЕЩЕ ЖИВ».

Что за страна Гошен внутри страны?
Гошен – это особое место в Египте, если говорить географически. Кстати, место очень плодородное, очень хорошее, удобное для разведения скота. Ведь евреи – скотоводы. Они – лишь в небольшой степени земледельцы.

Дальше Йосеф говорит народу: «Только говорите, что вы разводите и пасете скот, чтобы фараон оставил вас здесь...».
/34/ ...ИБО ОТВРАЩЕНИЕ ДЛЯ ЕГИПТЯН – ВСЯКИЙ ПАСТУХ ОВЕЦ.

Пастух – это наиболее древняя в человеческой истории профессия (одомашнивание животных). Но тут еще имеется в виду исправление своей животной части.

Египтяне этим не занимаются. Эгоизм не занят исправлением животной части человека, и поэтому для них это презренно.

Тоже самое и сегодня. Когда на улице ты говоришь людям, что занимаешься духовным исправлением, возвышением, как они смотрят на тебя? Так и здесь. Это те же египтяне.

Поэтому Йосеф говорит: «Если вы скажете, что занимаетесь исправлением своих животных желаний, то, естественно, они не захотят быть вместе с вами и отведут вам это отдельное место. Занимайтесь».

Точно так же на улице не надо говорить, что я занимаюсь духовным возвышением?

Ни в коем случае. Ни в коем случае! Зачем?! Нет смысла. Наоборот. Будь со всеми, будь как все.

Я нашел в Мидраше, почему они пришли в Гошен. Написано так:
Почему Йосеф рекомендовал братьям поселиться в земле Гошен, а не в столице?
1. Прежде всего, он хотел, чтобы евреи жили отдельно от египтян, дабы не допустить ассимиляции.

Чтобы отделить отдающие желания от получающих.

Второе.
2. В земле Гошен были лучшие в стране пастбища для скота.

Там были наилучшие условия для того, чтобы, с одной стороны, взрастить в себе животные, эгоистические, желания, а с другой – выявить их в себе и, соответственно, исправить.

ГЛАВА «И ПОДОШЕЛ»

И третье.
3. Эта земля принадлежала евреям по закону, ибо фараон подарил ее в свое время Саре. Теперь Йосеф опасался, что если евреи поселятся в Египте, то в один прекрасный день египтяне могут заявить, что евреи живут на земле, которая им не принадлежит, и изгонят их раньше срока. Поэтому он предпочел, чтобы братья оставались в Гошене, принадлежащем им по праву.

Это исходит из первоначальных природных задатков человека, когда он только приступил к исправлению своего желания: неживого – с Авраамом, растительного – с Ицхаком и животного – уже с Яаковом и Йосефом. Еще из тех корней исходит отношение к Египту и к постепенному развитию.

Мы видим, что на каждом этапе всегда был контакт с Египтом и уход из него. Контакт и уход, потому что невозможно, не вскрывая очередной пласт эгоизма, исправлять себя и продвигаться.

Так было с Авраамом, так было с Ицхаком. Теперь – с Яаковом. Это уже окончательный, третий этап, когда эгоизм раскрылся в человеке на неживом, растительном и животном уровне. Если раскрывается животный эгоизм, то это уже окончательно. Из него человек выходит на уровень человек – к горе Синай и далее по направлению к Эрец Исраэль.

ВСЁ ДОСТАЕТСЯ ФАРАОНУ

Мы, так или иначе, говорим о постижении человеком себя? Он раскрывает в себе все больший и больший пласт эгоизма?

Да.

/11/ И ПОСЕЛИЛ ЙОСЕФ ОТЦА СВОЕГО И БРАТЬЕВ СВОИХ, И ДАЛ ИМ ВЛАДЕНИЕ В СТРАНЕ ЕГИПЕТСКОЙ, В ЛУЧШЕЙ ЧАСТИ СТРАНЫ, В СТРАНЕ РАМСЕС, КАК ПОВЕЛЕЛ ФАРАОН. /12/ И КОРМИЛ ЙОСЕФ ОТЦА СВОЕГО И БРАТЬЕВ СВОИХ, И ВЕСЬ ДОМ ОТЦА СВОЕГО ХЛЕБОМ ПО КОЛИЧЕСТВУ ДЕТЕЙ. /13/ А ПО ВСЕЙ СТРАНЕ ХЛЕБА НЕ БЫЛО, ИБО ВЕСЬМА ТЯЖКИМ СТАЛ ГОЛОД, И ИЗНУРИЛАСЬ СТРАНА ЕГИПЕТСКАЯ И СТРАНА КНААН ОТ ГОЛОДА.

Эти едят, а те умирают от голода.

Причем в самом Египте. И у них самих в их земле, в Кнаане, откуда они удрали в Египет, – тоже голод.

Пришли сюда, в Египет, – и тут голод. А для них всё хорошо организовано.

Египтяне голодают, и Йосеф берет у них серебро за хлеб. Заканчивается серебро – он берет скотом. У них заканчивается скот, и они слезно умоляют его смилостивиться – очень унизительно. Это последняя их просьба:

/19/ДЛЯ ЧЕГО ПОГИБАТЬ НАМ, – ГОВОРЯТ ЕГИПТЯНЕ, – НА ГЛАЗАХ ТВОИХ, НАМ И ЗЕМЛЕ НАШЕЙ? КУПИ НАС И ЗЕМЛЮ НАШУ ЗА ХЛЕБ, И МЫ И ЗЕМЛЯ НАША БУДЕМ ПОРАБОЩЕНЫ ФАРАОНУ, ТОЛЬКО ДАЙ СЕМЯН НАМ, И БУДЕМ ЖИТЬ, И НЕ УМРЕМ, И ЗЕМЛЯ НЕ ОПУСТЕЕТ.

Происходит выделение народа, который пришел в Египет.

Нельзя с эгоизмом иначе расправиться. Если ты рассматриваешь все в чисто историческом, человеческом, общественном аспекте, – это, конечно, страшное дело.

Но если ты говоришь о том, как человек внутри себя исследует эгоизм, как он готов «голодать» в своих

ГЛАВА «И ПОДОШЕЛ»

эгоистических желаниях и развивать только альтруистические, – это большой период внутренней работы.

Человек действительно делает огромные усилия – и впереди у него ничего нет. Его животные желания развиваются, наполняются за счет эгоистических. Его эгоизм развивается дальше. Но он еще остается под властью Египта, он не развивает в себе стремление к выходу из Египта.

То есть всё скупается для фараона?

Да, всё скупается для фараона. Строятся Питом и Рамсес. Огромные, вроде бы красивые города, олицетворяющие собой две вершины богатства.

Все это делается в эгоизме для того, чтобы впоследствии было видно, что всё, что в нем сделано, то есть добыто и сделано в Египте, – всё остается у фараона.

Тогда происходит осознание зла эгоизма: всё остается в эгоизме, а человек умирает – ничего у него не осталось. И приходит решение: нет иного выхода, как только вырваться, подняться над эгоизмом к выходу из Египта. Тут и начинаются египетские казни, потому что выйти тоже не так просто.

Надо обязательно расшифровывать всё как происходящее во внутренних свойствах человека. Говорится об этих событиях как об истории, а вся история является следствием того, что происходит у нас в душе.

Если можно, пожалуйста, еще раз объясните: что такое голод египтян и отсутствие голода у пришедшего туда народа, евреев?

Если ты находишься в альтруистическом развитии – развитии ради отдачи, то нормально существуешь даже внутри своего эгоизма в состоянии, которое называется Египет.

Если ты желаешь получать наполнение, наслаждение, насыщение от самих эгоистических желаний, – это не получится.

Фараон, поскольку он владеет Израилем в Египте, наслаждается этим – всё достается ему. Наслаждается от того, что египтяне отдают все ему, и от того, что Израиль отдает ему все.

Фараон только богатеет. Он не отпускает народ Израиля. И потом, несмотря на все казни египетские, он их не отпускает, потому что именно благодаря им он и развивается. Все остальное ему неважно.

Эгоистическая составляющая, которая находится внутри нас, растет как раз в этом состоянии. Египет прекрасно развивается в то время, когда там находится народ Израиля. И мы видим это из разных исторических документов. Только потом, уже при выходе, начинается падение.

Человек, когда он внутренне продвигается, начинает четко определять, что его эгоизм только растет. А маленькие эгоистические наслаждения, какими бы они ни были, пропадают. Его альтруистические действия: «Питом» и «Рамсес» – всё достается только фараону.

Другими словами, моя работа и в эгоизме, и в альтруизме – вся направлена только на то, чтобы расцветал фараон.

Это когда я нахожусь в его царстве? Когда я не бегу оттуда?

Да. В итоге, несмотря на десять последних ударов по фараону, то есть по моему эгоизму, я не могу выйти из него – только бегством и только ночью.

ГЛАВА «И ПОДОШЕЛ»

НАЛОГ ФАРАОНУ

Дальше происходит вот что:
/20/ И ОТКУПИЛ ЙОСЕФ ВСЮ ЗЕМЛЮ ЕГИПТЯН ДЛЯ ФАРАОНА, ИБО ПРОДАЛИ ЕГИПТЯНЕ КАЖДЫЙ ПОЛЕ СВОЕ, ИБО ТЯГОТЕЛ НАД НИМИ ГОЛОД, И СТАЛА СТРАНА СОБСТВЕННОСТЬЮ ФАРАОНА. /21/ А НАРОД ОН РАССЕЛИЛ ПО ГОРОДАМ ОТ ОДНОГО КОНЦА ЕГИПТА ДО ДРУГОГО. /22/ ТОЛЬКО ЗЕМЛИ ЖРЕЦОВ ОН НЕ КУПИЛ, ПОТОМУ ЧТО БЫЛ НАДЕЛ ЖРЕЦАМ ОТ ФАРАОНА, И ОНИ ПИТАЛИСЬ СВОИМ НАДЕЛОМ, КОТОРЫЙ ДАЛ ИМ ФАРАОН; ПОТОМУ И НЕ ПРОДАЛИ СВОЕЙ ЗЕМЛИ.

Это идеология эгоизма. Ты ничего не сделаешь. Ты не можешь к нему никак подкопаться. Он умирает последним. Даже не умирает, а переходит в альтруизм.

Так называемые жрецы – высшие эгоистические элементы – начинают это понимать. Таким же жрецом в Вавилоне был Авраам. Поэтому он понял новую методику использования эгоизма. Тоже самое и жрецы в Египте.

Всем великим людям – неважно, отрицательные они или положительные – легче понять, в чем проблема, и перестроить свои внутренние свойства. Им можно объяснить. Для них возможен внутренний перелом, переход, они более открыты для изменений.

Но жрецы по-прежнему остаются кастой, их земли не продаются?

Да, их не трогают. Мы с этим встречаемся и дальше. К примеру, Итро, зять Моше, приезжает к нему в Синай, в пустыню, и обучает весь народ юридическим законам и общественным отношениям. Как организовать общество, расставить всех по местам, создать структуру, организовать связь между всеми частями народа, поставить десятников, сотников, тысячников и так далее. Это всё идет от него. А ведь Итро – жрец мидийского народа.

Тоже идолопоклонник.

Да. Тут надо понимать, что эгоизм постепенно начинает исправлять себя. Он оставляет свои свойства, а меняется только методика – чем он их наполняет.

В результате они должны понять, что эгоизм надо использовать для продвижения?

Да. Тоже самое происходит сейчас. Огромное количество всего, что наработано в нашем мире, нам нужно, просто необходимо.

Надо убрать только излишества – те, которые во вред человечеству, которые делают нас разными, разделенными, неоднородными, несвязанными, из-за которых мы не можем достичь социальной справедливости. Все остальное остается, и даже на радость.

Эгоизм – это вся наша природа и, в общем-то, полезная штука, если правильно с ним работать.

Правильное распределение, правильное соотношение между народом Израиля и египтянами, Йосефом и фараоном учит нас правильному взаимодействию на каждом этапе нашего развития.

/26/ И УСТАНОВИЛ ЙОСЕФ ЗАКОН СТРАНЫ ЕГИПЕТСКОЙ ДО СЕГО ДНЯ: ПЯТИНА ФАРАОНУ; ТОЛЬКО ЗЕМЛЯ ОДНИХ ЖРЕЦОВ НЕ ДОСТАЛАСЬ ФАРАОНУ. /27/ И ЖИЛ ИЗРАИЛЬ В СТРАНЕ ЕГИПЕТСКОЙ, В СТРАНЕ ГОШЕН, И СТАЛИ В НЕЙ ОСЕДЛЫМИ, И РАСПЛОДИЛИСЬ, И ОЧЕНЬ УМНОЖИЛИСЬ.

ГЛАВА «И ПОДОШЕЛ»

Хороший налог – 20 процентов, пятая часть. Создается четко установленная система, в соответствии с которой каждый знает, что у него есть. А у эгоизма есть желание наполняться. И если ты работаешь, фараон получает от этого пятую часть.

Что значит, «налог фараону»? Это значит, что во всех моих действиях 20 процентов от своих усилий (пятину) я обязан направлять на эгоистическое наполнение. Ни один человек, действительно находящийся в Египте, в эгоизме, не может не думать о том, что он делает все на пользу себе и во вред другим.

«Народом Израиля в Египте» называется состояние, когда ты ощущаешь, что вот это во мне – Египет, а это – народ Израиля, это – фараон, а это – Моше.

Если я работаю со своими египетскими желаниями, то должен понимать и четко отслеживать, что на 20 процентов я действую так, чтобы использовать других ради себя.

Это осознание, этот анализ собственного эгоизма, непростой. Поговори с любым человеком на улице, он тебе скажет: «Да нет, я – как все, я вообще отдаю и помогаю, и даже налоги плачу. Чего вы хотите от меня?». У него нет ощущения, что «я эгоист, и всё, что я делаю в мире – это просто сосу из мира и потребляю ради себя». И если физически это проявляется не так явно, то в мыслях – точно на 100 процентов.

Здесь говорится о человеке, который идет вперед в своем духовном развитии. Когда он проходит период, называемый Египет, то находится в эгоистических желаниях на 20 процентов, на пятую часть.

Пятая часть – это кетэр, одна из пяти сфирот. Кетэр – это намерения. То есть все его намерения – только ради себя. Он осознает это и продолжает идти вперед.

В противовес этому есть «Израэль, что в нем» – народ Израиля, что в нем, который работает на отдачу, на то, чтобы все отдавать.

При этом они строят прекрасные, в смысле наполнения, города, которые называются Питом и Рамсес (это в 3-ей и в 4-ой стадии авиюта).

В итоге оказывается, что это всё пустое, потому что сзади фараон. Поэтому и называется «меца ра» (Мицраим): сзади, как бы с затылка, фараон высасывает всю живительную силу, которую человек получает от свойства отдачи, от устремления к высшему.

Вы сказали, что когда человек точно знает, что он эгоист и 20 процентов отдает эгоизму...

Это постижение. Египет – это очень серьезное постижение.

Сегодня его не хватает...

Ничего. Это можно пройти очень быстро. Я думаю, что сегодняшнее состояние человечества таково, что люди очень быстро прочувствуют это.

Это очень серьезный для человека анализ. В своей душе, в своих личных внутренних качествах он все анализирует, раскладывает, сортирует и затем идет к реальному выводу.

Придя к пониманию, что внутри него есть альтруистическая и эгоистическая части и что он находится под властью эгоизма, человек определяет, что дает ему состояние, которое называется египетским изгнанием. И решает, что он может с этим состоянием сделать. В итоге, человек приходит к выводу, что должен просто вырваться из него.

Египет сегодня – это весь мир.

Глава
«И БУДЕТ»

ЕВРОПЕЙСКОЕ СОЕДИНЕНИЕ

Мы начинаем главу, которая называется «Ваехи» – «И будет». Она приближает нас к фараону. Сейчас мы увидим, что такое фараон, что управляет нами на самом деле.

Итак, мы внутри нашего эгоизма, но еще не видим его. Пока и фараон хорош с нами, и Египет страна неплохая. Мы построили там прекрасные города.

Всё процветает. Так человечество развивается в течение нескольких тысяч лет и надеется, что в этом развитии наш эгоизм даст нам всё.

Но сейчас мы потихоньку приходим к точке переворота.

И есть проблема – как мы пройдем этот момент. Мы видим, что в Европе и во всем мире люди упираются и не понимают, что надо менять парадигму всего нашего существования.

Постепенное изменение сознания человека, его отношения к миру – это то, что происходит в Египте. Человек находится в своем эгоизме, живет им и наслаждается всем, что получает. И вдруг обнаруживает, что у него, внутри этого эгоизма, образуется голодное пространство, пустое пространство.

Теперь это пустое пространство должно вынудить человека поменять отношение к своему эгоизму – начать воспринимать его, как самую главную помеху. Поменять настолько, чтобы захотеть избавиться от него, прекратить им пользоваться. Это значит – выйти из Египта.

Можно провести аналогию с современным миром, с объединенной Европой?

Глава «И будет»

Европейцы должны осознать, что их фараон – это их эгоистическое объединение. Что всё это – последние потуги человека воспользоваться своим эгоизмом для наполнения. На самом деле, мы уже давно находимся в состоянии огромного большого кризиса во всех областях нашей эгоистической жизни и деятельности.

Всё происходит только для того, чтобы убедить нас в необходимости подниматься от этого эгоизма, уходить от него. Надо начинать по-другому относиться к жизни, то есть по-другому строить все социальные, общественные, экономические отношения.

От чего должна уйти Европа? Ведь они взяли духовный принцип – принцип объединения?

Но они использовали его для того, чтобы эгоистически самонасладиться и подняться над остальными.

Это была главная ошибка?

Нет, это не ошибка. Это естественное развитие отношения человека к миру и к себе: с максимальной выгодой использовать то, что у него есть.

Сейчас пришло время изменить понимание того, что является максимальной выгодой. Максимальная выгода не в том, чтобы эгоистически наполнить себя, – эта возможность уже поневоле заканчивается, ведь фараон себя истощает, Египет себя истощает. Все его инструменты ты должен взять и начать работать с ними по-другому.

Эгоизм был хорош, пока развивался. Сейчас он дошел до кризиса для того, чтобы ты начал пользоваться им по-иному, не эгоистически – ради себя, а чтобы в равной степени связаться со всеми в справедливом, всеобщем, равном взаимоотношении.

Нам известно, к чему это должно привести.

Это ясно нам. Но никому из тех кто принимает решения в Европе это не ясно. Никому в мире это не известно.

Что делать, чтобы это услышали?!

До полного их разочарования ты не можешь ничего сделать. Посмотри, какие египетские казни человеку приходится переносить, пока он полностью не отрешается от своего эгоизма и пока он не пожелает удрать от него. Он не может просто выйти из эгоизма – он обязан удирать ночью, даже не зная, как и куда. Главное – вырваться.

Тогда объясните мне, пожалуйста, какой смысл в том, что вы всё время говорите об этом? Говорите в ЮНЕСКО, в Организации Объединенных Наций? Какой смысл в этом, если вы заранее знаете, что они не услышат?

Я считаю, что есть возможность пробудить многих людей, заставить их посмотреть по-иному. Важно и то, что мы, наша огромная организация, говорим и действуем во всём мире, практически во всех странах. Мы получаем письма из таких мест, где человек должен бояться, чтобы не обнаружили его виртуальную связь с нами!

Откуда у человека эта смелость?!

Да, смелость. Несмотря на опасность, он всё-таки идет на связь.

Получается, что идет распространение и явное (через виртуальную связь, в том числе), и через внутреннюю связь.

Сейчас все люди тесно взаимосвязаны. Уже говорят: «Мы связаны друг с другом через каждого четвертого человека». То есть твой друг и любой мой друг знакомы между собой. Сегодня всё в мире замыкается очень быстро!

Мы внедряем новую парадигму отношения к нашей природе, к эгоизму, к миру по этой внутренней сети, связывающей вместе наши сердца и наши мысли.

И мир меняется. Всё-таки всё больше и больше людей начинают это понимать. Я вижу, как это распространяется в материальном мире. Это явно видно на других. И во внутреннем мире, в сети между всеми нами.

ГОЛОВА ЭСАВА

Итак, недельная глава «И будет» – «Ваехи». Начинается она с того, что Яаков уже 17 лет находится в Египте. Ему 147 лет. И приходит его время умирать. Он призывает к себе Йосефа и говорит ему: «Не хорони меня здесь, а вынеси меня и похорони в гробнице с отцами моими».

В пещере Махпела́.

Откуда праотцы знают день своей смерти?

Заканчивается ступень использования эгоизма, его исправления на данной ступени с помощью метода, который называется Яаков. И человек, который реализовал себя на этой ступени, понимает, что с нее надо подниматься наверх.

Прекращение использования прошлого отношения к жизни, к миру, к себе, реализация всей возможности, которая называется Яаков, всей этой системы в ее силе и свойстве, называется окончанием Яакова.

Перед ним его будущая ступень?

Человек знает все ступени. Он знает, что заканчивает ступень на уровне Яаков и начинает на следующей ступени. Там уже уровень Йосеф и затем Моше.

Яаков умирает, то есть он передает эстафетную палочку?

Он сам! Он меняет. Это вытекает естественным образом одно из другого, как один день сменяет другой.

Одно желание сменяет другое? Одно свойство сменяет другое?

Да.

Почему говорят: «в гробнице праотцев»? Почему не «праматерей»? Ведь и праматери похоронены там.

Естественно, что в человеке свойства идут по парам. Идет свойство эгоизма, которое называется матерью, и свойство правильной работы с этим эгоизмом – над ним, на отдачу, – которое называется отцом. И оба они взаимосвязаны и поддерживают друг друга. Обязаны!

Там хоронятся только пары? Адам и Хава...

Да, только парами. За одним исключением – там похоронена голова Эйсава.

Это интересно! О чем это говорит?

В конце дней можно будет использовать его голову, но не его тело. Тело – имеется в виду эгоистические свойства, которые переделываются. Так аллегорически сказано.

Где мы видим Эсава в его корневых свойствах? В мире некудим, когда происходит правильное отношение человека к телу. Когда он желает получить ради отдачи и не может, не в состоянии это делать. Вот тогда проявляется Эсав. Поэтому расчеты, в общем-то, правильные – Яаков, Йосеф...

Эсав – без этой силы невозможно. Но тело использовано неправильно.

Поэтому голова (расчеты Эсава) находится в гробнице с праотцами?

Да. С эгоистической точкой зрения было много провидцев! И в Торе об том сказано. Эти эгоистические силы очень великие и большие. В наше время надо их только исправлять.

И что? Там на самом деле находится голова Эсава?

В пещере Махпела́? Я никогда не задавался этим вопросом. Так же, как о рабби Шимоне, который похоронен в Мероне. Я не знаю.

Этот уровень вас не интересует?

Нет. Конечно, ничего странного не будет, если мы найдем это всё, потому что каждый рассказ, каждое повествование проявляется и в нашем мире.

Но кому нужны эти кости?! Что мы будем делать с мощами?! Каббалисты не воспринимают это так – ничего дорогого и достойного в этом нет. Так же, как и собирать камешки от Храма.

Чтобы построить Третий Храм.

Или нашли какие-то сосуды, кувшины древнего периода, какого-то храма. Ну и что, что нашли? Еще пару тысяч лет туда или сюда. Что они дадут нам?

МИР СНОВИДЕНИЙ

Так будут отмирать науки: археология, история. Они никому не понадобятся?

Люди будут над этим возвышаться. Просто материал будет терять свою важность, которой он и на самом деле не имеет.

Это будет отпадать, как предыдущая ступень?

Новая ступень Авраама была в разрушении всех идолов. Чтобы не было ничего материального, чтобы человек имел контакт только с духовными свойствами!

То, что нам кажется в нашем мире имеющим какой-то высший довесок в дополнение к своему материальному свойству, – все это надо просто уничтожить! Красные нитки, святая вода, продажа амулетов, поклонение каким-то изображениям и так далее, – всё это абсолютно не состоятельно. Это только уводит человека от духовного взора внутрь материи, к тем силам, которые стоят за ней.

Ни в чем не существует никакой святости, никакой особой силы, нет ничего, кроме электронов и протонов, которые там крутятся! Ни в чем!

Что значит «построить Храм»? Человек одухотворяет то, что он делает. А без человека это всё – просто материал.

Я уверен, что если сегодня стоял бы этот храм, и мы ходили бы туда просто посмотреть, то увидели бы бойню, где забивают несчастных животных, бросают куски мяса на жаровню, ведра воды, кровь. Посыпают мясо солью, с удовольствием едят его, запеченное на углях. Что еще там есть?! Кричат левиты, коэны... Люди не поймут того, что происходит!

Глава «И будет»

Чтобы понимать, что такое Храм и работа в нем – жертвоприношения, – надо быть на духовном уровне, с которого ты делаешь особые исправления. Они обязаны проявиться до конца нашего мира, до самого его низкого уровня – уровня, где духовный мир проступает как материальный, сквозь наши пять органов чувств.

Ни в коем случае на последнем уровне нельзя говорить о том, что духовные миры спускаются и продолжаются в нашем мире! Ни в коем случае! Нет контакта между десятью сфирот и нашим миром. Поэтому наш мир называется призрачным, миром сновидений.

Сны Фараона, сны Йосефа, сон Яакова... Я читал у РАБАША, что мир дан нам как сон, как возможность, которую надо правильно интерпретировать...

Когда человек входит в Высший мир, он начинает понимать, что такое наш мир. Его восприятие нами подобно тому, как в бессознательном состоянии человек ощущает в себе какие-то внутренние непонятные, словно во сне, перемещения, всевозможные нереальные образы.

Я часто просыпаюсь и думаю: «Неужели это был сон?!», – так явно всё было. Так же произойдет и при выходе в духовное?

Нет. Там всё это происходит постепенно, потому что заранее мы уже начинаем понимать, что находимся в этом мире в призрачных образах.

ДЛЯ ЧЕГО ДАНЫ ПРИЗНАКИ СТАРОСТИ И БОЛЕЗНИ?

**Интересные данные я нашел в «Большом комментарии». Они касаются этой главы.
До времен Авраама все люди выглядели молодыми до самой смерти. Авраам попросил у Всевышнего даровать людям...**

То есть попросил самое маленькое духовное состояние – катнут.

**...попросил даровать людям внешние признаки старости. Он рассуждал так: «Если отец и сын похожи друг на друга, то как людям узнать, кому из них оказывать почести, когда они появятся вместе? Дай человеку, – попросил он у Всевышнего, – какие-нибудь признаки старости, ну, например, седину или морщины на лице. И тогда будет понятно, кто отец, а кто сын». Всевышний ответил: «Клянусь, ты попросил то, что нужно! И я начну с тебя». Именно тогда Авраам стал выглядеть стариком. После чего тоже свойство приобрели все последующие поколения.
Еще очень интересно об Яакове.
– Яаков попросил, чтобы перед смертью человек тяжело болел. И довод у него был вполне убедительный: «Если человек умирает внезапно, то он не может заранее отдать распоряжения своим сыновьям и привести в порядок свои дела. Дозволь, чтобы человек мог подготовиться к смерти во время болезни, тогда у него будет возможность закончить самые необходимые дела». Творец сказал: «Клянусь, ты попросил то, что нужно. И Я начну с тебя!» В результате Яаков стал первым человеком, заболевшим перед смертью.**

Глава «И будет»

Настолько не соответствует нашему миру то, что подразумевается в этом тексте!

Что подразумевается в тексте?

Человек должен покидать свою ступень не так, как он покидал ее раньше, в те времена, в тех первых, маленьких состояниях. Сейчас у него уже больший эгоизм.

Что они просят? Они просят: «Дай нам возможность исправлять больший эгоизм в нас. Возбуди его в нас». Это не Авраам и не Ицхак, и даже не Яаков. С Яакова только начинается средняя линия. Яаков – это еще катнут средней линии. Это самые маленькие состояния души, она еще не набралась своего эгоизма, не развилась достаточно.

Поэтому те состояния, в которых душа существует и проявляется в человеке, маленькие. Нет ни особого рождения, ни особой жизни, ни особой смерти. Всё происходит на очень маленьких эгоистических уровнях.

Затем идет, так называемый ХАБАД – уровень нулевого желания.

Далее происходит проявление первого желания – ХАГАТ, когда за праотцами идут сыновья – следующая ступень. В них уже появляется больший эгоизм.

Когда проявляется больший эгоизм, есть вхождение света хохма – света жизни – и есть уже большая разница между рождением, взрослением, возмужанием и смертью.

Смерть – это состояние, когда полностью наполняется сосуд души и из него начинает истекать свет – выход некудот из парцуфа. Тогда появляется ощущение окончания предыдущего состояния, предыдущей ступени и переход на следующую ступень.

Здесь говорится не о людях. Говорится о том, что человек владеет программой своего наполнения, опустошения и перехода в следующее состояние.

Что означает просьба Яакова, чтобы люди начали болеть перед смертью?

Чтобы человек преодолел в себе эти невозможности, якобы эгоистического удержания себя на последнем этапе, когда спускается свет с «пэ» до «табур» в душе. Человек наполняется, но потом постепенно он должен выйти из этого состояния – выйти не своим желанием, а невозможностью воспринять следующую ступень, не выходя из предыдущей.

Это состояние и есть болезнь. Такие духовные состояния, обозначаемые словами нашего мира, описаны на многих страницах «Учения Десяти Сфирот».

Болезнь необходима для того, чтобы подготовить себя к следующему наполнению.

То есть не ужас перед смертью, а следующая радостная ступень?

Да. Нет заповеди приближать к себе страдания, но любые страдания всё-таки очищают человека. Они приближают его к пониманию, к следующему состоянию.

Каким должен быть подход человека к своей болезни?

От болезней и страданий нужно перейти к пониманию того, что ты делаешь. Перенести с телесных страданий – они длятся веками – к осознанным действиям. И тогда вместо веков ты сможешь преодолеть их в течение считанных секунд.

Можно подняться над страданиями? Над телесными болезнями?

Это зависит от того, как человеку посылают их. Но оправдание и понимание того, что происходит со страданиями, совершенно меняют ощущение.

Глава «И будет»

Мы знаем это по себе. Это же психология. Человеку дают пустышку, плацебо, и говорят: «Это лекарство, чудесное лекарство». Всё, он успокаивается, у него уже ничего не болит, и он выздоравливает! Мобилизует внутренние силы организма и выздоравливает.

Есть и другое. Я в блоге писал об одной старушке из Калининской области.
Старушка умирала. Ее дети ехали к ней попрощаться, а внуки оставались дома. Дети по дороге погибли. Старушка спросила у того, кто к ней наклонился: «А где мои дети? Я же уже ухожу». И как-то так она посмотрела на него, что он признался: «Погибли дети». Бабушка полежала, встала, умыла лицо... – так рассказывали мне. И еще 14 лет прожила! Подняла внуков. Они оба поступили в Калининский университет.
Просто сумасшедшая мобилизация! Это известные истории.

Так же как во время войны люди не болеют, а потом после ее окончания сразу же начинают болеть и умирать. Это – отражение духовных свойств на наши материальные свойства.

Когда человек поднимается выше своего эгоизма, когда он должен мобилизовать свои силы для кого-то: для семьи, для общества, для мира, – тогда включаются совершенно иные силы. И он, конечно, может еще много чего сделать.

Это огромные силы. Человек начинает питаться от окружения.

От отдачи?

Да. Он не своим организмом живет. Он живет внешней энергией. Есть люди, которые действительно полностью отдают себя и работают ради общества. Если они истинно действуют во имя блага всех, а не ради того, чтобы заработать себе будущий мир, если у них есть желание не эгоистическое, а более близкое к настоящему альтруистическому, то у них появляются огромные силы.

ОТДАВАТЬ И ЛЮБИТЬ

Читаем дальше в «Большом комментарии».
Жена Йосефа, Аснат, посоветовала мужу: «Получить благословение от Яакова, от праведника, всё равно, что получить благословение от Творца! Возьми сыновей и езжай к Яакову, чтобы он мог благословить их».
И тогда Йосеф вместе с двумя сыновьями едет в землю Гошен – навестить своего отца.
И понимает, что отец умирает. Приводит Йосеф к нему своих сыновей: Менаше и Эфраима – и просит, чтобы отец благословил их. Яаков говорит:

/5/ И ТЕПЕРЬ ДВА СЫНА ТВОИ, РОДИВШИЕСЯ У ТЕБЯ В СТРАНЕ ЕГИПЕТСКОЙ ДО ПРИХОДА МОЕГО К ТЕБЕ В ЕГИПЕТ, МОИ ОНИ. ЭФРАИМ И МЕНАШЕ... БУДУТ МОИ. /6/ А ДЕТИ, КОТОРЫХ ТЫ РОДИШЬ ПОСЛЕ НИХ, БУДУТ ТВОИ...

Что это такое?
Это переход из одного состояния в другое. Йосеф – средняя линия. Это смычка между девятью сфирот, которые являются свойствами Творца, – все праотцы на этом заканчиваются, соединяются вместе.
Отсюда и появляется потом следующая ступень – Моше. Ничего особенного в его происхождении не было. Отец и мать – Амрам и Йохевед из колена Леви. Дочь

Глава «И будет»

Фараона берет его к себе, воспитывает. То есть происходит полный отрыв от предыдущих поколений.

Йосеф заканчивает первые девять ступеней: кетэр, хохма, бина, хэсэд, гвура, тифэрэт, нэцах, ход, есод. Есод – это сфира Йосеф, это – его особое свойство. И следующая за ним – малхут.

Переход сфирот в малхут непростой, потому что здесь соединяются девять свойств Творца, девять Его сфирот, эманаций, влияний на малхут, которые являются уже человеческими свойствами, человеческим материалом.

Поэтому Йосефу нужны внуки – Менаше и Эфраим?

Да. Он должен получить их подключение к девяти сфирот, потому что его собственные дети к ним уже не относятся, с одной стороны.

С другой стороны, переход происходит в два этапа. Верхняя и нижняя часть этого парцуфа делится между собой. Есод делится на несколько частей.

Менаше и Эфраим – старший и младший сыновья Йосефа…

Это само собой. И, кроме этого, следующее поколение выхода из Египта.

Они уже начинают проявляться в самой малхут, в самом желании, и исправлять его. Кто будет контактировать с фараоном и вбирать из него эгоистические свойства и исправлять? Потомки детей Йосефа.

Поэтому Яаков сказал: «Они – мои. И они будут контактировать с фараоном»?

Да.

«Я их благословляю» – как бы накладываю девять предыдущих сфирот?

Благословление – так называется передача силы отдачи, силы любви.

Допустим, я получаю благословение, – это значит, я получаю возможность работать на отдачу.

Благословение, когда накладывают руку на голову, – жалкий пример того великого благословения, которое может быть в духовном мире?

Да. В духовном мире – это передача возможности отдавать от одного парцуфа к другому, или от одной души к другой душе.

Отдавать и любить?

Да. И таким образом связываться с общей душой – с огромным источником энергии.

БЛАГОСЛОВЕНИЕ ЯАКОВА

Сейчас мы находимся в Египте. Умирает Яаков. Сын его Йосеф приводит к нему своих сыновей – Менаше и Эфраима – и просит: «Благослови их». Яаков говорит: «Вот я их благословлю. Они – мои. Все следующие дети – твои». Мы говорили и выясняли, что это за переход.

Это верхняя часть ступени Йосеф, двое его первых детей еще относятся к девяти предыдущим ступеням.

К Яакову?

Да. Последующие дети уже будут относиться к малхут.

ГЛАВА «И БУДЕТ»

К выходу из Египта? В этот переходный период происходит очень интересная история. Обычно при благословении, вы помните, происходила какая-то подмена. К умирающему отцу подводят сына – не Эсава, а Яакова, например. Там был умышленный обман. Здесь же возникает совсем другая, очень интересная ситуация. Обратите внимание, что происходит дальше. Пишется:

/10/ А ГЛАЗА ИСРАЭЛЯ ПОМУТНЕЛИ ОТ СТАРОСТИ...

/13/ И ВЗЯЛ ЙОСЕФ ИХ ОБОИХ: ЭФРАИМА СПРАВА ОТ СЕБЯ, СЛЕВА ОТ ИСРАЭЛЯ, А МЕНАШЕ СЛЕВА ОТ СЕБЯ, СПРАВА ОТ ИСРАЭЛЯ, – И ПОДВЕЛ К НЕМУ. /14/ И ПРОСТЕР ИСРАЭЛЬ ПРАВУЮ РУКУ СВОЮ, И ПОЛОЖИЛ НА ГОЛОВУ ЭФРАИМА, ХОТЯ ОН МЛАДШИЙ, А ЛЕВУЮ – НА ГОЛОВУ МЕНАШЕ; УМЫШЛЕННО ПОЛОЖИЛ ОН ТАК РУКИ СВОИ, ХОТЯ МЕНАШЕ БЫЛ ПЕРВЕНЦЕМ. /15/ И БЛАГОСЛОВИЛ ОН ЙОСЕФА, И СКАЗАЛ... /16/ ...«ДА РАСПЛОДЯТСЯ ОНИ ВЕСЬМА НА ЗЕМЛЕ!».

/17/ И УВИДЕЛ ЙОСЕФ, ЧТО ОТЕЦ ЕГО КЛАДЕТ СВОЮ ПРАВУЮ РУКУ НА ГОЛОВУ ЭФРАИМА, И ПОКАЗАЛОСЬ ЭТО ЕМУ НЕПРАВИЛЬНЫМ, И ПРИПОДНЯЛ ОН РУКУ ОТЦА СВОЕГО, ДАБЫ ПЕРЕЛОЖИТЬ ЕЕ С ГОЛОВЫ ЭФРАИМА НА ГОЛОВУ МЕНАШЕ. /18/ И СКАЗАЛ ЙОСЕФ ОТЦУ СВОЕМУ: «НЕ ТАК, ОТЕЦ МОЙ! ИБО ЭТОТ ПЕРВЕНЕЦ, КЛАДИ ПРАВУЮ РУКУ ТВОЮ НА ЕГО ГОЛОВУ». /19/ НО НЕ СОГЛАСИЛСЯ ОТЕЦ ЕГО И СКАЗАЛ: «ЗНАЮ, СЫН МОЙ, ЗНАЮ! ОН ТАКЖЕ СТАНЕТ НАРОДОМ, ОН ТАКЖЕ БУДЕТ ВЕЛИК; НО МЕНЬШИЙ БРАТ ЕГО БУДЕТ БОЛЬШЕ ЕГО, И ПОТОМСТВО ЕГО

БУДЕТ МНОГОЧИСЛЕННЕЙШИМ ИЗ НАРОДОВ». /20/ ...И ПОСТАВИЛ ЭФРАИМА ВПЕРЕДИ МЕНАШЕ.

Впервые это – не подмена. Он знает, кто придет, и знает, что будет.

Да. Любимым сыном становится Эфраим. Здесь происходит тоже самое, что с Эсавом и Яаковом. Эгоизм – это огромное свойство, это вся материя природы. И он необходим, в первую очередь, он – перворожденный: в человеке сначала развивается эгоизм, а уже потом он исправляется с помощью свойства Яаков. Сначала происходит развитие Эсава, а потом вперед выходит Яаков. Они должны работать в паре.

Так же Ишмаэль и Ицхак?

Да, Ишмаэль и Ицхак. А сейчас Эфраим и Менаше: Менаше более сильный, а Эфраим более исправленный. И поэтому он становится первым.

Тут решает сам отец, сам Яаков. Поскольку он – средняя линия?

Это уже исправленные свойства, которые указывают нам, как работать с эгоизмом. Мне трудно выразить отношения между ними....

Проблема не в двух детях – в двух свойствах, а в том, как они смогут реализовать себя в фараоне – в общем эгоизме, который должен раскрыться. И какую роль они будут играть в его общем исправлении, в так называемом выходе из Египта, когда ты берешь эгоизм и с помощью всех 12-ти колен (12-ти свойств Яакова) начинаешь исправлять его.

Написано в «Большом комментарии»:

Почему он поменял руки? Что это значит?

ГЛАВА «И БУДЕТ»

Яаков пророчески увидел, что от Эфраима в будущем произойдет Йеошуа – будущий вождь еврейского народа, ученик пророка Моше.

От Эфраима происходит Йеошуа. Это известная личность или свойство внутри человека, которое продолжает Моше?

Да. Именно он, второй, который находится ниже по иерархии. Не перворожденный Менаше, а Эфраим будет контактировать с более низкой ступенью.

Он ниже, он следующий. Поэтому от него и произойдет дальнейшее исправление эгоизма через Моше и Йеошуа.

ЧЕЛОВЕК СОСТОИТ ИЗ ДВУХ ЧАСТЕЙ

/1/ И ПРИЗВАЛ ЯАКОВ СЫНОВЕЙ СВОИХ, И СКАЗАЛ: СОБЕРИТЕСЬ, И Я СООБЩУ ВАМ, ЧТО СЛУЧИТСЯ С ВАМИ В ГРЯДУЩИЕ ВРЕМЕНА. /2/ СОЙДИТЕСЬ И ПОСЛУШАЙТЕ, СЫНЫ ЯАКОВА, И ПОСЛУШАЙТЕ ИСРАЭЛЯ, ОТЦА ВАШЕГО.

И он перечисляет 12 сыновей (12 ветвей-колен) и каждому дает характеристику.
Это должны быть положительные характеристики? Ведь это свойства души – построение двенадцати колен?

Почему? Относительно чего они будут положительными? Ты должен указывать их природные свойства, над этими природными свойствами существуют характерные свойства отдачи. Человек состоит из двух частей: эгоистической части и альтруистической надстройки над ней.

В свойствах даются эти две части?

Одно без другого невозможно!

Поэтому говорится:

/3/ РЕУВЕН, ПЕРВЕНЕЦ ТЫ МОЙ, КРЕПОСТЬ МОЯ И НАЧАТОК СИЛЫ МОЕЙ, ИЗБЫТОК ВЕЛИЧИЯ И ИЗБЫТОК МОГУЩЕСТВА. /4/ СТРЕМИТЕЛЬНЫЙ ЖЕ КАК ВОДА, НЕ БУДЕШЬ ИМЕТЬ ПРЕИМУЩЕСТВА, ИБО ТЫ ВЗОШЕЛ НА ЛОЖЕ ОТЦА ТВОЕГО, ОСКВЕРНИЛ ТОГДА ВОСХОДИВШЕГО НА ПОСТЕЛЬ МОЮ.

Тут есть что-то отрицательное.
Дальше:

/5/ ШИМОН И ЛЕВИ – БРАТЬЯ, ОРУДИЯ ГРАБЕЖА СВОЙСТВЕННЫ ИМ. /6/ НЕ ВСТУПИ В СГОВОР С НИМИ, ДУША МОЯ, И К ОБЩЕСТВУ ИХ НЕ ПРИСОЕДИНЯЙСЯ, ЧЕСТЬ МОЯ! ИБО В ГНЕВЕ СВОЕМ УБИЛИ ЛЮДЕЙ И ПО ПРИХОТИ СВОЕЙ ИСТРЕБИЛИ ВОЛОВ.

Исключительно отрицательная характеристика! Такого человека нигде не примут. Ни в каком обществе, ни на каком предприятии.

Так написать! Такие точные свойства.

Они уже работают над этими свойствами. Самое главное – показать их эгоистический кусок от общей души, который они берут и исправляют. Всё, что делается потом, это исправление исконного эгоизма. И если его показать, то становится ясно, какими будут эти люди, эти свойства, части в душе, проявляющиеся таким образом.

В нашем мире мы рассердились бы на это, а там, наоборот, это помощь – ты будешь работать с таким свойством.

Глава «И будет»

Когда человек раскрывает свои исконные свойства, то, конечно, они эгоистические! Но если он знает и раскрывает их, то ему становится понятно, кто же он на самом деле. Это наша самая главная проблема! Если б мы знали, что во мне говорит – какие свойства, какие проблемы!

Ему есть над чем работать. Он счастлив?! Как всё обратно в том мире!
Скажите человеку на улице, что он эгоист, – он возмутится и оттолкнет вас. Он скажет: «Что ты мне такое говоришь?!». А они рады, что Яаков говорит: «Вот это твое свойство. И с него ты должен подниматься».

Высший свет «Яакова» (средней линии) светит на 12 колен.

12 колен – это шесть особых свойств, попарно связанных друг с другом. Сейчас мы не будем входить в эту систему. Это система управления общей души, которая выстраивается таким образом.

Он рассказывает об исправлении общей души двенадцатью свойствами: каким образом каждое из этих свойств берет всю душу и исправляет в ней свою часть.

Не подумайте, что каждое колено, каждое свойство берет какой-то кусок эгоизма и исправляет его, словно весь эгоизм разделен на 12 районов, на 12 частей, регионов. И что в каждом из них властвует какое-нибудь свойство, какая-то своя сила (даже если она исправленная, альтруистическая).

Нет. Все двенадцать исправляют каждую часть, каждое зернышко в этом огромном эгоизме общей души – души Адама. Рассказывается здесь, каким образом каждый из них это делает.

В итоге, все 12 частей являются средней линией Яакова. Поэтому получается общее исправление. Они, 12 сыновей, соединяются вместе в одном едином исправлении – каждый со своей методикой, каждый выражает свою часть исправления в общем материале. И когда все эти части складываются между собой, они получают совершенство.

Вы хотите сказать, что на каждое эгоистическое свойство наваливаются все 12 колен?

Последовательно. Так, как мы сейчас говорили, что сначала Эфраим, потом Менаше. И так далее наверх...

Так же и здесь, сначала Реувен, потом Шимон и Леви. Именно в такой последовательности и происходит?

Да. Ты не можешь исправить одно прежде другого! Они и определяют последовательность исправления.

12 БРАТЬЕВ. 12 КОЛЕН

/8/ ТЕБЯ ЙЕУДА, ВОСХВАЛЯТ БРАТЬЯ ТВОИ; РУКА ТВОЯ НА ХРЕБТЕ ВРАГОВ ТВОИХ; ПОКЛОНЯТСЯ ТЕБЕ СЫНЫ ОТЦА ТВОЕГО.

И написано дальше:

/11/ К ВИНОГРАДНОЙ ЛОЗЕ ПРИВЯЗЫВАЕТ ОН ОСЛЕНКА СВОЕГО И К ЛОЗЕ НЕЖНОЙ – СЫНА ОСЛИЦЫ СВОЕЙ; МОЕТ В ВИНЕ ОДЕЖДУ СВОЮ И В КРОВИ ГРОЗДЬЕВ – ОДЕЯНИЕ СВОЕ. /12/ КРАСНЕЕ ВИНА ГЛАЗА ЕГО, И БЕЛЕЕ МОЛОКА ЕГО ЗУБЫ.

ГЛАВА «И БУДЕТ»

Какой язык – сплошной код, а красиво!

Да, это очень непонятные определения. Здесь в Йеуде, в нем первом, правая и левая линии складываются вместе в среднюю.

Он как бы предназначается стать царем братьев.

Да. Поэтому он самый сильный из них, сочетающий в себе все свойства остальных.

Недаром, может быть, он стоит здесь третьим?

Так он третий! Правая, левая и средняя линия.

Дальше пишется:

/13/ ЗВУЛУН У БЕРЕГА МОРЕЙ ВОДВОРИТСЯ, ОН И У КОРАБЕЛЬНОЙ ПРИСТАНИ, ПРЕДЕЛ ЕГО – ДО ЦИДОНА.

Немного о нем написано.

Потому что он – правая линия. Ничего особенного нельзя сказать о ней, так как она проявляется, только тогда, когда соединяется с эгоизмом. Без эгоизма правая линия – просто чистая отдача.

Вот Исахар.

/15/ ОН ПРЕКЛОНИЛ СПИНУ СВОЮ ДЛЯ НОШИ И СТАЛ ПРЕДАННЕЙШИМ ТРУЖЕНИКОМ.

Да. Он работает с эгоизмом в левой линии – тяжело.

Вы всё рассматриваете в очередности, как идет?

Конечно! Имеется в виду система! Это же не люди!

Тогда в системе следующий по порядку «Дан» – это средняя линия.

/16/ ДАН БУДЕТ СУДИТЬ НАРОД СВОЙ, ПОДОБНО КАЖДОМУ КОЛЕНУ...

Как же он может судить, не обладая этими двумя свойствами? Здесь всё раскладывается, всё очень просто! Это совершенно точная система!

/17/ БУДЕТ ДАН ЗМЕЕМ НА ДОРОГЕ, АСПИДОМ НА ПУТИ, КОТОРЫЙ ЯЗВИТ НОГУ КОНЯ, И ПАДАЕТ ВСАДНИК ЕГО НАВЗНИЧЬ. /18/ НА ТВОЮ ПОМОЩЬ НАДЕЮСЬ, БОГ!

Предыдущие три брата – ХАБАД. Следующие – ХАГАТ. Это уже в действии.

Дальше написано тоже коротко, поскольку это, наверное, правая линия.

/19/ ГАД – РАТЬ БУДЕТ РАТОВАТЬ НА НЕГО, НО ОН ВОЗВРАТИТСЯ ПО ПЯТАМ.

/20/ ОТ АШЕРА – ТУЧЕН ХЛЕБ ЕГО; И ОН ДОСТАВЛЯТЬ БУДЕТ ЯСТВА ЦАРСКИЕ.

Да. Следующие – уже серьезные исправления.

/21/ НАФТАЛИ – ПРЫТКАЯ ЛАНЬ, ПРОИЗНОСИТ ОН РЕЧИ ИЗЯЩНЫЕ.

Тоже очень простенько.

Девятый. Трое осталось.

/22/ РОСТОК ПЛОДОНОСНЫЙ ЙОСЕФ, РОСТОК ПЛОДОНОСНЫЙ ПРИ ИСТОЧНИКЕ, ПОБЕГИ – КАЖДЫЙ ЧЕРЕЗ ОГРАДУ ПЕРЕСТУПАЕТ.

/24/ НО ТВЕРД ОСТАЛСЯ ЛУК ЕГО, И СИЛЬНЫ БЫЛИ МЫШЦЫ РУК ЕГО, ПОДДЕРЖАННЫЕ ВЛАДЫКОЮ

ГЛАВА «И БУДЕТ»

ЯАКОВА, – ОТТОГО ПАСТЫРЕМ СТАЛ, ТВЕРДЫНЕЙ ИЗРАИЛЯ.

/26/ БЛАГОСЛОВЕНИЯ ОТЦА ТВОЕГО ПРЕВЫШАЮТ БЛАГОСЛОВЕНИЯ МОИХ РОДИТЕЛЕЙ ДО ВЕРШИНЫ ХОЛМОВ ВЕКОВЫХ. ДА БУДУТ ОНИ НА ГЛАВЕ ЙОСЕФА, НА ТЕМЕНИ ОТЛИЧИВШЕГОСЯ ОТ БРАТЬЕВ СВОИХ.

Йосеф собирает в себе все свойства. Человек, душа, тот, кто работает над собой, над своим исправлением, проводит это в малхут, в сам эгоистический материал.

/27/ БИНЬЯМИН ВОЛК ХИЩНЫЙ: УТРОМ БУДЕТ ЕСТЬ ДОБЫЧУ, А ВЕЧЕРОМ ДЕЛИТЬ ДОБЫЧУ.

Бен ямин – сын правой (части).

Биньямин – это то, что требовал Йосеф к себе? Он не может без него существовать. Требует и получает. Разделение добычи идет уже потом!

Да. Через него пришли все братья, все 12 колен.

12 колен – мы постепенно будем вспоминать о них и постепенно увидим, как происходит разделение души на части, комбинаторику их между собой и затем соединение – анализ и синтез в последовательном исправлении.

Эти 12 колен будут двигаться к Эрец Исраэль. Моше умрет, останется, он не войдет в Эрец Исраэль. А они войдут и распределятся по земле этой, Эрец Исраэль, начнут ее исправления?

Да.

ОГРОМНОЕ ПРЕДПРИЯТИЕ ИОСИФА ФЛАВИЯ

**Дальше произойдет разбиение: останутся два колена, 10 колен исчезнут, растворятся в мире.
Есть потрясающая версия, что практически все народы мира – это те 10 колен, частички которых растворились в них…**

Нет. Это не все народы мира. А куда же делся наш Вавилон? Весь Вавилон уже расселился по всей земле. У Иосифа Флавия написано с великой точностью, какие семьи куда ушли.

Можно ли верить данным Иосифа Флавия?

Да. Сейчас раскрылось, что Ирод не строил стену в Иерусалиме. Из всех источников это написано только у Иосифа Флавия. Но ему не верили. Сейчас эти сведения подтвердились. Он всё-таки очень серьезный источник.

Иосиф Флавий понимал, что находится на серьезном переходе из духовного мира, бывшего духовным наполнением этого маленького народа, в окончательное падение. И поэтому он посвятил себя историческому описанию. Но это не просто историческое описание.

Детали, которые указаны в его «Иудейской истории», в его труде «Иудейские древности» – это не книга, это тома! По тем временам огромная работа!

Для него в Риме создали целый институт. Он работал с огромным количеством людей, которые везде разыскивали источники. Он проверял их, сопоставлял. У Иосифа Флавия была целая армия писцов, исследователей, обработчиков. Эта книга является результатом труда огромного предприятия!

Почему ему дали работать? Я понимаю, если бы он восхвалял Рим…

Это и есть восхваление Рима, потому что была победа Рима над идеологической мощью, которую тогда представляла собой Иудея. Чем велик завоеватель? Тем, что он побеждает великих.

Чем более великих он побеждает, тем более он велик?

Да. Так можно объяснить их земное решение. На самом деле такое отношение к Иосифу Флавию, конечно, с небес.

Мы обязаны знать о том, что произошло, чтобы у тех, кому это интересно и нужно для духовных исследований, была возможность получить эти данные. И проанализировать их внутри, уже на духовных уровнях.

Иосиф Флавий – не простой человек. Он не просто историк, как его изображают. У него под Римом был институт. Римляне дали ему деньги и возможность руководить людьми! Управлять целой армией ученых, писателей, исследователей!

Исходя из того, что написано им и количества данных на каждой странице его огромных произведений, – это просто огромный труд!

Иосиф Флавий начинает с Адама! И описывает всё, что написано в Танахе: кто, с кем, как и сколько лет прожил. Как были связаны люди, как и куда распространились. Он буквально разворачивает перед тобой каждое поколение, одно за другим, вширь! Для чего нам это надо знать?!

Всё это он описывает в таком виде, что, действительно, непонятно, откуда у человека могут быть такие энциклопедические данные!

Вы считаете, что он был не только историком?

Да, не только историк. Во-первых, он понимал свою миссию – и духовную, и земную.

И он был мостом, переходом между великим духовным путем и полным материальным разбиением?

Да. И не просто так римляне дали ему такую возможность. Здесь выступают вперед духовные силы. Сказано, что сердца правителей мира находятся в высшем управлении. И через них проходит это управление.

Поэтому, если говорить об Иосифе Флавии, это не личность – это особое раскрытие методики управления и всей системы. Я восхищаюсь его произведениями.

ДУХОВНАЯ АССИМИЛЯЦИЯ

Еще раз я хочу перескочить.

12 колен расселились по Эрец Исраэль. Расселились и начали свой путь исправления земли, иначе говоря, – исправления эгоизма. Через некоторое время осталось два колена. Был Первый храм, Второй храм. Был царь Шломо, царь Давид. Десять колен исчезли, ушли.

Для чего это произошло?

Для того, чтобы духовные свойства, которые были в 10 коленах, постепенно смешивались с различными огромными массами человечества – выходцами из Вавилона. Надо было пробивать, продавливать в них эти свойства.

Без этих свойств человечество не развивалось бы. Оно оставалось бы на уровне варваров!

Ты видишь, как происходило в Европе: там, где проходили иудейские беженцы, развивалось государство. Евреев изгоняли – государство падало.

ГЛАВА «И БУДЕТ»

В соответствии с этим и происходило постепенное перемешивание. Перемешивание на уровне духовном, на внутреннем, а не на внешнем.

Искры духовных свойств должны были упасть в эту темноту?

Свойства Яакова, средней линии, должны были не просто упасть – они должны были, как вода, заходить в каждую трещинку, в каждое углубление и наполнять его. Это то, что было сделано с помощью этого расселения, изгнания. И поэтому оно такое длительное – две тысячи лет.

Вы считаете, что случилось полное растворение этих колен? Или еврейский народ прошел и где-то сохранился?

Произошла духовная ассимиляция, духовное смешение. Физическая ассимиляция – это не так важно.

Духовная ассимиляция. И вы считаете это положительным явлением?

Без этого человечество не развивалось бы, потому что развитие происходит только посредством света.

Этот свет, эти искорки были в носителях десяти колен. Их распространение в мире обязательно, без них простой материал так бы и существовал на минимальном уровне. Благодаря соединению этих искорок развивались науки, искусство, литература, печатание.

Сегодня, если ты возьмешь подход к миру с точки зрения современных философов, то увидишь, что они делят всю культуру на американскую, европейскую, азиатскую и иудейскую – 4 части. Это не мои измышления. Это взгляд на мир.

Есть иудейская часть, – и никуда от этого не денешься, – которая постоянно присутствует в людях, заявляет о себе и везде проявляет себя. Неважно, что это проявляется сегодня не в религиозном и не в духовном виде, а через эгоизм, то есть через науки, искусства и так далее.

Вы говорите, что евреями создано кино. Это воздействие на миллионы-миллионы людей.

Да, любые новшества начинаются с евреев. Если ты копнешь проявление чего-то нового, где-то в начале должен быть источник из этих десяти колен.

Обязательно?

Обязательно! Иначе, без этого зажигания, без этой искры, сам материал не начинает работать. Все работает на построении, на совместном создании симбиоза самого материала и этой искры. Это мы и видим. Поэтому в Израиле всё не так уж хорошо идет, потому что здесь не хватает материала.

Сейчас как в нашем повествовании, так и в нашей земной жизни мы существуем на переходе, на следующем этапе, на осознании того, что находимся в Египте. Мы осознаем, что это зло, и мы должны из него подняться, выйти.

Как только мы определим, что это зло, начнется, как вы говорите, движение совершенно новой линии, которая называется Моше, которая вдруг появляется ниоткуда, из ничего.

Так мы и обнаружим в наши дни новый выход.

ГЛАВА «И БУДЕТ»

ПРАЗДНУЕМ ДЕНЬ СМЕРТИ

Мы заканчиваем главу «Ваехи», что в переводе означает «И было». Заканчивается период отцов: Авраама, Ицхака, Яакова, который был знаменательным событием. Праотцы завершают действие. И выходит странный человек – скажем иначе: человек – новое странное желание, пришедшее не из их семьи.
Долго, одиннадцать глав, мы двигались вместе с праотцами – этот период заканчивается в Египте. Написано, что 12 колен поселились и умножились в Египте. Пришло время смерти Яакова.
В Торе дню смерти придается большее значение, чем дню рождению. Мало кто празднует день рождения.

Фараон празднует.

Фараон празднует день рождения. А мы отмечаем день ухода праведников. Почему?

«День смерти» в духовном плане – человек оставляет предыдущую ступень и готов к следующей. Это великий день. День смерти означает – закончил свое предыдущее развитие.

Это радостный день?

Радостный день, конечно. Поскольку ничего не исчезает, а всё преобразуется и идет поступательно вперед. Это причинно-следственное развитие, и его надо праздновать.

По закону на погребение отведено очень ограниченное время. Надо немедленно похоронить – в тот же день. И соблюдать траур не более семи дней. Это период, когда ты отходишь от предыдущей ступени и приходишь к следующей. Затем отмечаются 30 дней и годовщина для того, чтобы выяснить, что нам взять с предыдущей ступени, чтобы перейти к следующей.

Сейчас вы совершаете переворот в сознании людей. Большинство, я полагаю, 95 процентов так не думают.

Тот, кто держится только за эту жизнь, естественно, воспринимает физическую смерть по-другому. Тот, кто понимает под смертью переход на следующую ступень, держится за следующую жизнь, – воспринимает иначе. Это различие в человеке зависит от того, куда направлено его движение.

Поэтому читается «Кадиш» – восхваление Творцу?

Да, конечно. Какую молитву мы читаем по умершему? «Да здравствует Твое Великое Имя». За что? За то, что Ты его умертвил? Конечно. Потому что огромная сила действует на душу, которая закончила свою предыдущую степень и начинает следующую.

Только благодаря свету, нисходящему сверху, возможен переход со ступени на ступень.

Именно так надо относиться к телу?

Конечно. В нашем мире мы находимся в этой плоскости, в этой толще, и для нас очень важно, находится с нами человек или нет. Ведь только таким образом мы контактируем с ним. Но если мы входим в духовный контакт с человеком, не с его животным телом, а с его душой – с человеком, который в нем, то это не обрывается. И мы продолжаем быть в постоянной связи с той же сутью.

Мы видим, как каббалисты относятся к смерти, как они воспринимают уход учителя. Главное – взять всё, что можно получить от него в этой жизни. И самое главное – не

ГЛАВА «И БУДЕТ»

терять связи с его направлением, с его целью, продолжать дальше претворять ее. В этом быть связанным с ним еще больше.

ПОГРЕБЕНИЕ ЯАКОВА

У вас продолжился контакт с Учителем после его ухода?

Конечно. Я был совершенно готов к этому.

Вы можете услышать вашего Учителя?

Нет. Не то, что услышать. Во всех делах, которые ты делаешь, ты должен постоянно советоваться, постоянно чувствовать, что это – его идея, что это – его сила, что он в этом живет.

Не просто живет, как «Ленин и теперь живее всех живых», а потому, как ты чувствуешь этот контакт. Он с тобой действительно «живее всех живых», потому что возникает только эта потребность – быть связанным с ним.

Ничто не мешает уже – нет внешнего?

Да и раньше внешнее не должно было мешать. Внешнее необходимо для того, чтобы вместе работать в этой плоскости. Сейчас ты материально работаешь в этой плоскости один, но духовно вместе с ним.

Начнем двигаться к этому счастливому дню Яакова – ко дню его смерти.

/29/ И ПОВЕЛЕЛ ОН ИМ, И СКАЗАЛ ИМ: «Я СОБИРАЮСЬ К НАРОДУ МОЕМУ; ПОХОРОНИТЕ МЕНЯ ПРИ ОТЦАХ МОИХ, В ПЕЩЕРЕ, ЧТО НА ПОЛЕ ЭФРОНА-ХЕТТА, /30/ В ПЕЩЕРЕ, ЧТО В ПОЛЕ МАХПЕЛА ПРЕД

МАМРЭ, В СТРАНЕ КНААН, ИБО КУПИЛ АВРААМ ЭТО ПОЛЕ ОТ ЭФРОНА-ХЕТТА В СОБСТВЕННОСТЬ ДЛЯ ПОГРЕБЕНИЯ.

Яаков хочет быть погребен там же, где все праотцы. Что означает «погребенным быть в том же месте, вот в этой пещере, в том же месте быть погребенным»?

Дело в том, что пещера Махпела (Махпела – двойная, *ивр.*) – это пещера в пещере.

В чем заключается смысл этой пещеры? Это малхут, которая поднимается в бину, – малхут и бина соединяются вместе. Это значит, что законы милосердия, законы отдачи находятся теперь и в малхут – внутри свойства получения.

Пещера – выемка в земле, то есть в желании получать, в ней находится воздух – свойство бины, внутри которой человек может существовать. Хотя он и находится в толще своего эгоизма, но в этом эгоизме есть место, в котором царствует свойство отдачи и любви.

Это место, с одной стороны, – место погребения, а с другой – место будущей жизни, свойство отдачи, то есть свойство бессмертия. Потому что смерть приходит только на тот эгоизм, который находился под влиянием эгоистического намерения. В пещере существует эгоизм с альтруистическим намерением, то есть уже не эгоизм, а одно желание с альтруистическим намерением. И потому это – место вечности.

Тот, кто погребен в пещере Махпела, оставляет все свои прошлые эгоистические желания, которые таким образом уже абсолютно исправились в нем и переходят в следующее состояние, в свойство чистой бины. Это праотцы. Только праотцы там похоронены.

Глава «И будет»

Там похоронены Адам Ришон и Хава (Ева).

Первый человек?

Да, первый человек и его жена – Адам и Ева. Там похоронены Авраам и Сара, Ицхак, Яаков и их жены, кроме Рахели, которая похоронена по дороге между Иерусалимом и пещерой Махпела.

На этом заканчивается ступень праотцев. Праотцы – это та система сил, через которую Творец влияет на все остальные души. Авраам, Ицхак – правая, левая линия, Яаков – средняя линия. Именно через Яакова происходит управление всеми.

Мы говорим об исправлении человека. Путь исправления: исправление самых легких эгоистических желаний – это отцы?

Да, они легкие, потому что они – самые близкие к Творцу, самые исправленные.

Время от времени я заглядываю в «Большой комментарий», чтобы выбрать для нас интересные истории. «Большой комментарий» – это как устная Тора? Мы к нему относимся так же, как письменному источнику?

Да. Абсолютно.

В Мидраш Раба – «Большом комментарии», написано, что Яаков дал наставление сыновьям, как перенести его останки:

Три колена должны идти с северной стороны, три – с южной, три – с восточной, три – с западной. В таком же порядке вы будете впоследствии проходить по пустыне, под четырьмя флагами, а Шхина будет пребывать среди вас.

Шхина – это что?

Явление Творца. А наставления даны нашему желанию для того, чтобы выстроить правильную систему, в которой раскрывается Творец.

Ведь мы все представляем собой всего лишь желание. Мы все – одно желание, в котором все его части должны быть правильно соединены между собой. Когда система правильно соединена между собой в свойстве взаимного поручительства, взаимной связи, соединена вопреки своему эгоизму, то по своей структуре она становится подобной Творцу. И тогда свет, Творец, высшая сила проявляется в этой системе.

Любая система, допустим, механическая, электрическая или электронная, если она полностью находится в состоянии правильного взаимодействия всех ее частей, то начинает работать и проявлять через себя замысел создавшего ее.

Значит, существуют совершенно жесткие указания?

Иначе система не работает. Движение может осуществиться только тогда, когда она создана определенным образом. Все ее свойства между собой завязаны.

ПОДОБРАЛ НОГИ СВОИ...

На нас возложено услышать это и сделать все именно так, как указано?

Система, которая установлена праотцами, поскольку они самые близкие к абсолютному свету, всё время должна подкрепляться нами. Мы должны постоянно вписываться и включаться в нее, как действующие дополнительные силы, снизу вверх. И, таким образом, высшая сила проявляется в ней всё больше и больше.

Эта система и есть предмет изучения в каббале. Когда мы изучаем ее и своими исправленными желаниями участвуем в ней, то Творец, высшая сила обнаруживается в ней всё больше и больше, пока полностью не проявится. Это и есть окончательное исправление системы.

При этом не включается голова нижнего – голова детей? Я просто иду за высшим? Существует ли на этот счет жесткое указание?

Нет. Мы включаем свою голову, включаем все свои силы для того, чтобы уподобиться этой системе.

Движение снизу вверх предполагает, что ты изучаешь высшую систему, ты находишься в ней. И твоя постоянная адаптация всё время к более высокому уровню делает из тебя правильного участника этой системы.

Человек ничего не может изобрести, всё заключено в природе – в этом огромном постоянном материале, правильно созданном, правильно собранном. А человек только раскрывает его для себя в разных проявлениях этой системы и пытается адаптироваться так, чтобы интегрально включиться в нее.

/33/ И КОГДА ОКОНЧИЛ ЯАКОВ ЗАВЕЩАТЬ СЫНОВЬЯМ СВОИМ, ПОДОБРАЛ ОН НОГИ СВОИ В ПОСТЕЛЬ И СКОНЧАЛСЯ, И БЫЛ ПРИОБЩЕН К НАРОДУ СВОЕМУ.

Он точно знает день, час, мгновение своей смерти?

Когда я заканчиваю эту ступень, я знаю точно, сколько и каких желаний мне осталось исправить. Поэтому даже ноги, то есть конец моей души – окончательные, последние желания, также примыкают к тому, что было исправлено ранее, к телу. На этом уже заканчивается полностью всё исправление.

И голова, и тело, и конечности – все находится на одном уровне, все работает в согласованном режиме. Таким образом, человек полностью входит в систему и адаптируется в ней, интегрально включается в нее, во все ее части, как бы расплывается по всей системе.

Говоря современным языком, он соединяется с матрицей?

Да. Это и называется: «И СКОНЧАЛСЯ, И БЫЛ ПРИОБЩЕН К НАРОДУ СВОЕМУ».

К «народу своему» – это к своим праотцам?

Да. Ко всей системе управления.

ПОДОБРАЛ НОГИ СВОИ... ПРИОБЩЕН К НАРОДУ СВОЕМУ.

Дальше написано:

/1/ И ПАЛ ЙОСЕФ НА ЛИЦО ОТЦА СВОЕГО, И ПЛАКАЛ НАД НИМ, И ЦЕЛОВАЛ ЕГО.

Это выражение его маленького состояния – катнут. Йосеф, хотя находится в малом состоянии, желает приобщиться к Яакову и, исходя из своего контакта с высшей ступенью, продолжить его движение.

ГЛАВА «И БУДЕТ»

БАЛЬЗАМИРОВАНИЕ ДУШИ ИЛИ ТЕЛА?

/2/ И ПРИКАЗАЛ ЙОСЕФ РАБАМ СВОИМ, ВРАЧАМ, БАЛЬЗАМИРОВАТЬ ОТЦА ЕГО; И ВРАЧИ НАБАЛЬЗАМИРОВАЛИ ИСРАЭЛЯ. /3/ И КОГДА ИСПОЛНИЛОСЬ ЕМУ СОРОК ДНЕЙ, ИБО ТОГДА ИСПОЛНЯЕТСЯ СРОК БАЛЬЗАМИРОВАНИЯ, ТО ОПЛАКИВАЛИ ЕГО ЕГИПТЯНЕ СЕМЬДЕСЯТ ДНЕЙ.

О бальзамировании есть много вопросов. По закону Египта сделал он это.

Нет тут особых вопросов, потому что бальзамирование означает, что свойства бины, свойства отдачи, поскольку они связаны с вечностью, связываются со свойствами получения, со свойствами тела. Тело – это желания, это не мясо. Это не то, что делали египтяне.

Это свойство отдачи соединяется со свойством получения?

Да. И продолжает существовать. Таким образом, высшая ступень становится связанной с низшими.

Это называется бальзамированием. И делается для тех, кто остался на низшей ступени.

А что по поводу египетского бальзамирования? Фараонов всех бальзамировали?

Человек, таким образом, желает оставаться вечным в нашем мире, это как отблеск того, что происходит в Высшем мире.

«Бальзамирование» в наших душах – имеется в виду свойство бины, которое навечно остается в свойстве получения.

Мы говорили о душе. А египтяне говорили о теле?

В нашем мире мы всегда делаем все, копируя Высший мир. Но переворачивая его.

У египтян есть ощущение, что бальзамирование – это хорошо. Но оно для тела?

Для того, чтобы сохранилось тело, а не душа.

Вы были внизу в Эрмитаже, где лежали мумии? Какое было ощущение?

И не только там. Особенно меня пробрало в Нью-Йорке, в Метрополитен музее. Там страшная коллекция египетских мумий. И меня пробрало настолько... Страшное ощущение тьмы, ужасной темноты, как Данте описывает. Ад и чистилище – вот это страшное состояние.

Но вы же человек науки...

Неважно. Это ощущение – это то, что египтяне хотели вложить в тело – оно духовно темное, такая пустота...

Они вложили это? Ощущение через века проходит?

Времени нет. Все остается. Я просто выскочил оттуда. Не мог там находиться. Как заходишь в Метрополитен, сразу же направо расположены залы древнего Египта. Очень неприятное ощущение! Я все-таки человек, не воспринимающий мир так, как он есть. Ощущение нехорошее.

Меня в Эрмитаже иногда ломало, когда я спускался вниз. Я очень любил импрессионистов – шел наверх, все хорошо. Но когда спускался вниз, возникало это состояние. Я думал – из-за того, что в Эрмитаже египетские залы были на нижних этажах, в подвальном помещении.

ГЛАВА «И БУДЕТ»

Значит, мы говорим, что это ощущение – не мистика?

Египтяне пытались в материальном сделать то, что евреи делали в духовном. И в какой-то степени им это удавалось. Ведь желания человека определяют все, поэтому они достигли успехов в мумифицировании.

Что такое сорок дней?

Сорок дней – это свойство малхут и бины, разница между этими свойствами. После сорока дней считается, что бина точно соединилась с малхут, и тогда заканчивается срок.

Свойство отдачи соединилось со свойством получения?

Да, свойство отдачи впитывается в свойство получения и человек остается вечным.

Израиль и Египет – обрыв связи. Благословение ямы

Дальше так:

/4/ А КОГДА ПРИШЛИ ДНИ ОПЛАКИВАНИЯ…

Тогда попросил Йосеф у фараона разрешения для всей семьи двинуться на погребение. И получил его.

/7/ И ВЗОШЕЛ ЙОСЕФ ХОРОНИТЬ ОТЦА СВОЕГО, И ВЗОШЛИ С НИМ ВСЕ РАБЫ ФАРАОНА, СТАРЕЙШИНЫ ДОМА ЕГО И ВСЕ СТАРЕЙШИНЫ СТРАНЫ ЕГИПЕТСКОЙ, /8/ И ВЕСЬ ДОМ ЙОСЕФА, И БРАТЬЯ ЕГО С ДОМОМ ОТЦА ЕГО; ТОЛЬКО ДЕТЕЙ СВОИХ И МЕЛКИЙ И КРУПНЫЙ СКОТ ОСТАВИЛИ В СТРАНЕ ГОШЕН.

Здесь говорится о том, как свойства отдачи входят в свойство получения, полностью проникают в него, в весь эгоизм, пытаются склеиться с ним, связаться с фараоном, со всем его домом, то есть со всем нашим огромным эгоизмом. Это необходимо для того, чтобы впоследствии все исправить, чтобы постепенно вытащить из эгоизма максимум всего, что возможно. И поэтому весь Египет участвует в погребении и оплакивает Яакова.

На этом, я бы сказал, начинает заканчиваться связь народа Израиля с Египтом.

Период пребывания его в Египте?

Да. Затем еще следует рабство.

/9/ И ВЗОШЛИ С НИМ ТАКЖЕ КОЛЕСНИЦЫ И ВСАДНИКИ, И БЫЛ СТАН ВЕСЬМА МНОГОЧИСЛЕННЫЙ. /10/ И ДОЙДЯ ДО ГОРЕН-ҺААТАДА, ЧТО ПО ТУ СТОРОНУ ИОРДАНА, СОВЕРШИЛИ ОНИ ТАМ ВЕЛИКОЕ И ВЕСЬМА СИЛЬНОЕ ОПЛАКИВАНИЕ; А ОН СОВЕРШИЛ ПО ОТЦУ СВОЕМУ ТРАУР СЕМИДНЕВНЫЙ.

Оплакивание – это, как вы говорите, малое состояние. Произошло соединение с их состоянием?

Да. Египет поднимается к этой пещере, к этому состоянию. Но поднимается, благодаря Яакову, благодаря его силе, а затем снова опускается вниз.

Поднимается на эти семь дней?

Да. Это взаимное проникновение бины и малхут, притяжение к средней линии, которое необходимо для исправления всего нашего эгоизма. Здесь происходит перемешивание двух свойств, которые заложили праотцы во весь человеческий эгоизм. И поэтому эгоизму никуда не деться – он обязан исправиться.

ГЛАВА «И БУДЕТ»

Семидневный траур – это расстояние между малхут и биной?
Семь состояний, а затем все снова возвращается: египтяне – в Египет, а евреи – к евреям?
Да.

В «Большом комментарии» пишется об обратном пути Йосефа:
На обратном пути из Эрец Хнаан братья заметили, что Йосеф выбрал необычную дорогу. Он собрался посетить то место, где находилась злополучная яма, в которую братья бросили его перед продажей в Египет. Когда они подошли к яме, Йосеф остановился и некоторое время молча стоял рядом с ней. Братья поняли, что он до сих пор не забыл страданий, которые ему однажды причинили.
– Должно быть, он до сих пор ненавидит нас в глубине своего сердца, – решили они.
На самом деле Йосеф остановился не для мрачных размышлений на тему предательства, а чтобы прочитать благословение: «Да будет благословен Тот, Который на этом месте сотворил для меня чудо!».
То есть все плохое – не плохое?
Чудо в том, что Йосеф смог связать все свои предыдущие состояния и ненависть братьев (то есть непонимание всех высших свойств), смог собрать их вместе для того, чтобы сойти в Египет.

Это происходит, кстати говоря, и сегодня. Нам очень трудно начать проникновение в народ, в человечество. Когда мы занимаемся каббалой и проникаемся высшими идеями, идеей творения – нам хорошо, мы в этом находимся, мы разрабатываем. Но это теория.

А когда надо идти вниз, на улицы, начинать рассказывать, объяснять, быть вместе с людьми и понимать, что именно это – каббала в действии, что ее применение во взаимном поручительстве, дополнении, – это нам тяжело. Я это вижу во всех учениках.

Переход – это и есть точка Йосефа. Ты из теоретической части переходишь в практическую. Она очень неприятная. Она очень революционная внутри человека, когда он начинает понимать, что Высший мир – это не где-то там высший, это именно здесь – внутри, в этой массе.

В этом мире, именно в нем, ты должен видеть Высший мир. Здесь ты ощутишь явление Творца: не где-то за туманностями, звездами, не в полетах фантазии своей души, а в связи между всеми людьми. Эта революция внутри человека происходит под воздействием очень сильного света.

Это то благословение, которое делал Йосеф над этой ямой. Из ямы, из непонятного состояния, в которое его бросили братья, насильно отторгнув от себя (ведь он не смог бы войти туда сам), он вошел в соприкосновение с настоящим эгоизмом, с настоящим желанием.

Но Йосефа насильно бросили в яму, он же сам не собирался туда идти. Нам говорят: «Идите в народ». Вы говорите: «Надо идти говорить с 99 процентами людей».

Это вход в яму – тоже самое. Нас вынуждают. Хотя мы и желаем быть, якобы, в духовном состоянии – матрица, какие-то полеты, намерения… Какое же мне дело до этого мира?! Нет, именно в нашем мире мы должны все это претворить.

Это и есть точка контакта, которую проходит Йосеф, точка переживания, перелома.

Как она произойдет?
Постепенно, под воздействием высшей силы и моего давления. Что сделаешь? Это не просто.

Я хочу еще раз сказать: посмотрите, как все трагично произошло. Взяли, оторвали, предали, бросили без хлеба, без пищи, без воды. Это был переход в Египет?
Да. Я надеюсь, что мы сможем его пройти, пока я еще могу влиять.

СМЕРТЬ НЕ РАЗЪЕДИНЯЕТ

Йосеф начал приспосабливаться в Египте – произошел перелом. Дальше после перелома наступил легкий период.
Йосеф уже перенес в Египет этот контакт.
Теперь братья должны убедиться в том, что там им жизни нет. Жизнь может быть только в массе, во входе в эгоизм, в Египет. Он ушел туда первым, а они придут потом.

Происходит толчок, чтобы они туда пришли? Голод привел их?
Да, мы увидим несколько толчков, но это самый главный – переход от праотцев к детям...

Далее написано в письменной Торе:
/15/ БРАТЬЯ ЖЕ ЙОСЕФА, УВИДЕВ, ЧТО УМЕР ОТЕЦ ИХ, СКАЗАЛИ: «ЕСЛИ ЙОСЕФ ВОЗНЕНАВИДИТ НАС,

ТО, НАВЕРНОЕ, ВОЗДАСТ НАМ ЗА ВСЕ ЗЛО, КОТОРОЕ МЫ ПРИЧИНИЛИ ЕМУ». /16/ И ВЕЛЕЛИ ОНИ СКАЗАТЬ ЙОСЕФУ: «ОТЕЦ ТВОЙ ЗАВЕЩАЛ ПЕРЕД СМЕРТЬЮ СВОЕЙ, ГОВОРЯ: /17/ ТАК СКАЖИТЕ ЙОСЕФУ: ПРОСТИ, МОЛЮ ТЕБЯ, ВИНУ БРАТЬЕВ ТВОИХ И ГРЕХ ИХ, ХОТЯ ОНИ СДЕЛАЛИ ТЕБЕ ЗЛО; ТЕПЕРЬ ПРОСТИ ЖЕ ВИНУ РАБОВ ВСЕСИЛЬНОГО БОГА ОТЦА ТВОЕГО!». И ПЛАКАЛ ЙОСЕФ, КОГДА ГОВОРИЛИ ОНИ ЭТО ЕМУ. /18/ И ПОШЛИ БРАТЬЯ ЕГО САМИ, И ПАЛИ ПЕРЕД НИМ, И СКАЗАЛИ ЕМУ: «ВОТ МЫ РАБЫ ТЕБЕ!». /19/ И СКАЗАЛ ИМ ЙОСЕФ: «НЕ БОЙТЕСЬ, ИБО РАЗВЕ НА МЕСТЕ ВСЕСИЛЬНОГО Я? /20/ А ЕСЛИ ВЫ ПОРЕШИЛИ ПРОТИВ МЕНЯ ЗЛО, ТО ВСЕСИЛЬНЫЙ ПОРЕШИЛ ЕГО К ДОБРУ, ЧТОБЫ ОСУЩЕСТВИТЬ ТО, ЧТО НЫНЕ, ЧТОБЫ СОХРАНИТЬ ЖИЗНЬ МНОГОЧИСЛЕННОМУ НАРОДУ. /21/ ИТАК, НЕ БОЙТЕСЬ, Я БУДУ КОРМИТЬ ВАС И ДЕТЕЙ ВАШИХ». И ОН УТЕШАЛ ИХ, И ГОВОРИЛ К ИХ СЕРДЦУ.

Происходит завершение ступени: всё завершается, всё соединяется, всё прощается. Всё прошлое соединяется в одно целое, и получается народ перед его выходом из Египта.

Да.

/22/ И ОСТАЛСЯ ЙОСЕФ В ЕГИПТЕ, ОН И ДОМ ОТЦА ЕГО. И ЖИЛ ЙОСЕФ СТО ДЕСЯТЬ ЛЕТ. /24/ И СКАЗАЛ ЙОСЕФ БРАТЬЯМ СВОИМ: «Я УМИРАЮ, А ВСЕСИЛЬНЫЙ НЕПРЕМЕННО ВСПОМНИТ О ВАС И ВЫВЕДЕТ ВАС ИЗ ЭТОЙ СТРАНЫ В СТРАНУ, О КОТОРОЙ ПОКЛЯЛСЯ ОН АВРАҺАМУ, ИЦХАКУ И ЯАКОВУ». /25/ И ВЗЯЛ ЙОСЕФ КЛЯТВУ С СЫНОВ ИЗРАИЛЯ, СКАЗАВ:

Глава «И БУДЕТ»

«КОГДА ВСПОМНИТ ВСЕСИЛЬНЫЙ О ВАС, ВЫНЕСИТЕ КОСТИ МОИ ОТСЮДА». /26/ И УМЕР ЙОСЕФ СТА ДЕСЯТИ ЛЕТ ОТ РОДУ. И НАБАЛЬЗАМИРОВАЛИ ЕГО, И ПОЛОЖИЛИ В САРКОФАГ В ЕГИПТЕ.

Закачивается период.
Да. Период нисхождения высшего управления сверху вниз. Йосеф заканчивает всю структуру высшего управления: Авраам, Ицхак, Яаков и все братья: 12 братьев – три умноженное на четыре.

Имя Творца, умноженное на 3 линии, получается 12.
Да. Йосеф заканчивает это строение в контакте с нашим эгоизмом.

Вы говорили, что Йосеф – в переводе «соединяющий» от слова «осеф» (*ивр.*)**. Он соединяет, вбирает и заканчивает. Он не просит, чтобы его похоронили в гробнице отцов…**
Нет, он относится к совершенно другим уровням, так же, как и его братья.

То, что они все время просят вынести их из страны египетской, унести тела – это тоже какой-то отсвет? Почему так хотят быть причастны хотя бы после смерти к Земле Израиля?
Это тот же отсвет, когда мы просим вернуть нам тела наших ребят, погибших в боях в Ливане или попавших в плен? Мы просим и отдаем тысячи пленных, например, для того, чтобы вернуть Гилада Шалита домой.
Можно это соединить?
Снова корень и его ветви…

Тело человека после того, как он умирает в духовном мире (то есть умирает его эгоизм, а сама суть остается), должно принадлежать той земле, которая связана с биной. Поэтому всегда считалось очень почетным быть похороненным в Земле Израиля. Это место, где бина и малхут соединяются вместе, на разных своих уровнях, на десяти сфирот.

Как отражение, как копия духовных, существуют земные законы, поэтому делается таким образом. Хотя, если говорить прямо, Бааль Сулам сказал: «Мне неважно, где закопают мешок с моими костями».

То есть какая разница, какое отношение имеет это «мясо» к чему-то духовному?

Я знаю, что и мой учитель – сын Бааль Сулама – не заботился о месте для захоронения, как и его отец.

РАБАШ не говорил: «Похороните меня с отцом моим»?

Нет. Он знал: найдется там место – найдется, нет – нет. Когда скончалась его супруга, с которой он прожил вместе 65 лет в любви и согласии, дети забеспокоились: «Где мы будем ее хоронить?». РАБАШ ответил: «А что? Здесь нет места, рядом с домом?». «Как, папа, не в Иерусалиме?». Он сказал: «Ну, делайте, как хотите…».

Я при этом присутствовал, был рядом с ним. И он так естественно говорит: «А зачем? Вот же рядом с домом есть полно места». РАБАШ после похорон спокойно сидел за столом, обедал, занимался, учил – всё как обычно, и внешне ничего с ним не происходило.

Человек, который не завязан на теле, и человек, который завязан на теле, – это небо и земля.

Для РАБАША это естественно, ведь он соединен другим.

Глава «И будет»

И вы говорили, что он они были действительно очень связаны, соединены, что они очень любили друг друга. Уход тела не разделяет?

Смерть не разъединяет, совершенно не разъединяет.

Глава «ИМЕНА»

ЖЕНСКАЯ И МУЖСКАЯ ЧАСТЬ ТВОРЕНИЯ

**Мы завершили первую книгу Пятикнижия «Берешит» – «Вначале» и начинаем вторую «Шмот» – «Имена».
Что значит – «закончить книгу» и «начать новую книгу»?**

Вся Тора поделена на пять частей в соответствии с пятью стадиями распространения света: кетэр, бина, хохма, зеир анпин, малхут – пять частей нашей души, в которой проявляется высший свет.

Высший свет, входя в душу, формирует ее до состояния, когда она становится полностью равной ему, как его вторая часть. Как обратный двойник.

Свет делает в душе такой оттиск, который полностью подходит ему. Поэтому свет называется мужской частью, а наше желание, созданное им, является женской частью, которая полностью надевается на него, как перчатка на руку, и полностью соответствует этой высшей силе.

Значит, не обижая настоящих мужчин, все мы – женская часть?

Всё творение относительно Творца является женской частью.

Но в творении есть и мужская, и женская часть. В мужской части всегда присутствует женская часть. А в женской всегда есть мужская часть. Так же, как в наших телах есть хромосомы женской и мужской части, гормоны и так далее. Всё зависит от их игры между собой, их уравновешивания.

Первая книга «Берешит» («Вначале») заканчивается на том, что кетэр (корона) проявляет себя, как абсолютная

Глава «Имена»

высшая сила, высшее управление, высшая система. Как схема, через которую происходит воздействие высшего света на всю остальную систему.

Высший свет, проходя через системы, формирует их. Свет абсолютно аморфный, в нем нет ничего. Поэтому он должен пройти через систему, посредством которой формирует свое воздействие на низшие части.

Руководящая часть, которая формирует свое воздействие на низшие части, называется короной – кетэр. Первая книга рассказывает об этом. Это часть, которая называется «Праотцы».

Далее следуют «отцы» – это Моше, Аарон и так далее. Те, которые поведут народ снизу вверх, из эгоизма, в соответствии с высшим управлением. Снизу вверх – из Египта, из эгоизма они поднимут части эгоизма наверх к свету.

Можно сказать, что создана «голова»?

Головное управление. Мозг. Далее свет разлагается на части, формирует себя, свое воздействие на то, что находится под ним.

Под ним находится огромный эгоизм, который надо исправлять и делать его подходящим под свет настолько, чтобы он приобрел форму света.

КТО ДАЕТ ИМЕНА?

Имена – что имеется в виду?

Имена – здесь это различные эманации, различные формирования воздействия света.

Мое ощущение света?

Что значит – имена? Это отпечаток света в тех свойствах эгоистической системы, с которыми он работает и которые начинают возвышаться.

Первые свойства, первые головные части этой системы, которые начинают возвышаться и подниматься к свету, имеют свои определенные штампы. Затем они характеризуют всю систему.

Головная часть управляющей системы проходит сверху на управляемую систему. Управляющая система называется праотцами, управляемая система называется их сыновьями.

Управляемая система ощущает верхнюю систему и дает имя?

Да. Нижняя часть верхней системы смыкается с верхней частью нижней – таким образом, происходит дальнейшее развитие. И поэтому мы называем – «Имена». «И вот имена сыновей Израиля», которые образовались в Египте.

Воздействие света в эгоизме уже образовывает имена, особые свойства этой системы. Из аморфного эгоизма, как из пластилина, начинает создаваться какая-то форма. Свет, проникая в него, выделяет в нем всевозможные различия, составляет их между собой, оживляет это мертвое тело, и под воздействием света оно становится действующим.

Имена дает ощущающий? Этот сосуд ощущает влияние света и дает имена?

Да. В той мере, в которой каждое желание подходит под свет. Именно его адаптация к свету и является его именем. Поэтому всё время происходит изменение имен, так как эгоизм постоянно меняется.

ГЛАВА «ИМЕНА»

Так в начале главы перечисляются имена сынов Израиля, которые пришли в Египет. Говорится, что было их 70 душ, потомков Яакова?

Да, 70 душ, потому что управляющая система состоит из 70 свойств. Всего семь частей (зеир анпин и малхут): шесть частей зеир анпина и одна часть малхут, – которые управляют этим огромным желанием.

Всё желание нашего мира называется Египет. Египет – это не какая-то маленькая территория за Красным морем. Египет – это практически всё, что создано. Весь созданный Творцом эгоизм называется Египтом.

ЧЕЛОВЕК УПРАВЛЯЕМЫЙ И УПРАВЛЯЮЩИЙ

Глава начинается так:

/6/ И УМЕР ЙОСЕФ И ЕГО БРАТЬЯ, И ВСЕ ТО ПОКОЛЕНИЕ. /7/ А СЫНЫ ИЗРАИЛЯ ПЛОДИЛИСЬ И РАЗМНОЖАЛИСЬ, И СТАЛИ ОЧЕНЬ МНОГОЧИСЛЕННЫ И СИЛЬНЫ – И НАПОЛНИЛАСЬ ИМИ СТРАНА.

Свойство отдачи, которое называется сыны Израиля, полностью перемешалось со свойством получения, которое называется Египет. Египтяне полностью перемешались в этом объеме. После этого перемешивания «наполнилась ими страна» – начинается период исправления.

Задача была выполнена?

Закончилось проникновение света сверху вниз – свойств отдачи в свойства получения. Теперь надо, чтобы свойство получения начинало адаптировать себя к свойству отдачи.

Четкая начальная программа и ее первая стадия были выполнены?

Всё действует по законам физики. Тут есть всего две силы: сила отдачи (высшая) и сила получения (низшая). Между ними возникают соответствующие действия, взаимодействия, коммуникация, которая изначально предрешена.

Все ступени, всё предрешено, кроме одного-единственного – человек начинает сам, самостоятельно тянуться к тому, чтобы ускорить свое правильное включение в эту систему и, таким образом, самому вести этот мир. Чтобы не спускались на него законы коммутации, законы движения, а самому знать эти законы, ощущать, адаптировать их.

Человек сам желает управлять всей системой. Он хочет взять на себя всю работу Творца.

Функцию управления?

Да. Всю работу света, функцию управления. В этом заключается его предназначение.

В принципе, программа заключается не в том, чтобы привести к исправленному состоянию, а в том, чтобы человек взял на себя всю работу по исправлению, чтобы в итоге всего этого процесса возник человек, собирательный образ человека. Именно эта работа делает его подобным Творцу.

Когда эгоизм, понимая, что такое свет, вбирает от света все его законы, свойства, все его правила и начинает адаптировать это в себе, строить голову, то в нем возникает мыслительная, управляющая часть. Постепенно он вбирает от Творца понимание того, как Творец руководит им, для того, чтобы самому руководить собою.

ГЛАВА «ИМЕНА»

Как в нашем мире растут дети, постепенно заменяя нас, так и мы должны постепенно вырасти в этом мире, взять из него всё, поглотить все его законы, все его силы и самим начать управлять этим миром. Тогда мы избавимся от всего, что существует в нем в виде понукания, принуждения, ведь это предназначено для возбуждения нас к правильному росту.

В этом заключается и сегодняшний кризис, потому что мы дошли до такой ступени нашего развития, когда уже можем и в состоянии взять на себя систему управления собой и миром.

Только ради этого происходят кризисы и другие удары, которые нас ждут впереди, если мы вовремя не возьмем на себя систему управления. Иначе придется сделать это под влиянием давления. Так мы воздействуем на ребенка: «Ты обязан идти в школу. Ты обязан делать то-то. Ты обязан...», – потому что он в соответствии со своим возрастом и развитием уже должен это выполнять.

ИДИ, ЗАРАБАТЫВАЙ!

Вы говорите: «На страдания надо смотреть не снизу, как мы смотрим»...

Это не страдания!

Корректировка?

Даже не корректировка – это признак нашего запаздывания в своем развитии. Допустим, есть отец, мать и сын. Сын не желает идти учиться или работать. Они ему говорят:

– Мы не дадим тебе кушать.

— Как это так?! Я же ваш сын!
— Да, но тебе пора зарабатывать. А ты этого не желаешь, вот и не получишь еды.

Таким образом, мы сегодня в этом мире и существуем.

И мы не говорим: «Какие безжалостные родители»...
Ты знаешь, как воспитывают короли своих детей? Их муштруют. Им приходится хуже всех! Потому что из них надо сделать сильных людей, стоящих у власти, которые смогут противостоять себе и всем остальным. Это очень непросто.

Это система, исходящая из духовных корней?
Конечно! И всегда было так. Быть сыном короля — это не быть неженкой. И буржуазия так воспитывает своих детей: «Иди, зарабатывай — иначе ты не будешь человеком!». Поэтому сказано: «Человек, который не наказывает своего сына, ненавидит его».

Я когда-то мыл посуду в кафе «Апропо». Там мне показали девочку, которая посуду мне подавала. Я видел, что она посуду быстрее всех подает. Мне сказали: «Она — дочь миллионера». Я смотрю на нее и думаю: «Что за папаша?! Бросил ее туда...». Знаете, между двумя театральными спектаклями толпы людей! Она бегает, собирает посуду... А отец ей, наверное, сказал: «Давай, расти, начни с чаевых».

Это очень правильно.

Я заглянул в «Большой комментарий». Там почти на каждое слово этой главы существует своя история. По поводу одной маленькой фразы: «Стали очень многочисленны и сильны», написано:

Глава «Имена»

Еврейские женщины рожали по шесть близнецов, они рожали, подобно насекомым, рыбам и скорпионам, которые дают особенно многочисленное потомство.

Потому что было, где рожать. Египет – это огромное поле деятельности, то есть огромный эгоизм. И в него входит свойство отдачи – есть, куда входить, есть, с чем работать.

Когда ты присоединяешь свойство отдачи к эгоистическому свойству, ты можешь делать в мире всё, что угодно. Допустим, у тебя есть огромный эгоизм, и ты получаешь идею: каким образом я могу продать что-то людям, каким образом я могу что-то изобрести, каким образом я могу что-то построить.

То есть, с одной стороны, огромный эгоизм позволяет распространиться, а, с другой стороны, есть идея, каким образом это сделать, построить, создать, продать. Эти совместные свойства и дают прогресс.

Еврейский народ переходил из страны в страну. Там, откуда его не изгоняли, где соглашались принять, и где он оседал, всегда возникало быстрое продвижение.

Всегда происходила работа совместно с тем народом, в который еврейский народ должен был войти. Сразу же он начинал давать свою силу.

Кстати говоря, сейчас у американцев тоже есть эта идея – они хотят переселить Израиль к себе. Тот, у кого есть идея открыть в Америке какое-то дело и вложить туда всего лишь 50 000 долларов, может переезжать и получать гражданство. Ты представляешь, что они сделают?

Американцы подспудно, подсознательно ощущают это свойство еврейского народа?

Не подсознательно. Они всё прекрасно понимают. Пришло такое время, когда фараон желает евреев к себе и не захочет их отпустить.

Почему Йосеф адаптировался в Египте? Потому что у фараона было безвыходное положение, и Йосеф спас от голода Египет.

Фараон предвидел все эти состояния?

Если перед ним сон: засуха, коровы умирают, стебли и колоски в поле гниют, – куда же деваться? А Йосеф может помочь. Вот и всё. История не меняется!

ЯРОСТЬ, НО НЕ БЕССИЛИЕ

Скажите, пожалуйста, почему я никогда не видел Вас в состоянии депрессии за все 16 лет, что вас знаю?

Я не понимаю, что это такое!

Это состояние пустоты…. Состояние бессилия.

Творческое бессилие постоянно присутствует рядом с огромным желанием что-то сделать, что-то исправить. «Если бы молодость знала, если бы старость могла».

Масса эгоистических желаний – всё время есть над чем работать. И я не вижу Вас в состоянии «опущенных рук».

Если бы я мог за всё взяться, и было бы в моих силах использовать архимедов рычаг, то, конечно, было бы проще.

Но мир устроен так, чтобы у каждого была свобода воли, чтобы каждый дозрел, чтобы каждый самостоятельно, абсолютно свободно понял бы свою миссию. А ты только подтолкнул бы его к этому пониманию, причем так, чтобы сохранить его систему равновесия, его индивидуальность.

Поэтому существует постоянная слабость: «А что ты можешь сделать?». Так родители ощущают относительно своих детей: хотел бы сделать вместо него, но невозможно, он должен это сделать сам! Он должен сам это понять, он должен сам это всё совершить, – вот такое состояние. Но это не депрессия.

Раньше у Вас были депрессии?

Конечно, я прошел состояния, которые проходят все. Так происходит у всех. И у меня были депрессии, пока я не нашел каббалу. Причем очень сильные, когда действительно...

Выть хотелось...

Да. Лежал в бессилии, не мог пошевелиться. Были состояния отчаяния, когда ты не знаешь, ради чего что-то делать. И то, что с тобой происходит, должно произойти по чьей-то другой, чужой воле. Ради чего? Никакого смысла в этом нет. В общем, в депрессии есть очень много оттенков.

И когда произошел «клик»?

Когда я нашел РАБАШа. С тех пор у меня случалось ощущение пустоты, непонимания, незнания. Они были яростные, но не обессиленные.

Хотя сегодня тоже есть бессилие, когда ты смотришь на мир и видишь: «Ну, что же происходит?!». Сколько я пишу об этом в своем блоге! Это же ужас! Я просто пишу-пишу, чтоб была у кого-то возможность брать оттуда материалы и распространять, составлять из них какую-то компиляцию, что-то делать. То, что я пишу, – это как источник сырья, из которого можно брать.

Если человек находится в состоянии постоянного распространения, рождения, родов, заботы о других, стремится увидеть свое детище в мире, то у него есть постоянное поле работы. Нет тупика. Есть, конечно, разочарование, есть бессилие, но не депрессия. Это очень большая разница.

Проходишь все состояния. Но в итоге, каждое из них должно родить тебе что-то хорошее: следующее понимание, осознание, возможность прорыва и так далее. При этом понимаешь, что это состояние ты должен пережить и сделать его максимально более интенсивным. И тогда быстро появится новое. Но только лишь как его следствие.

Как ракета, которая по мере сжигания топлива двигается все быстрее и быстрее?

Да. Невозможно, не пройдя каждое из этих состояний, перейти к следующему.

Поэтому мы сказали, что еврейские женщины рожали и рожали, – есть поле деятельности, есть и большой эгоизм?

Вот и проникай в этот эгоизм и рожай из него уже людей, то есть частички свободных желаний, которые готовы расти.

Еврейские женщины рожали по шесть близнецов, они рожали, подобно насекомым, рыбам и скорпионам, которые дают особенно многочисленное потомство. Р. Гамлиэль учил: «Во времена Машиаха женщина будет рожать каждый день!»

ГЛАВА «ИМЕНА»

Когда каждый раз рождается новый день, новое исправленное желание – новое состояние. Это и есть – «каждый день».

Один из слушавших высмеял это его заявление, сказав: «Я не верю вашему объяснению; нет ничего нового под солнцем!». «В этом не будет ничего нового, – возразил Р. Гамлиэль. – Ты можешь вспомнить известную тебе аналогию. Разве курица не откладывает яйцо каждый день?»

Ни один из шести близнецов не был мертворожденным или слабым – все еврейские дети были сильными и здоровыми.

Поэтому и пишется, что очень размножился народ Израиля в египетской стране. Вы не удивляетесь фразе, что рожали каждый день?

Нет. День в духовном означает новое состояние. И поэтому, естественно, при вхождении сил света в эгоизм они начинают формировать эгоизм таким образом.

Это ступени! День-ночь – это одна ступень, которая формирует и рожает новое, формирует и рожает новое. Эгоизм, который сформировался под воздействием света, маленький и дальше из этой общей массы каждый начинает расти уже сам. Подобно рыбе, которая выплескивает из себя икру, из нее рождаются головастики, а из них – уже жизнь.

И ВОССТАЛ НОВЫЙ ЦАРЬ НАД ЕГИПТОМ

Дальше в Торе написано:

/8/ И ВОССТАЛ НОВЫЙ ЦАРЬ НАД ЕГИПТОМ, КОТОРЫЙ НЕ ЗНАЛ ЙОСЕФА.

Они выбрали из всего эгоизма ту часть, которую смогли исправить, и из этого размножились. А часть, в которую свет не может войти, более темная, более эгоистичная, стала превалировать – она и проявилась.

Убрав из общего эгоизма, из общей массы часть, с которой можно родить что-то к свету, сформировать желания, работающие на отдачу, они обнажили ту часть эгоизма, которая не в состоянии исправиться светом.

Для этой части должно быть другое исправление?

Для них потом будет другое исправление, после выхода из Египта.

Эта масса очень эгоистична. Она обнажилась. Она не в состоянии была бы принять Йосефа в Египет. В результате работы света в эгоизме, когда убрали, исправили эгоистическую верхнюю легкую часть, и обнажился новый царь. Новый фараон.

/8/ И ВОССТАЛ НОВЫЙ ЦАРЬ НАД ЕГИПТОМ, КОТОРЫЙ НЕ ЗНАЛ ЙОСЕФА. /9/ И СКАЗАЛ ОН НАРОДУ СВОЕМУ: «ВОТ, НАРОД СЫНОВ ИЗРАИЛЯ МНОГОЧИСЛЕННЕЕ И СИЛЬНЕЕ НАС. /10/ ДАВАЙТЕ ПЕРЕХИТРИМ ЕГО, А НЕ ТО УМНОЖИТСЯ ОН И, СЛУЧИСЬ ВОЙНА, ПРИСОЕДИНИТСЯ И ОН К НЕПРИЯТЕЛЯМ НАШИМ, И БУДЕТ ВОЕВАТЬ ПРОТИВ НАС, И УЙДЕТ ИЗ СТРАНЫ».

Если он уйдет, то мы не сможем жить. Это понятно уже по тому, как Йосеф вел себя. Если он уйдет, если присоединится к нашим противникам, то будет еще хуже – он начнет нас порабощать.

Это эгоистические желания, которые не желают изменяться, не могут изменяться из-за толщи эгоизма, и

ГЛАВА «ИМЕНА»

поэтому свойство света, свойство отдачи для них – смерти подобно. Так же, как для людей в этом мире.

В «Большом комментарии» есть очень интересные замечания. Обратите внимание на соединение предыдущего фараона с новым:
Египтяне опасались растущего еврейского населения – написано. «Мы должны принять против них меры!». «Глупцы, – упрекнул их фараон (предыдущий). – Если бы не их предок Йосеф, спасший страну во время голода, нас бы сегодня не было в живых. Как можете вы помышлять причинить им вред?».
Симпатия фараона к евреям привела египтян в ярость, и они сместили его, подвергнув унижениям и бесчестию. Фараон не менял своих взглядов три месяца. Потом он решил, что ему выгоднее согласиться с требованиями знати и объявил, что хочет изменить свою политику по отношению к евреям.
Фараон, который взошел на трон через три месяца, был уже не тем человеком, которого свергли. В Гемаре приведены две различные точки зрения. Одна из них сводится к тому, что фараон, который жестоко обращался с евреями, был новым властителем. Иная точка зрения заключается в том, что это был тот же фараон, но полностью изменивший свою политику. Он стал холодным и жестоким и поставил цель – положить конец «еврейскому засилью». Теперь он действовал так, будто никогда не знал Йосефа, а вскоре заявил, что не знает и Творца.

Ну, какая разница? Кстати говоря, мы это видим везде: в изгнании из Испании и из всех мест, где существовали евреи, и откуда их изгоняли. Их изгоняли не потому, что царь, король, император хотел их изгнания, – он понимал, что благодаря им страна процветает, – а потому, что церковь заставляла, вынуждала его к этому.

Церковь привлекала к себе народ и вместе с народом требовала от властителя изгнать евреев. Это точно повторялось потом во всех странах.

Затем там начиналось падение страны.

Это естественно. Тоже самое произошло и с Египтом – с тех пор он уже не смог восстановить себя.

По поводу Америки вы сказали другое.

В Америку пытаются привлечь евреев. Они действуют, как фараон, который знает, что привлечение евреев будет для него избавлением от огромного кризиса, охватившего процветающую в прошлом страну. И он понимает, что евреи могут вдохнуть новую жизнь.

Продолжим:

/11/ И ПОСТАВИЛИ НАД ИЗРАИЛЕМ НАЧАЛЬНИКОВ ПОВИННОСТЕЙ, ДАБЫ ИЗНУРЯТЬ ЕГО ТЯЖКИМИ РАБОТАМИ СВОИМИ, И СТРОИЛ ОН ГОРОДА-ХРАНИЛИЩА ДЛЯ ФАРАОНА – ПИТОМ И РААМСЕС.

Питом и Раамсес (Рамсес) – это особые двоякие эгоистические свойства. Так и фараон меняется – некий «двуликий Янус». То хороший, то плохой. Так же, как и «Мегилат Эстер» (раскрытие в скрытии). Так же, как и Творец, управление Творца!

Он же и Творец, он же и фараон?

Да. С одной стороны – так, с другой – этак. Все построено таким образом, чтобы нас воспитывать. Отсюда – постоянное чередование света и тьмы.

Глава «Имена»

Как бы лицо и затылок?

Да. Так же с работами в Египте, которые называются «Питом вэ Раамсес». Эти города были красивы для фараона (для эгоизма). С другой стороны, они были городами бедности и ужаса для сынов Израиля, потому что в этом они обнаружили невозможность дальнейшей работы с эгоизмом. То, что они делают в нем, – они продают себя ему. Они не в состоянии извлечь из этого состояния никакой пользы. В эгоизме больше невозможно что-то исправить.

Поэтому говорят: «Красивые города – для фараона, и ужасные – для нас»?

Да. И на этом уже начинается разделение свойства отдачи (сынов Израиля) и свойств получения (Египта): «Вы, пожалуйста, оставайтесь мумифицировать ваши мумии. А мы должны отсюда куда-то двигаться, подниматься над Египтом. И то, что мы можем из него вынести, мы вынесем к свету. А то, что останется, с этим мы пока работать не можем. Придет время, когда мы снова окунемся в него и снова начнем работать с ним».

Там был принудительный труд? Они принудительно строили эти города?

Труд – принудительный. Предыдущий фараон умер. И теперь при новом фараоне уже всё под принуждением – эгоизм властвует над сынами Израиля.

Теперь уже не сыны Израиля пришли в Египет, добровольно участвуют в работе, и, в результате, страна процветает. А египтяне властвуют над ними, покоряют их.

Работа сейчас совершенно другая. Это прекрасная работа для эгоизма, и, таким образом, она толкает эту часть (сынов Израиля) и тех, кто затем с ними выходят из Египта, к выходу.

СТРОИТЕЛЬСТВО НА БОЛОТЕ

Смотрите, как написано в «Большом комментарии»:

Место расположения городов Питом и Рамсес, которые строили евреи, было выбрано очень хитро. Их строительство никогда не могло быть закончено, как бы усердно ни работали евреи. Города были расположены на болоте, где строения всё время рушились и тонули. Имеется в виду, что база эгоистическая?

Эгоистическая база, конечно. Так же и Вавилонская башня когда-то все время разрушалась. Это аллегория.

В чем дело? Основа неверная? Строительство эгоистическое?

Когда ты пытаешься достичь неба, строя всё на эгоизме из земли, тогда, конечно, всё разрушается.

Поэтому и сейчас приходят кризисы, и говорится: «Вы строите на болоте»? Это же наше время?

Сейчас, что бы мы ни делали, всё будет проваливаться в болото. Мы – человечество, которое пытается исправить это состояние каким-то образом. Ничего у него не получится, конечно.

Развитие прогресса создавало впечатление, что мы идем вперед. На самом деле, это было движение к тупику?

Но движение! Движение во тьме, в неволе: мы чувствуем, что находимся в мире, который нам не подчиняется, – это уже хорошо. Властители мира чувствуют, что мир уже не подчиняется им, что их ведет какая-то сила, но не понятно, куда и как. Они пытаются что-то сделать, но всё

Глава «Имена»

проваливается как бы в болото. На самом деле, это развитие является целенаправленным.

Чтобы сократить путь во тьме, чтобы мир прошел его с минимальными потерями, малой кровью, нам нужно максимально прибавлять к этому свое распространение и объяснение. Очень важно приподнять людей к движению. Это единственное, что нам надо сделать. Потому что впереди могут быть очень большие катаклизмы: и климатические катастрофы, и война, и всё, что угодно.

Таким образом, очень многое зависит от нашего распространения. И будем надеяться, что мы сможем смягчить этот путь.

Можно эгоистический вопрос? А что будет с теми, кто не спускается к 99 процентам, кто хочет заниматься только «высшими материями»? Если происходят кризисы, возникают страдания, бедствия, что происходит тогда с теми «умниками»?

Их заставят. Заставят очень грубо. Творец дал тебе желание и приблизил. Он дал тебе возможность понять методику, цель, план, программу исправления и указал, что делать.

Если ты читаешь и видишь, что пишут твои учителя, и не выполняешь, то, естественно, что в мере, в которой ты получил развитие, в той мере будешь ощущать вынуждающую силу. Это могут быть очень нехорошие, неприятные вещи.

Посмотри, в начале XX-го века везде существовали еврейские общины, которые не понимали происходящего, потому что не было еще для них раскрытия каббалы, как руководства к реализации. Но только лишь то, что они не хотели, не желали знать, то, что они пытались выполнять, чему учили их учителя, – все это привело их к Холокосту.

И с нами, действительно, могут быть неприятные вещи, если мы не прорвемся в мир. Здесь ты являешься той частью высшей системы, которая должна входить в мир и через которую должен проходить весь высший свет. Никуда не денешься. Это миссия! Нелегкая.

МУЖСКАЯ И ЖЕНСКАЯ РАБОТА

Продолжим.
/12/ НО ПО МЕРЕ ТОГО КАК ИЗНУРЯЛИ ИЗРАИЛЬ, ВСЕ БОЛЬШЕ РАЗМНОЖАЛСЯ ОН И РАЗРАСТАЛСЯ, И ТЯГОТИЛИСЬ ЕГИПТЯНЕ СЫНАМИ ИЗРАИЛЯ. /13/ И СТАЛИ ЕГИПТЯНЕ ПОРАБОЩАТЬ СЫНОВ ИЗРАИЛЯ ТЯЖКОЙ РАБОТОЙ: /14/ ГОРЬКОЙ СДЕЛАЛИ ЖИЗНЬ ИХ ТЯЖКИМ ТРУДОМ НАД ГЛИНОЙ И КИРПИЧАМИ, ВСЯКИМ ТРУДОМ В ПОЛЕ И, ВООБЩЕ, ВСЯКОЙ РАБОТОЮ, К КАКОЙ ЖЕСТОКО ПРИНУЖДАЛИ ИХ.

В «Большом комментарии» написано:
Египтяне приказывали евреям выполнять работу, которую делают днем, – ночью, а работу, которую делают ночью, – днем. Женщинам давали мужскую работу, говоря им: «Замешивайте цемент и кладите кирпичи». Мужчинам – женскую работу, приказывая: «Сегодня вы должны шить, прясть и стряпать для нас».
Это не просто работа – унижающая работа.

Нет, это переворот, когда твои силы, с которыми ты исправляешь эгоизм, не соответствуют тому эгоизму, который ты должен исправить. Это работа на эгоизм, а не на альтруизм.

Замена мужской работы на женскую значит, что женская часть выше, чем мужская, и всегда превалирует

ГЛАВА «ИМЕНА»

эгоизм над альтруизмом. Правильно делали египтяне – они этим не просто изнуряли, они давали такую работу, когда эгоизм может максимально выиграть.

Вместо отдачи ради получения – получение ради отдачи. Вот замена мужской работы, мужской части на женскую.

Начало – в конце. Это начало конца египетского рабства. Очень серьезная часть, когда человек начинает ощущать, что вся его работа заключается в том, что он должен обратиться к своему эгоизму. Это первая часть адаптации человека к системе мироздания, мира, себя.

Человек, обратившись к себе и пройдя внутреннюю часть этой работы в себе, начинает видеть себя, свои эгоистические и альтруистические свойства и понимать, каким образом он должен меняться, возвышаться. После этого он должен прийти к миру и делать тоже самое с миром. Это следующая часть. И эта часть перед нами.

Она уже направлена на выход в мир, на выход из Египта.

РОЖДЕНИЕ НОВОГО МИРА

Мы продолжаем недельную главу «Шмот» – «Имена». В этой главе вот-вот появится Моше. Но пока мы говорим о том, что увеличивается количество евреев. Они практически захватывают Египет. Это приводит в ужас министров фараона и самого фараона. И вот что получается:

/15/ И ОБРАТИЛСЯ ЦАРЬ ЕГИПТА К ЕВРЕЙСКИМ ПОВИТУХАМ, ИМЯ ОДНОЙ ИЗ КОТОРЫХ – ШИФРА, А ИМЯ ДРУГОЙ – ПУА, /16/ И СКАЗАЛ ОН: «ПРИНИМАЯ РОДЫ У ЕВРЕЕК, НЕ СПУСКАЙТЕ ГЛАЗ С РОДИЛЬНЫХ

КРЕСЕЛ, ЕСЛИ СЫН – УМЕРТВИТЕ ЕГО, А ЕСЛИ ДОЧЬ – ПУСТЬ ЖИВЕТ». /17/ НО ПОВИТУХИ БОЯЛИСЬ ВСЕСИЛЬНОГО, И НЕ ДЕЛАЛИ, КАК СКАЗАЛ ИМ ЦАРЬ ЕГИПТА, И ПОМОГАЛИ ДЕТЯМ ОСТАТЬСЯ В ЖИВЫХ. /18/ И ПРИЗВАЛ ЦАРЬ ЕГИПТА ПОВИТУХ, И СКАЗАЛ ИМ: «ПОЧЕМУ ВЫ ДЕЛАЕТЕ ЭТО: ПОЧЕМУ ВЫ ПОМОГАЕТЕ ДЕТЯМ ОСТАТЬСЯ В ЖИВЫХ?». /19/ И ОТВЕТИЛИ ПОВИТУХИ ФАРАОНУ: «ВЕДЬ ЕВРЕЙКИ НЕ КАК ЖЕНЩИНЫ ЕГИПТА, ЕВРЕЙКИ – ОНИ КАК ЖИВОТНЫЕ: ПРЕЖДЕ ЧЕМ К НИМ ПРИДЕТ ПОВИТУХА, ОНИ РОЖАЮТ».

В «Большом комментарии» написано, что рожали вообще без боли. И рожали, как звери рожают.

«Еврейские женщины отличаются от египтянок, – объяснила Иохевед».

Эта Иохевед – Шифра.

«Наши праотцы сравнивали нас со зверями. Колено Иеуды сравнивают со львом, Биньямина – с волком, а Нафтали – с ланью. Так же, как звери рожают без всякой помощи, и еврейским женщинам не нужны повивальницы во время родов. Нас вызывают лишь потом, чтобы оказать помощь».

Она говорила правду. Еврейские женщины в Египте рожали безболезненно. Фараон поверил объяснениям и отпустил повивальщиц.

Можно пересказать это совершенно по-другому.

Во-первых, здесь мы имеем дело со свойством отдачи, которое входит в свойство получения, – соприкасаются два свойства природы: сила отдачи и сила получения.

Глава «Имена»

Сила отдачи – это еврейский народ, дети Яакова, которые входят в силу получения, в желание получать – в Египет. Происходит смешивание, перемешивание.

«И наполнилась ими земля». Имеется в виду, что весь эгоизм пропитывается свойством отдачи, постепенно-постепенно пропитывается. Когда свойство отдачи возрождается, начинает проявляться из эгоистического свойства, возникает конфликт.

Причем конфликт называется кризис (машбер на иврите). Словом «машбер» называют также и особого вида камень, на котором полусидит, полулежит роженица и на котором у нее принимают роды. То есть машбер-кризис связывается с рождением нового – это инструмент для рождения нового, а также обстоятельства, в которых рождается что-то новое.

Если доходит до состояния кризиса, тут уже ничего не сделаешь, – обязательно должно родиться. Свойство отдачи, то есть рождение еврейских детей, обязательно проявится, что бы тут ни делали! И фараон обязан с этим согласиться.

Умертвить это невозможно?

Умертвить невозможно, с этим надо научиться жить.

Сегодня мир находится в таком состоянии. Когда начинает проявляться свойство глобальности – это уже свойство отдачи, когда проявляется несостоятельность всей прошлой эгоистической парадигмы мира, то здесь…

…на этом «родильном камне» – кризисе…

…да, рождается новый мир.

Но сегодня у всех есть ощущение, что не новый мир рождается, а наоборот, мы летим в пропасть.

Нет! Пропасть относительно прошлого состояния – естественно. Относительно будущего состояния – это рождение совершенно нового состояния человечества.

И здесь фараону, практически, ничего не остается, кроме как принять это как должное. Более того, рождается Моше и оказывается, что одна из повитух, Йохевед,– это мать Моше…

А вторая – его сестра.

Да, Пуа. Кстати говоря, Шифра и Пуа – имена египетские, а Йохевед и Мирьям – имена ивритские. Получается как бы переворот одного в другое. Шифра и Пуа после того, как рождают Моше, помогают его родить, сами проходят исправление и превращаются из Шифра и Пуа в Йохевед и Мирьям.

И Моше олицетворяет собой всю силу отдачи, которая растет в Египте.

Это серьёзное дело – повитухи, принимающие роды…

Они сами и рожают, и принимают роды. Мать Моше его родила, и она же была как бы одной из повитух – это несколько ступеней, находящихся одна под другой. Это может быть дочь, сестра, мать, может быть и бабушка, – так сказать, некая нисходящая цепочка.

Они, мать и дочь, принимают новорожденного Моше и способствуют тому, чтобы через фараона он оказался снова у них. С одной стороны, он вскармливается своей матерью, то есть полностью свойствами бины (свойствами отдачи), а, с другой стороны, растет для того, чтобы оказаться в доме фараона.

Затем, начиная с двухлетнего возраста, когда он отнят от груди, и далее он должен расти. Расти можно только за счет эгоизма, и поэтому он находится уже в доме фараона.

ГЛАВА «ИМЕНА»

Йохевед становится его мамой, а Мирьям сопровождает его до того момента, как дочь фараона вытаскивает его из Нила. Мирьям идет рядом и смотрит. Мирьям и говорит дочери фараона Батье: «Надо бы пригласить одну еврейку, пускай она вскормит его. Она только что родила».

Вопрос такой, если уж мы коснулись нашего мира и кризиса: а кто принимает роды сейчас? Сегодня мир находится в предродовом состоянии, и неизвестно, сколько оно будет продолжаться.

Ни фараон, ни его министры, ни его управляющие к рождению нового мира отношения не имеют. Они могут только сопротивляться, что мы видим из всей этой истории.

Поэтому лишь свойства отдачи, исходящие, кстати говоря, из женщин, только они могут двигать мир дальше.

ЖЕНСКАЯ ДВИЖУЩАЯ СИЛА

Последнее время Вы очень большое внимание уделяете женщинам.

Потому что они могут отрезвить мир, встряхнуть его, женщины в состоянии обязать мужчин двигаться дальше.

Сказано, что и выход из Египта был обусловлен давлением женщин.

Вы исходите не из руководящих функций женщин, а, наоборот, из продвигающих?

Женщина, которая стоит тихонечко за мужчиной, рожает, рожает, толкает его, помогает во всем, – этим она и обуславливает движение вперед.

Функция женщины – рождение и развитие, а мужчина только осуществляет связь с высшей силой для того, чтобы притянуть ее к себе и распространить на женщину, на то, что делает она.

Здесь очень четкое распределение по функциям между ними. Женская часть – основополагающая в мире.

Получается, как бы мир в мире, и больше лежит на женщинах, потому что женщина знает боль рождения. А дети, не дай Бог, умирают в войнах – в этих петушиных боях. Если бы женщины взяли на себя функцию...

Женщина в ее правильной функции, конечно, оздоровит мир. Несомненно!

И я очень надеюсь на то, что во всей этой суматохе, которая существует сегодня, в этой неразберихе, в абсолютном бессилии и непонимании того, что делается в мире, женщины сыграют основную роль. Они могут быстрее понять, согласиться, осознать, что мы обязательно должны подчиниться природе. Женщины ближе к природе! Это – их часть.

Мужчина более оторван от природы, в нем есть эта глупая гордость. Нежелание согласиться, подчиниться ослепляет его.

У женщины этого качества нет. Она более рассудочна, более близка к миру. Поэтому я считаю, что распространение методики исправления идет через женщин. И мы это видим. Кто был отцом Моше? Практически не указано.

Леви. Говорится, у Моше был...

Да, из рода Леви. И это всё, что известно.

До тех пор, пока не выходят из Египта, пока явно не проявляется сила, движущая вперед, – мужчина (а

Глава «Имена»

женщина – дающая желание), мы очень мало говорим о мужчинах.

Аврааму сказано: «Слушай, что тебе говорит Сара». Потом идут четверо матерей...

И в нашем отрывке так: она рожает, дочь фараона принимает, растит, держит. Женская линия идет всё время.
Да, между женщинами всё происходит.

Почему тогда каббалисты преподают мужчинам? Почему не женщинам, чтобы они подтолкнули мужчин?
Женская часть развивается через мужскую. Но именно она рожает.
Переплетение этих функций – путающее и как бы полускрытое. Женщина всегда стоит немножко в тени.

Но фактически за каждым лидером стоит женщина. Везде тень какой-то женщины просматривается. Всё имеет свои корни.

Пойдем дальше:
/20/ И БЛАГОВОЛИЛ ВСЕСИЛЬНЫЙ К ПОВИТУХАМ, И НАРОД УМНОЖИЛСЯ И УСИЛИЛСЯ ЧРЕЗВЫЧАЙНО. /21 И ЗА ТО, ЧТО БОЯЛИСЬ ПОВИТУХИ ВСЕСИЛЬНОГО, СОЗДАЛ ОН ИМ ДОМА.

**Интересно, что написано в «Большом комментарии»: Йохевед и Мирьям получили и другую награду: Мирьям вышла замуж за Калева из колена Йеуды, который стал родоначальником династии царя Давида. Йохевед стала матерью Аарона и Моше.
Каждая заняла своё очень мощное положение**

/22/ И ПОВЕЛЕЛ ФАРАОН ВСЕМУ СВОЕМУ НАРОДУ: «ВСЯКОГО НОВОРОЖДЕННОГО МАЛЬЧИКА БРОСАЙТЕ В НИЛ, А ВСЯКОЙ ДЕВОЧКЕ – ДАЙТЕ ЖИЗНЬ!».

Вот как объясняет это «Большой комментарий»:
К новым действиям фараона подтолкнул загадочный сон. Снова сон. Во сне он увидел себя, сидящим на троне. Перед ним предстал старик, держащий большие весы, которые он повесил перед фараоном. Старик протянул руку, схватил всю знать, связал и поместил на одну чашу весов. Потом он взял маленького белого ягненка и положил его на другую чашу весов, и эта чаша начала опускаться, пока маленький белый ягненок не перевесил всех. Фараон проснулся в холодном поту. Он вызвал трех своих главных советников.
Это были Билам, известный всем маг, Итро, мудрый философ, и Иов, праведник из земли Уц.
Билам, услышав о сне, сразу заявил: «Смысл вашего сна не вызывает сомнений. Это предсказание, что в один прекрасный день еврейский ребенок уничтожит Египет».
Он уже смотрит в самый конец. Он – самый большой маг.

Фараон спросил советников: «Что следует делать с евреями?». Итро посоветовал не трогать их и сбежал, увидев, что фараон не доволен этим советом.
Билам сказал:
«Насколько я знаю, есть только одна вещь, против которой они бессильны, – вода! Прикажите своим воинам бросать новорожденных еврейских мальчиков в Нил, чтобы они утонули!».

ГЛАВА «ИМЕНА»

Иов предпочёл промолчать, и фараон решил последовать совету Билама.

Всем трём советникам Творец воздал по принципу мера за меру:
Итро, рискнувший своей жизнью ради того, чтобы дать беспристрастный совет, был вознаграждён потомками, ставшими главами Санхедрина[7] и наделёнными способностью справедливо судить других;
Моше женился на его дочери. На Ципоре.

Билам, посоветовавший убивать евреев, был впоследствии сам ими убит;
Иов, который промолчал, получил свою долю страданий.

Три советника олицетворяют собой всю силу связи с Творцом. Она проходит через эгоизм, который для своего существования обязан находиться в связи с высшей силой.

Связь идёт по трём линиям: Иов, Билам и Итро посереди – средняя линия.

Это эгоистические образы, то есть образы нашего эгоизма, которые понимают связь с высшей силой.

Во-первых, они находятся на уровне пророчества. Это духовная сила, которая есть в людях, но, что называется, с обратной стороны – не со стороны отдачи, а со стороны получения.

Это свойство получения завязано на Творца, потому что Он обязан их «кормить», то есть оживлять нечистые, эгоистические силы в нас, которые называются: Иов, Билам, Итро. Эти эгоистические силы должны существовать в нас. Поддерживаются они высшим светом.

---

[7] Сенедрион в русском написании.

Тут и возникает проблема: ведь фараон тоже поддерживается Творцом! Кто еще оживляет всё, как не высший свет, называемый «Творец всего»?!

Здесь мы имеем дело с системой, внутри которой начинает зарождаться то будущее духовное существо, которое мы назовём Адам. Пока говорится лишь о развитии всевозможных сил, Адам появится в дальнейшем.

СПЛОШНОЙ ПОТОК ИНФОРМАЦИИ

Как разобраться во всем этом обилии черт, желаний, образов?!

Не разобраться! Абсолютно!

Надо войти в этот мир, в эту область, где происходит управление, принятие решений, воздействие на материю (на эгоизм) через ее постепенное привлечение к исправлению. Надо пройти по всем изменениям этой материи, и тогда начнешь понимать. Из того, что видишь.

Умозрительно это сделать нельзя! Это надо чувствовать. Надо быть в этом, когда ты видишь, что вот так в тебе это устроено. И ты будешь чувствовать в себе эти свойства, ты будешь явно понимать, что это свойство зовут так-то.

Билам, а это Итро, Иов...

Да. Вдруг будет возникать это имя, и всё станет ясно.

Проще говоря, Моше просто автоматически писал, потому что для него все было абсолютно понятно?

Из того, что он ощущал.

Глава «Имена»

Люди, жившие в то время или постигшие это, спокойно читали Тору, ощущая ее так же, как ощущал Моше? Как дорогу?

Каждый воспринимал в той мере, на том уровне, на котором он находился. Естественно.

Были люди, которые это видели, слышали и воспринимали, как детский рассказ, – непосредственно из своего отношения к миру.

Были люди, которые ощущали, постигали всё это. И для них то, что записывал Моше, было естественно, потому что они сами всё это переживали. Среди них 70 старейшин, которые находились вместе с Моше, его ученики – 120, затем коаним, левиим, то есть все те, кто его сопровождал.

Для чего Моше записал то, что он ощутил? Он был обязан это передать?!

Нет, не был обязан передать.

Имеется в виду, что записанное повествование – это «раскрытие на уровне нашего мира всего того, что в нем происходит и должно произойти». И если раскрывается, то при этом оно воплощается, то есть освобождается огромная духовная энергия, которая находится в нашем мире. И люди уже могут раскрывать её – каждый для себя.

Поэтому каббалисты и писали книги не для того, чтобы передать, а чтобы высвободить эту энергию?

Конечно! Я знаю это по своему Учителю, который очень часто во время бесед со мной вдруг скажет какую-то фразу. Я переспрашиваю: «А?!». Он говорит: «Это не для того, чтобы ты понял, это для того, чтобы сказать».

Сказал что-то – в мир это вошло где-то в атмосферу, проявилось через речь, куда-то ушло. Но ничто никуда не уходит бесследно.

Это, как трубочка барона Мюнхгаузена, которая вдруг оттаяла и начала играть. Тоже самое и здесь. Существует всё! Абсолютно всё!

Вообще всё?! Крик семимиллиардного младенца существует?

Конечно! Почему нет? Если это всё – одна огромная толща информации.

Выходит, что компьютеры и то, что мы можем записать, сколько хотим, и вообще всё вокруг – это слепок с того, что существует?

Мы просто проявляем всё, что существует на более высоком уровне.

Эта информация должна пройти до самого низа. И таким образом материя пропадает: она пропитывается информацией и начинает подниматься как информация! Самой материи нет. Вдруг мы начинаем понимать, что атомы, молекулы, все соединения между ними, – это всего лишь информация, всего лишь силы. И то, что раньше казалось нам грубой материей, этого уже нет.

Сегодня даже вся промышленность вдруг куда-то исчезает, ее как бы нет. Мы скоро на принтере будем печатать всё, что угодно, – кресло, стул.

Да, мы слышали: «Британика» закрыла все свои книжные филиалы. Книги, огромное количество книг не будет издаваться. Всё будет на электронном носителе.

Глава «Имена»

Конечно. Ты будешь держать какую-то маленькую штучку в кармане на случай, если тебе понадобится что-то. Всё идет к тому, чтобы человек начал ощущать всю природу и всю толщу информации, как свое личное. Нам кажется, что человек не сможет это вместить. Но он будет внутри этого, он будет плавать в нем, это будет его!

Всё равно вы не можете отказаться от книг.

Пока это необходимо. А дальше исчезнет.

Даже и каббалистические книги?

Всё абсолютно. Наш мир со всей его материей мы перестанем ощущать. Он ощущается нами только сегодня, сейчас, потому что мы не можем ощущать материю в её более тонком виде. Ведь всё только предоставляется нам как нечто литое.

Сейчас мы с вами на чем-то сидим или нет?

Мы – это тоже не мы, это то, что нам рисуется как мы. Больше не надо ничего, кроме как просто раскрыть глаза. И тогда всё будет просто. Сейчас все кажется сложным. Но это болезни роста, переходный процесс. Когда он заканчивается, то остается один свет в одном желании, и нет никаких сложностей.

Наоборот, всё идет к простоте. Простой высший свет. Это близкое будущее, близкое.

Говорится, что «каждый должен достичь уровня Моше».

Моше достиг всех 120-ти ступеней. И, в конечном итоге, все мы должны достичь ступени Моше. Абсолютно все!

Сливаясь вместе своими желаниями и намерениями, мы достигаем этой ступени во много раз более отчетливо, потому что Моше показывает нам только лишь незаконченную ступень, наблюдаемую из-за Иордана. Он не перешел в Эрец Исраэль.

То, что он постиг в ви́дении, мы должны постичь в действии – в этом отличие.

ЕСТЬ ЛИ ВЕЧНЫЙ ДВИГАТЕЛЬ?

Поговорим о Моше. Рождается наше желание – Моше. И делает переворот. Вот как описывается это в «Большом комментарии»:

В это время к фараону явились египетские астрологи и объявили: «Мы предвидим, что вот-вот должен родиться избавитель евреев. Мы, однако, не знаем – еврей он или египтянин». Предсказание астрологов было неясным потому, что Моше, хотя и родился от еврейской матери, но был воспитан во дворце фараона египетской женщиной Батьей – дочерью фараона.

«Если существует вероятность, что спаситель может быть египтянином, – объявил фараон, – то мы должны уничтожать и всех новорожденных мальчиков-египтян в течение ближайших девяти месяцев».

Астрологи Фараона верили, что будущий спаситель погибнет, только если его утопят в Ниле.

Нил олицетворяет собой эгоистическую подпитку. Там можно утопить свет, который входит в эгоизм и питает его, благодаря чему этот эгоизм и существует. То есть вся плодородная земля Египта, вся его жизнь – весь эгоизм – существуют благодаря Нилу.

Глава «Имена»

Почему в Ниле можно утопить новорожденных еврейских мальчиков?

Если ты начинаешь подключаться не к свету, а к тому, чем тебя питает эгоизм (хотя и он тоже получает силу от света), то тогда ты привязываешься к нему и, в итоге, тонешь в нем.

Это очень простая схема. Я могу расписывать это через букву «куф». На иврите «ков» – это обезьяна. Буква «куф» ק пишется с хвостиком. Она опускает свой хвостик с уровня Высшего мира в наш мир, и через хвостик буквы «куф» нисходит свет в наш мир и питает все в нем.

Через него и капает свет в этот эгоизм. Иначе мир бы не существовал. Могла бы существовать материя, как эгоизм, если бы в ней не было энергии? Атомы крутятся? Откуда они берут энергию?

Поэтому физики и не могут ответить на вопрос, откуда берется энергия?

Потому, что это уже исчезающее как бы поле. Оно не воспринимается их приборами. Атомы крутятся – да, а почему – они еще не понимают. Если нет ответа, что ты можешь сделать?

Когда-то не могли раскрыть знание о том, что Вселенная существует определенное количество времени. Мы изучали, что она вечна. Почему вечна? Да потому, что вечна. Все!

Наука не претендует на истину – ни в коем случае. Это невежды так думают. Наука всего лишь объясняет в ограниченных диапазонах, что наши отрывочные маленькие знания о мире мы можем свести к какой-то системе. Мир огромный, существуют в нем миллиарды зависимостей. Каким-то образом мы лепим из этого физику, химию и все остальное.

С одной стороны, мы говорим: нет вечного двигателя. Тогда объясните мне, пожалуйста, где энергия, которая крутит атом? Откуда она получает? Извне? С бешеной скоростью крутится, якобы, электрон. Якобы – потому что это ведь даже не частичка, а некое облако вокруг ядра.

Откуда все они получают энергию? Физики говорят: «Мы не знаем».

Перед вами вечный двигатель! «Не может быть вечного двигателя. Он откуда-то получает». Откуда? «Мы еще не узнали».

Но настоящий ученый не может смириться с тем, что он чего-то не знает.

Поэтому наука и находится в поиске все время. Ученые говорят о том, что они еще не раскрыли. Но, в принципе, и само предположение, что не существует вечного двигателя, оно тоже – всего лишь предположение.

Вечный двигатель будет открыт рано или поздно?

Когда мы выйдем за понятие времени, вечности или конечности, тогда увидим, что все вечно на самом деле. Нет невечного двигателя – все вечно.

Как здорово все-таки! Это заряжает оптимизмом.

Ну, конечно, это дает надежду. Человек почему-то думает, что в таком же виде он останется и в следующем своем преображении, в следующем измерении.

Люди не понимают, что мы существуем там и сейчас, только существуем в виде информации, в виде энергии.

Грубо говоря, существует наш информационный двойник?

Нет, именно там мы и существуем в виде информации. То, что сейчас мы ощущаем себя именно такими, связано с тем, что наши органы ощущений не настроены на тот диапазон. И поэтому из того огромного состояния мы ощущаем лишь какую-то маленькую искаженную часть. Вот это – я, это – мир и так далее.

РОЖДЕНИЕ МОШЕ

Вернемся к Моше.

/1/ И ПОШЕЛ ОДИН ЧЕЛОВЕК ИЗ РОДА ЛЕВИ, И ВЗЯЛ В ЖЕНЫ ДОЧЬ ЛЕВИ. /2/ И ЗАЧАЛА ЭТА ЖЕНЩИНА, И РОДИЛА СЫНА, И, УВИДЕВ, ЧТО ОН ХОРОШ, СКРЫВАЛА ЕГО ТРИ МЕСЯЦА.

Дальше из «Большого комментария»:
Седьмого Адара у Йохевет и Амрама родился сын. Младенец родился обрезанный, и это было знаком, что он станет праведником.

«Увидела она, что он хорош». Что это значит? Женщина увидела, что сын ее хорош? Какая мать не говорит, что сын ее хорош?

«Хорош» – имеется в виду, что в нем свойство отдачи превалирует над свойством получения. Это первое. Второе, что вследствие этого он родился обрезанным. Это значит, что все его эгоистические свойства были от него уже отрезаны, как бы скрыты внутри. И действительно в нем превалировало свойство отдачи – намерение отдавать, наполнять, насыщать в подобие Творцу, в подобие высшей силе.

Человек ощущает, что в нем рождается такая сила? Он понимает, что это хорошая сила?

Это эгоистическая сила, которая существует во всех нас, но которая обнаруживает, что внутри нее находится альтруистическое начало. Оно начинает развиваться, управлять ею, командовать ею. В итоге из этого начала вырастает человек – «Моше, вырастающий в Египте».

Амрам поцеловал свою дочь Мирьям: «Ты была права, – сказал он ей. – Ты предсказала, что твоя мать родит спасителя сынов Израиля».
В действительности у Моше было десять имен.
Но Творец сказал: «Поскольку твою жизнь спасла дочь фараона, то Я клянусь, что Я буду называть тебя только именем, которое она дала тебе!»

Да. Моше – от ивритского «маш» (вытаскивать), «лимшоах» (тащить). Дочь фараона дала ему это имя по событию: вытащила из воды («мин амаим машитиу»).

Само слово олицетворяет вытаскивание из эгоизма человека?

Да. И, кстати, имя дочери фараона – Батья.
«Бат юд-кей» – то есть «дочь Творца». Дочь фараона – это дочь Творца, потому что фараон олицетворяет собой обратную сторону Творца. Мы снова видим, как женская часть фараона приближается к свойству отдачи и готова растить его.

С тех пор имя Батья считается божественным именем, и им называют еврейских девочек по сей день.

ТРИ ЖЕНЩИНЫ НА БЕРЕГУ РЕКИ

Моше из рода Леви. Что олицетворяет для нас род Леви?

Это надстройка над общим альтруистическим желанием, которая не просто согласна сопутствовать выходу из эгоизма, а сама устремляется вперед к Творцу, к сближению с Творцом. Это называется Леви.

Вернемся к тому, что было до того, как Моше вытащили из Нила. Его скрывали а потом:
/3/ НО ДОЛЕЕ СКРЫВАТЬ ЕГО НЕ МОГЛА, И ВЗЯЛА ДЛЯ НЕГО ЛАРЕЦ ИЗ ПАПИРУСА, КОТОРЫЙ ОБМАЗАЛА АСФАЛЬТОМ И СМОЛОЙ, И ПОЛОЖИЛА В НЕГО МЛАДЕНЦА, И ПОСТАВИЛА В КАМЫШАХ У БЕРЕГА НИЛА. /4/ И ВСТАЛА ПООДАЛЬ СЕСТРА ЕГО, ЧТОБЫ УЗНАТЬ, ЧТО С НИМ СЛУЧИТСЯ.

Чтобы его не съел крокодил.

Крокодилы водились в Ниле?

Конечно. Если мы говорим о материи, то, конечно, там существовало все.

И несмотря ни на что, по Нилу мы отправляем ребенка. Мы говорим о наших внутренних желаниях?

Да. Эта энергия, которая называется Нил, эта сила, которая исходит от Творца, но питает самую эгоистическую нашу суть, несет Моше прямо в лапы фараона.

Иначе бы Моше до него не дошел. Именно через эту энергию он должен достичь самого эгоистического центра. Только через Нил. И поэтому свет направляет его туда.

Так происходит и с человеком, который начинает изучать каббалу: свет сразу же начинает углублять его собственный эгоизм. И здесь свет углубляет – приводит Моше к фараону.

Многие не выдерживают таких открытий – туда, в глубину, к фараону.

Человек создан для того, чтобы выдержать все это. Главное – терпение и немножко пригнуть голову, понимать, что ты являешься всего лишь частью творения, а не выше его.

/5/ И СОШЛА ДОЧЬ ФАРАОНА ИСКУПАТЬСЯ В РЕКЕ, А СЛУЖАНКИ ЕЕ ШЛИ ВДОЛЬ РЕКИ; И УВИДЕЛА ОНА ЛАРЕЦ В КАМЫШАХ, И ПОСЛАЛА РАБЫНЮ СВОЮ, И ТА ВЗЯЛА ЕГО. И ОТКРЫЛА, И УВИДЕЛА ЕГО, МЛАДЕНЦА, И ВОТ – МАЛЬЧИК ПЛАЧЕТ; И СЖАЛИЛАСЬ НАД НИМ, И СКАЗАЛА: «НЕ ИНАЧЕ КАК ОН – ИЗ ДЕТЕЙ ЕВРЕЕВ». /7/ И СКАЗАЛА СЕСТРА ЕГО ДОЧЕРИ ФАРАОНА: «НЕ СХОДИТЬ ЛИ, ПОЗВАТЬ ТЕБЕ КОРМИЛИЦУ-ЕВРЕЙКУ, ЧТОБЫ ВЫКОРМИЛА ТЕБЕ ЭТОГО МЛАДЕНЦА?». /8/ И СКАЗАЛА ДОЧЬ ФАРАОНА: «ИДИ!». И ПОШЛА ДЕВИЦА, И ПОЗВАЛА МАТЬ МЛАДЕНЦА. /9/ И СКАЗАЛА ЕЙ ДОЧЬ ФАРАОНА: «ВОТ ТЕБЕ МЛАДЕНЕЦ, ВЫКОРМИ ЕГО ДЛЯ МЕНЯ, А Я ВОЗНАГРАЖУ ТЕБЯ!». И ВЗЯЛА ЖЕНЩИНА МЛАДЕНЦА, И ВЫКОРМИЛА ЕГО.

Со стороны дочери фараона, она делает работу ради вознаграждения. Со стороны матери – естественно, так как это ее ребенок. Таким образом, развиваются события и связи.

Мирьям, сестра Моше, как бы направляет события?

Да. Тут же возникает взаимная связь между дочерью фараона, приемной матерью, и истинной матерью Моше. Дочь фараона оплачивает матери то, что она вскармливает своего ребенка. Но дочь фараона этого не знает.

Почему дочь фараона вытащила ребенка из камышей? Почему она это сделала, несмотря на запрет?

С одной стороны, эгоизм в женском свойстве самый-самый злой, отравленный. С другой стороны, он стремится к жизни, он стремится к росту, к рождению и к тому, чтобы рожать. Это свойство нельзя отнять у него.

Одновременно в нем содержатся как бы два противоположных свойства. Самый низкий, ярый, если он эгоистический, женский эгоизм, который не может, просто не в состоянии ничего вынести.

Но с другой стороны, когда дело касается жизни, то женщины и женское свойство связано со светом: получая свет, она может рожать и вскармливать – давать жизнь.

Оно, это женское свойство, связано с Творцом.

С милосердием?

Даже не с милосердием, а с желанием порождать, рожать, продолжать. Поэтому это свойство называется Батья.

Батья – дочь Творца. Это то, что исходит непосредственно из фараона (она его физическая дочь), а на самом деле Батья – дочь Творца.

Когда внутри фараона проходит оживляющее свойство света, оно порождает эту силу, свет, который называется Батья. На самом деле, это искра свойства отдачи, свойства Творца, находящаяся в эгоизме.

Ради этого свойства и благодаря ему существует фараон и весь Египет. Именно поэтому в Египте может зародиться в эгоизме будущее свойство человека, которое затем выходит наружу благодаря этой искорке.

Мы не понимаем и недооцениваем свойство, которое называется Батья. На самом деле, это женская часть света, свойства света.

ПРИНЦ ЕГИПЕТСКИЙ

Почему почти ничего не говорится о жене фараона, а речь идет лишь о дочери фараона?

Фараон представляет собой весь огромный эгоизм – обратную часть Творца. Но относительно Творца нельзя сказать, что есть женская часть.

Творец и фараон – это одно и то же, только один раз это показано нам с точки зрения света, а другой раз – с точки зрения тьмы.

Мы никогда не говорим «жена Творца».

Да. Но «нет никого кроме Него»! Это единая сила, в которой все соединяется. Ниже нее уже идут разветвления. Вот Моше. Он олицетворяет собой как бы принца, приемного сына дочери фараона, то есть это уже следующая ступень под фараоном – под Творцом.

Продолжим о принце:

/10/ И ВЫРОС РЕБЕНОК, И ПРИВЕЛА ОНА ЕГО К ДОЧЕРИ ФАРАОНА, И СТАЛ ОН ЕЙ СЫНОМ, И НАЗВАЛА ОНА ЕГО ИМЕНЕМ МОШЕ, И СКАЗАЛА: «ПОТОМУ ЧТО ИЗ ВОДЫ Я ВЫТАЩИЛА ЕГО».

Пишется в «Большом комментарии»:
Двухлетний Моше был так высок и красив, что смотреть на него было удовольствием. Сам фараон любил играть с ним.

Однажды, когда Моше исполнилось три года, фараон сидел за столом с женой Алфренис, министрами и Батьей, которая держала мальчика на коленях.

Моше слез с колен Батьи и подошел к фараону. Он взял

ГЛАВА «ИМЕНА»

корону и возложил ее на свою маленькую головку. Все смотрели, не смея произнести ни слова, только советник Билам вскочил с места: «Вспомните, ваше величество, что я сказал вам про ваш сон! – воскликнул он. – Этот маленький мальчик, должно быть, еврей и постыдным поведением напоминает своих праотцев».

Билам почувствовал, что Моше заберет власть у фараона. Дальше идет следующее:

«Этот мальчик сейчас ведет себя так же, как они, стараясь обмануть вас. Он хочет захватить вашу корону и ваше царство! Вам лучше избавиться от него, пока не поздно!».

«Вы все согласны со словами Билама?», – неуверенно спросил фараон министров.

Ангел Творца сказал устами одного из министров: «Вы можете легко проверить, чем руководствовался этот маленький мальчик, когда взял вашу корону. Возьмите алмаз и блестящий кусочек угля и поставьте перед ним. Если он потянется к алмазу, а на уголь не обратит внимания, мы будем знать, что его действия продиктованы умыслом и хитростью. Если же он возьмет уголь, значит, мальчик тянется ко всему блестящему, как все дети».

И сейчас идет объяснение, почему Моше стал заикаться. Принесли алмаз и уголь, и весь двор в напряжении ждал, что же произойдет. Маленький Моше посмотрел на оба предмета, хорошо понимая, какая между ними разница. Он не собирался выбрать кусок угля. Моше потянул руку, чтобы взять алмаз, но Творец помешал этому. Он послал ангела Гавриэля, чтобы подтолкнуть руку Моше к углю. Моше взял уголь, положил в рот и обжег себе губы и язык. С тех пор ему было тяжело говорить.

То, что Моше взял уголь и обжег язык, не было случайностью. Творец хотел, чтобы тот, кто передаст народу Тору, был плохим оратором. Только когда на него нисходила Шхина, Моше говорил...

Шхина – что это?

Раскрытие Творца.

...Моше говорил хорошо. И люди тогда понимали, что слова Моше не были его собственными. Он был просто посредником, передающим слова Творца.
Как это надо понимать?

Имеется в виду система сил, где взаимодействует всё вместе: фараон (сила получения), Творец (сила отдачи), Батья (посреди), Моше, он должен вырасти из эгоизма, олицетворением которого является фараон. Моше постепенно растет, ошибаясь специально – не специально (допустим, с углем); его подталкивают его внутренние природные силы, которые называются Творцом.

СПАСЕНИЕ ИЗ ГЛУБИН НИЛА

Что в нем видит фараон? Почему он не видит в нем своего будущего преемника?

Дело в том, что эгоизм не может существовать без света, который его наполняет, который его оживляет. И фараон чувствует, что полностью лишившись этого света, он лишает себя жизни, он не может развиваться.

Фараон зависит от Моше. Моше – это не просто маленький младенец на руках: захотел – взял и выбросил его крокодилам.

Моше – это олицетворение той силы отдачи, благодаря которой Египет существует. Египет существует с тех пор, как появился там Йосеф. Египет существует, благодаря нахождению там народа Израиля, которые привели семь лет тучных, семь лет голодных и так далее. Фараон прекрасно это понимает.

Остальные министры – каждый существует в своем. Это свойства, отдельные свойства. И поэтому они не могут оценить значения Моше.

Мы видим, что так было на протяжении всей мировой истории. Например, в средние века: откуда изгоняли народ Израиля – те государства приходили в упадок. Затем приглашали их обратно – и государства возрождались. Это свойство отдачи, которое живет внутри народа Израиля, и поэтому невозможно уничтожить его.

Народы мира всегда пользуются этим свойством и благодаря этому растут. Придет время, когда на самом деле вырастут.

И всё время это повторяется?

Да. Но каждый раз повторяется на следующей ступени. И мы уже пришли к общему кризису, так что сейчас начинается общий расчет.

Почему не дается Моше быть хорошим оратором? Почему обязательно он должен обращаться, допустим, к своему брату Аарону, чтобы что-то сказать?

Невозможно спустить высший свет, чтобы он был в прямом контакте с низким уровнем постижения людей. Всё должно нисходить постепенно, ступень за ступенью, и облачаться в более грубую, более простую материю, чтобы люди могли получать согласно своему уровню развития и постепенно подтягиваться.

И уже на новом уровне развития они начнут чувствовать в этих рассказах на самом деле другую, высшую, истину.

У меня вопрос, касающийся этого мира. Что такое свойство Моше в нашем кризисном мире?

Это свойство, которое вытягивает нас из эгоизма.

Мы вытащим маленького Моше, который есть в каждом из нас, из нашего Нила (из силы, которая питает наш эгоизм) и начнем его воспитывать. Несмотря на то, что Моше будет воспитываться в доме фараона, он растет под воздействием Батьи, то есть света Творца, который находится в нашем эгоизме. В итоге, мы взрастим свойство, и оно поможет нам раскрыть Творца. Тогда мы сможем точно следовать за Ним – за Творцом.

Происходит постепенное возникновение связи с высшей силой через последовательную цепочку развития из самых глубин нашего эгоизма (подобно тому, как из земли развивается росток), которая постепенно становится путем в пустыне. Через него человек выходит из Египта и постепенно идет дальше и дальше к раскрытию Творца.

Если идти от легкого к тяжелому, мы должны еще раскрыть Батью?

Я не знаю, можем ли мы так явно ее раскрыть – это неявная сила Творца внутри эгоизма. Она близка к фараону, потому что питает его. Без помощи Батьи мы не сможем вырасти – мы можем вырасти только из Египта, как зерно рождается из земли, с одной стороны.

С другой стороны, Батья не может раскрыться больше, чем как дочь фараона, больше, чем свойство, которое позволяет нашему Моше вырасти, то есть свойство, благодаря которому мы выходим из Египта.

Мало внимания обращается на нее, на самом деле.

На то, что скрыто, обращается мало внимания. Так везде происходит. Но среди религиозных людей ты увидишь огромное количество женщин, которых зовут Батья.

Они исходят из того, поверхностно говоря, что она помогла Моше проявиться?

Да, это внешнее восприятие. Но известно, что «Батья» (дочь Творца) – это очень сильное имя.

ЧЕЛОВЕК ЧЕЛОВЕКУ – ВОЛК?

Мы говорим о Моше – о точке в сердце, которая вытягивает нас из эгоизма. И уже пробрались через наше желание – детство Моше. Подошли к тому, что Моше вырос.

И происходит следующая история (внутри нас):
/11/ И БЫЛО – В ТЕ ДНИ, КОГДА ВЫРОС МОШЕ И ВЫШЕЛ К БРАТЬЯМ СВОИМ, – УВИДЕЛ ОН ИХ ТЯЖКИЙ ТРУД, И УВИДЕЛ, КАК ЕГИПТЯНИН ИЗБИВАЕТ ЕВРЕЯ, ИЗ БРАТЬЕВ ЕГО. /12/ И ПОСМОТРЕЛ ОН ТУДА И СЮДА, И УВИДЕЛ, ЧТО НЕТ НИКОГО, И УБИЛ ЕГИПТЯНИНА, И СКРЫЛ ТРУП В ПЕСКЕ.

Что это за убийство?

Человек состоит из эгоистических свойств. Но в данном случае мы уже говорим о настоящих альтруистических свойствах.

Альтруистическое свойство полностью направлено на отдачу и любовь к ближнему, а эгоистическое, естественно, – только на получение для себя, ради себя. И не просто ради себя, а в ущерб другим, именно от этого он испытывает наслаждение.

Здесь в человеке возникают противостояния. Должен ли он идти вперед, чтобы одно свойство возобладало над другим?

В принципе, всегда в нас находится вопрос: «Кто на самом деле прав? Почему мир не может быть таким, как он есть? И эгоизм? Можно же им нормально пользоваться?».

Мы знаем, что даже были такие культуры, которые запрещали пользоваться чем-то бóльшим, чем эгоизм. Допустим, законы Сдома или, в древних мирах, уничтожение «неудачных» младенцев. В Спарте такое было.

Использовали с жестокостью рабов. Главенствовал культ голой силы и голого расчета. Ничего человеческого не было, а только лишь четкий закон природы. Вся человеческая личность, структура отношения к жизни были поставлены на службу выявления и реализации эгоистического принципа.

Ты обязан действовать только ради своего эгоизма. Это философия жизни!

Живем так: «Я – для себя, и ты – для себя».

В лучшем случае.

Это Сдом?

Да. Это считается свойством Сдома и Аморы, поэтому они и были перевернуты землетрясением и пропали. Кроме того, тут присутствует просто явное эгоистическое начало «человек человеку – волк».

«Почему – нет?! Почему должен быть "человек человеку – брат"?! Брат – это против нашей природы! А волк – не против человеческой природы. Давайте нашу природу соблюдать! И тогда мы будем идти вместе с ней.

Глава «Имена»

Кто говорит, что мы должны быть в равенстве, в любви, в братстве? Человек, который оторван от жизни, от материи. И совершенно нереально относится к жизни! Никогда его планы не реализуются, с ним всегда будет проблема».

Все подобные рассуждения в итоге кончаются братоубийственной войной или эгоистическим коммунизмом, огромным крушением, красным террором, голодомором и так далее.

И это совершенно верно! Как же может быть иначе? Вы говорите, идти вместе с природой – это значит, полностью поддерживать эгоизм. Давайте выявим все его черты, его законы, его свойства и будем четко их соблюдать.

Может быть, именно в этом мы и обретем абсолютную гармонию, потому что увидим, в каком равновесии природа поддерживает зверей и всё вокруг себя: больших, маленьких, сильных, слабых, кто кого или что ест и так далее.

Каждый на своем месте.

Давайте и мы всё распределим так – с учетом только эгоистического свойства. Может быть, именно альтруистическое начало, наши гуманитарные склонности и портят нам всю жизнь. Давайте уберем их из своей жизни!

И как из этого тупика вы выберетесь сейчас? Вы почти убедили меня, прямо скажем, что мир – такой.

Конечно! Так что? Давайте соблюдать!

Ну, давайте.

Не можем! Потому что мы видим, что в неживом, растительном и животном мире это равенство, гомеостазис соблюдается, равновесие поддерживается: никто не ест другого больше, чем ему надо. Там эгоизм поставлен на то, чтобы поддерживать равновесие в природе.

У человека – нет. Если бы мы пользовались своим эгоизмом так, как животные – не больше и не меньше, тогда мы оставались бы на животном уровне и, действительно, должны были бы так и делать. Так мы и развивались!

Неживой, растительный и животный уровень развития – так это называется в каббале?

Да. Затем наш эгоизм начал развиваться еще дальше на человеческом уровне, то есть мы начали его использовать в иных формах и в большем размере, чем он необходим для нормальной жизни. И здесь мы начинаем уничтожать друг друга, бессмысленно уничтожать! Общество людей, основанное только на эгоистических законах, не может долго существовать. Мы в этом убеждаемся, это вытекает из самой природы.

Весь сегодняшний кризис подводит нас к этому пониманию. Надстройку человеческую над животной мы используем для роста эгоизма и сами себя уничтожаем.

У нас нет другого выхода, мы диалектически пришли к состоянию, когда с помощью только эгоизма не можем работать ни с природой, ни с самими собой, потому что мы не животные, не работаем инстинктивно. Кроме того, в нас еще продолжает развиваться эгоизм. Мы не можем его использовать в таком виде, в каком он существует, потому что этим приводим себя к постоянным кризисам, войнам, взаимным уничтожениям. И тому нет конца.

Что же нам остаётся, когда мы осознаем это?

Тогда нам остается единственная вещь – использовать человеческую надстройку, которая рождается в нас, в совершенно ином виде – ради достижения равновесия.

Но для этого надо знать программу природы, надо знать ее свойства, овладеть свойствами равновесия, отдачи и любви. Но в нас их нет. В нашем эгоизме они существуют направленные только на себя. И лишь овладев свойствами природы, мы сможем что-то сделать.

ПОЕЗД ПРИБЫЛ В ТУПИК

Откуда вы знаете, что свойство природы – отдача и любовь?

На основании того, что мы просто исследуем вокруг себя.

Природа не стремится уничтожать виды, она всегда стремится поддерживать их, давать им возможность сосуществования. Путь природы, ее тенденция – постоянно находиться в равновесии. Это законы: второй закон термодинамики, закон энтропии и так далее – их действие мы видим в неживой, растительной и животной природе.

Уничтожение – это свойство нашего эгоизма?

Уничтожение не во имя продолжения жизни и равновесия, а во имя своего повышенного, поверх животного уровня, эгоизма, который есть в нас.

Люди уже начинают понимать, что поезд прибыл в тупик? Это и есть замысел природы – загнать нас в тупик?

Я сейчас получил десятки страниц всевозможных высказываний, в основном, экономистов, политиков, которые говорят именно таким языком. Всё уже понятно и открыто.

Моше вышел и убил египтянина, огляделся направо, налево и засунул его в песок. Что значит эта сцена? Этим свойством, глядя на мир как бы через него, мы начинаем убивать эгоиста в себе?

Да, каждый убивает своего египтянина.

Нет другого выхода! Эти два свойства начинают противодействовать друг другу. Идти, как египтяне, мы уже не можем – это чистый эгоизм, который только таким образом работает сам по себе. Мы не можем работать и с чистым альтруизмом. На чем он будет строиться?

Мы должны сделать это через воздействие одного на другой.

Как возникла точка переворота? Моше жил себе нормально, пас овец – и вдруг он увидел, что это тяжкий труд.

Да. Моше обнаружил в себе, что его эгоизм убивает альтруистическое начало. И он не мог ничего сделать с этим.

Так бы жил и жил, если бы не почувствовал это в какой-то момент.

Человек не может жить так просто.

Когда-нибудь наступает момент «Моше» в человеке? В любом человеке?

Да. В любом. Потому что мы созданы такими, что всегда в нас всё равно прорезается свойство отдачи.

Воспринимается как фантастика, когда вы говорите: «В любом человеке, в каждом в мире».

Никакой фантастики, это всё есть в каждом! То, что сейчас люди этого не чувствуют, – это всё наносное.

То есть в одном – эта точка находится так глубоко, что не добраться, а в другом – она близко?

Всё зависит от окружения. Можно очень быстро ее возбудить.

БЕГСТВО МОШЕ

Дальше с Моше происходит следующая история – вдруг его «закладывают» свои же евреи.
На следующий день Моше выходит и видит, что ссорятся два человека (евреи).
Они смотрят на него, он спрашивает: «Почему вы ссоритесь?». Они говорят: «Кто ты, чтобы нас допрашивать – ты сам египтянина убил». И Моше заволновался. Услышал об этом фараон и хотел убить Моше, но Моше бежал от фараона.
Сами же евреи его предали.

Да, конечно. Но тут надо понимать, что это невозможно воспринимать как обычный текст. Моше приходится приемным внуком фараону. Он – принц. Он воспитывался в доме фараона.

Ему уже 40 лет – повзрослел. Вообще-то там в то время 40 лет и не жили. Все фараоны, о которых мы знаем, жили двадцать один, двадцать три, двадцать пять лет – максимум! – и всё, больше жизни не было. Да еще 200 лет назад жили в среднем до 40 лет.

Что еще раз доказывает, что не об истории здесь говорится.

Не об истории, конечно. Но, что интересно, действительно, написано, что своего приемного внука, который у него рос 40 лет, фараон хочет убить за какого-то египтянина!

Которых у него тысячи.

Кто там, вообще, считался с людьми?!
Дело в том, что когда в человеке начинают возбуждаться и противодействовать свойства эгоизма и альтруизма, и он решает, что делать, то тогда восстает его эгоизм и желает убить его полностью. Эгоизм видит, что человек начинает как бы откусывать от него куски.

До поры до времени они идут рядом...
Они поддерживают друг друга, конечно! Написано, что Моше – любимый внук фараона, потому что свойство отдачи помогает наполнять эгоизм.

Поэтому и повествуется, что когда сыны Израиля пришли в Египет, он расцвел. Свойство отдачи пришло в эгоизм, эгоизм смог уже не просто рвать от всех, а получать, отдавать. Расцветает международная торговля, открываются совершенно другие возможности. Это и есть развитие цивилизации. Египет в то время и расцвел.

В «Большом комментарии» пишется:
Моше бежал, и фараон отправил своих солдат в погоню, но Творец поразил их всех слепотой. Когда Фараон спрашивал: «Где Моше?», – он не получал ответа, потому что всякий, кто пытался ответить, становился глух и нем. Так Моше невредимым покинул землю египетскую.
Что значит, «не могут сказать»?

ГЛАВА «ИМЕНА»

Как только эгоизм остаётся один, без альтруистических побуждений, работая с которыми он может себя поддержать, то он – просто голый эгоизм. У него нет ни малейшего понятия о том, где он находится, что надо делать. Он живет на животном уровне и поэтому не видит и не слышит. Нет наполнения светом хохма, и он не может ничего определить. Это состояние ужасное. Так же как впоследствии египетские казни, тьма и так далее.

ПРИШЕЛЕЦ В ЧУЖОЙ СТРАНЕ

Моше пробирается в Мидьян. Там встречается с Итро. У него 7 дочерей, и Моше женится на одной из них, на Ципоре.

Сказано, что она рожает ему сына Гершома. И сказал он, что «пришельцем стал я в чужой стране». Эта фраза сказана в Мидьяне.

Дальше начинается сама суть возвращения в Египет Моше, уже как предводителя.

/23/ И БЫЛО, СПУСТЯ МНОГО ВРЕМЕНИ: УМЕР ЦАРЬ ЕГИПТА, И ЗАСТОНАЛИ СЫНЫ ИЗРАИЛЯ ОТ РАБОТЫ, И ВОЗОПИЛИ – И ВОЗНЕССЯ ЭТОТ ВОПЛЬ ОТ РАБОТЫ ИХ КО ВСЕСИЛЬНОМУ. /24/ И УСЛЫШАЛ ВСЕСИЛЬНЫЙ СТЕНАНИЯ ИХ, И ВСПОМНИЛ ВСЕСИЛЬНЫЙ СОЮЗ СВОЙ С АВРААМОМ, С ИЦХАКОМ И С ЯКОВОМ. /25/ И УВИДЕЛ ВСЕСИЛЬНЫЙ СЫНОВ ИЗРАИЛЯ, И ПОЗНАЛ ВСЕСИЛЬНЫЙ.

Встает новый фараон, который не знал их. Что это за состояние – «встал новый фараон»?

Это новая стадия эгоизма, которую постигает человек, когда он идет вперед.

Раньше он видел, что мог работать с этим эгоизмом для своего наполнения, всё было нормально, и он использовал свойство отдачи для наполнения.

Люди, которые приходят заниматься каббалой, начинают чувствовать, видеть, осознавать мир намного шире, глубже. Для них это – расширение их сознания.

Затем они начинают чувствовать себя не очень хорошо. Потому что, вроде бы, да, я начинаю больше понимать, но, с другой стороны, я становлюсь более запутанным. Я начинаю больше ощущать, но ощущения становятся не очень приятными. Раньше я чувствовал себя нормально в своих маленьких рамках, а теперь рамки расширились, и я не знаю вообще, что делать, неизвестно, где я и какой – подвешенный, летающий.

И это всё – новая форма, новая стадия развития эгоизма, которая уже не может быть наполнена за счет обычных действий, постижений, ощущений. Новая ступень эгоизма требует именно раскрытия программы, понимания методики движения вперед. Эта новая ступень, кстати, уже не носит эгоистический характер.

Здесь надо ощущать в себе дополнительные силы, свойства отдачи, и тогда на их совмещении можно понять, как идти дальше. Пока этого не понимаешь, то новый фараон кажется ужасным, он как бы уничтожает, понижает в тебе именно человека.

Интересно, с одной стороны, открылся новый мир, с другой – закрылся старый. Как человек может вдруг всё оставить и уйти? К чему он приходит?

Он должен прийти к состоянию, когда весь мир будет казаться ему как нечто такое, что находится на заднем дворе его дома. А весь он находится со своими товарищами, с теми, которые движутся вперед, и это для него – весь мир.

Куда он уходит? Куда он может уйти от этого состояния?! Он находится со своими товарищами, перед ним – мир. Как вдруг он сам может уйти? Вы говорите: «Уходят многие», – вдруг бросают и уходят. Куда уходит человек? Или совсем перекрывают это человеку?

Нет, это перекрывают человеку ви́дение. И он уходит. Он понимает вдруг, что есть необходимость продвинуться, допустим, заработать. Ему надо отработать свои желания. И не только ему, он же связан со всеми остальными, никто из нас не действует поодиночке.

Но сейчас, благодаря кризису, причем очень жесткому, будет серьезнейшее раскрытие полного тупика.

Это на самом деле большая помощь получается?

С одной стороны, это большая помощь. С другой стороны, это помощь тогда, когда у тебя уже есть четко развитая методика, с которой ты можешь выйти к людям. И она будет разработана в таком виде, что люди смогут легко воспринять ее.

РЕБЯТА, МЫ ОШИБЛИСЬ

Не должны же оставить людей в такой темноте, когда даже точечки света нет нигде? Ты стоишь перед стеной…

Нет. Существует два вида раскрытия зла в эгоизме – побоями или осознанием.

Тогда происходит увеличение числа самоубийств, например?

Что самоубийства? Это мелкие частные лирические разочарования.

Это не те катастрофы, о которых говорится. Катастрофа, которая надвигается, – это абсолютный полнейший кризис во всех областях человеческой деятельности, такой кризис, что у человека ничего не остается, он срывается в средневековые представления и образы, в средневековые отношения.

Вы говорите, что ученый, который 50 лет что-то изучал, вдруг понимает, что он занимался непонятно чем? А литератор, который что-то писал?

Все люди осознают, что всё, чем занималось человечество и развивало себя, – всё это совершеннейший тупик! И всё, что пройдено в последние несколько тысяч лет, нужно для того, чтобы осознать этот тупик. «Ребята, мы ошиблись».

Сколько времени можно стоять в тупике?

Не долгое время, потому что наступает такое разочарование, такое обострение состояний, такая злоба, нервы...

Это приводит немедленно к взрывам, к войне, причем глобально. Тут не будет: где-то в Европе плохо, а в Китае пока спокойно, а в Америке уже прошло. Эта волна прокатится одновременно по всем. И она не прокатится, она станет стеной перед тобой. Так оно и будет!

Вы рассказываете сейчас о естественном развитии? Вы не хотите добавить никакого «если»?

Никакого «если» нет! Все так и будет!

Глава «Имена»

«Если» может возникнуть, когда осознанием необходимости, причинности, целенаправленности этого состояния мы сможем поставить человека вперед, дать ему свет. Тогда он преодолеет волну и пойдет дальше.

Решение очень простое – в правильной связке между собой. Если люди обратят на это внимание, то очень быстро оценят, что это единственная возможность помочь человечеству.

Но для начала они должны осознать угрозу.

Угрозу они увидят и так. Очень сильно.

Главное, как вы говорите всегда, чтобы на месте уже лежала книга, или стояла программа, или нечто другое, что человек тут же сможет взять и применить. Чтобы доступно это было.

Вот это наша задача.

Если доступно, тогда человек вдруг начинает слышать?

Это состояние близко. Скоро оно начнет проявляться серьезнейшим образом.

Те проблемы, которые пытались скрыть вливанием денег и прочими способами, невозможно больше скрывать. Пройдут выборы, перевыборы и так далее, но, в результате, вся искусственная маскировка упадет. Больше не будет никакой возможности что-то сделать.

Но необходимо время для осознания тупика, по крайней мере, сотнями тысяч людей в мире, которые состоят в корпорациях, входят в правительства, в систему образования и так далее. Они уже понимают, что тупик окончательный, и воспринимают это именно так. И в прессе это проскакивает. И кое-где народ это слышит. Но все же надо почувствовать тупик на собственной шкуре.

Пока же понимают это, хотя и чисто умозрительно, миллионы, сотни миллионов людей в мире. Но и до них еще не дошло окончательно, потому и они продолжают существовать по-прежнему, по инерции.

Мы говорим не о конкретном годе – мы говорим о состоянии, к которому всё движется?

Надо понять, что точка бифуркации, рождение нового – это прекрасно всегда. Чтобы осознать это, человек должен немножко почувствовать состояние вечности. Почувствовать, что такое состояние существует. Если он этого не чувствует, то для него такое любое маленькое состояние связано с концом.

Поэтому все говорят о конце света, о тупике.

ПОД РУКОВОДСТВОМ ПАСТУХА

Продолжим.

/1/ А МОШЕ ПАС СКОТ У ТЕСТЯ СВОЕГО ИТРО, ПРАВИТЕЛЯ МИДЬЯНА, И ПОГНАЛ ОН СКОТ НА ТУ СТОРОНУ ПУСТЫНИ, И ДОШЕЛ ДО ГОРЫ ВСЕСИЛЬНОГО В ХОРЕВЕ. /2/ И ОТКРЫЛСЯ ЕМУ АНГЕЛ ТВОРЦА В ЯЗЫКЕ ПЛАМЕНИ ИЗ КУСТА ЕЖЕВИКИ, И УВИДЕЛ МОШЕ: ВОТ КУСТ ЕЖЕВИКИ ПЫЛАЕТ ОГНЕМ, НО НЕ СГОРАЕТ. /3/ И СКАЗАЛ МОШЕ: «ПОВЕРНУ ТУДА, ПОСМОТРЮ НА ЭТО ВЕЛИКОЕ ДИВО: ОТЧЕГО НЕ СГОРАЕТ ЭТОТ КУСТ?». /4/ И УВИДЕЛ ТВОРЕЦ, ЧТО МОШЕ СВЕРНУЛ ПОСМОТРЕТЬ, И ПОЗВАЛ ЕГО ВСЕСИЛЬНЫЙ ИЗ КУСТА ЕЖЕВИКИ: «МОШЕ, МОШЕ!». И ОТВЕТИЛ ТОТ: «ВОТ Я!». /5/ И СКАЗАЛ ТВОРЕЦ:

Глава «ИМЕНА»

«НЕ ПОДХОДИ СЮДА! СБРОСЬ ОБУВЬ С ТВОИХ НОГ, ИБО МЕСТО, НА КОТОРОМ ТЫ СТОИШЬ, – ЗЕМЛЯ СВЯТАЯ».

Начинается первое проявление Творца. До этого Моше двигался сам по себе. И вдруг сейчас что-то начинает его направлять. Начинается настоящая история Моше. Что услышал Моше? Что это – «сними обувь»? Что значит, «Святая земля»? «Горящий куст»?

Начинается с того, что Моше пас овец. Пастух, имеется в виду, – предводитель своих животных начал, который ведет свои животные начала к Творцу, к свойству отдачи и любви, то есть всё время устремляет себя вперед.

Притом, надо обратить внимание, что пастух – это неправильный перевод с иврита. Написано, «роэ цон», то есть «видящий впереди стада» – своего животного начала.

Насколько мир обратен! Пастух в нашем мире – это последний человек. И первый человек в духовном мире.

Да, потому что в этом мире все мы существуем на животном уровне. А пастух – это тот, который ведет нас от животного уровня к человеческому.

Когда он занимается продвижением себя вперед, то навстречу себе начинает ощущать проявление Творца.

Моше поднимается здесь из миров БЕА в мир Ацилут. Он должен снять свою обувь, потому что «наалаим» (обувь, *ивр.*) – от слова «ноэль», «нааль» (замки́ нижние) – то, что закрывает ему проход в Высший мир. Он должен их аннулировать.

Он должен быть связан с землей?

Да, он должен быть связан с землей, потому что связан именно со своим желанием. Раньше у него не было этой возможности, он не мог работать со своими желаниями – поднимать их в мир Ацилут. Сейчас эта возможность уже есть.

Ацилут – это «у Него». Ацилут – это та область, в которой высший свет царствует в исправленных желаниях.

Что это – голос Творца?

Раскрытия! Раскрытия могут быть в любых видах. Раскрытие на уровне бины (на уровне отдачи) – это голос. Ухо.

Горящий куст – что это?

Горящий куст – это свет хохмá. Свет жизни.

Что значит, «увидел горящий куст и пошел туда»?

Он увидел смысл в том, что делает, что сближается в своей работе по движению вперед своего животного начала (своих овец, как бы), что сближается уже с Творцом, то есть с миром Ацилут.

Это первый контакт человека, который может подняться из миров брия, ецира, асия в мир Ацилут.

Два раза Он зовет его: «Моше, Моше». Есть в этом смысл?

На это есть много комментариев. Это две линии, а третья линия идет со стороны света хасадим и хохма.

ГЛАВА «ИМЕНА»

ВОЗВРАЩЕНИЕ К ФАРАОНУ

Продолжаем главу «Шмот» («Имена») – это поворотная глава. Здесь мы подзадержимся и поговорим еще раз о желании, которое у нас рождается и которое вытягивает нас из эгоизма, – о Моше. Мы добрались до серьезного состояния, когда вдруг Моше (нашему желанию) впервые проявился Творец. И Он сейчас начинает направлять его обратно в Египет, отправляет туда на работу, как разведчиков.

Человек, который приходит серьезно работать над собой, как бы поднимается над своим эгоизмом, убегает от него, убивает египтянина (эгоиста) в себе и отдаляется от использования эгоизма.

Мы видим это по людям, которые приходят и начинают заниматься каббалой. Они рьяно хотят двигаться вперед, именно в группе они заводят себе как бы новую семью. Также и Моше убежал к Итро и женился на его дочери Ципоре, и у него родились сыновья. И он назвал своего сына Гершон, сына, который родился уже не в эгоизме. Вне его.

И потом именно в этом подъеме проявляется ему какое-то ощущение, неявное еще явление Творца, раскрытие высшей силы, – по крайней мере, понимание, что оно существует. И теперь уже по велению этого раскрытия он идет обратно в эгоизм – просто как в пасть удаву.

И он приходит туда, и не боится. Хотя фараон должен его убить, Моше стоит перед ним и не требует ни помилования, ни примирения: «Давай, де, помиримся, дедушка». Нет, он приходит к нему, как совершенно посторонний, как сильный, как чужой, как противник, который идет от имени народа. Никогда прежде этого не было.

Моше выступает сейчас против своего эгоизма и за то, чтобы использовать и сам эгоизм, и все свойства, которые в нем, вытащить из эгоизма всё, что можно, на исправление, на отдачу и любовь.

И, естественно, что фараон противится и ни в коем случае не может этого позволить. Но, благодаря огромным страданиям, которые проходят по всем свойствам человека, свойство фараон, которое есть в нем, постепенно соглашается выступить против эгоизма, потому что только в этом и только таким образом находит возможность смягчить свои страдания.

Но сначала сколько сомнений у самого Моше! Он бежал. И сам возвращается. И возвращается с такой силой! Обычно те, которые бегут, уже не возвращаются.

Тут понятно, что если бы физически он возвратился, его просто убили бы. Что стоила в Египте жизнь какого-то человека? Даже если он и вырос во дворце фараона, – есть приказ, никто бы с этим не спорил.

Что значит, «пришел ко мне, явился и сказал: "иди"»? Что значит, «и услышал я голос»?

Человек начинает ощущать в себе такие свойства отдачи и любви, такие связи, которые объясняют ему наш мир, насколько он взаимосвязан и наполнен абсолютной гармонией.

Исходя из этого, он ощущает единственную наполняющую этот мир силу – добрую, целенаправленную, мудрую, которая сейчас проявляется в нем. Он является вместилищем этой силы. Она проходит сквозь него, он становится как бы прозрачным относительно этой силы. Это и есть раскрытие Творца на разных уровнях: видел, слышал…

...чувствовал, шел за Ним?

В основном, видел или слышал – это или на уровне бины, или на уровне хохма.

Такое явное ощущение человека?

Ну, есть ощущения более явные, но это случается, когда человек уже наполняется явными свойствами и внутри себя обнаруживает эту модель.

Подобно тому, как сегодня внутри себя мы обнаруживаем модель определенного состояния и называем его «наш мир», сложенный из огромного количества всевозможных деталей. Так и появляется следующее состояние.

ЗАХВАТ ЧУЖИХ ЗЕМЕЛЬ

Меняется, расширяется мировоззрение или вообще сменяется вся модель? У человека появляется взгляд на мир через Моше?

Да.

/7/ И СКАЗАЛ ТВОРЕЦ: «УВИДЕЛ Я БЕДСТВИЕ НАРОДА МОЕГО, КОТОРЫЙ В ЕГИПТЕ, И УСЛЫШАЛ ВОПЛЬ ЕГО ИЗ-ЗА ЕГО ПРИТЕСНИТЕЛЕЙ, ИБО ПОЗНАЛ Я БОЛЬ ЕГО. /8/ И СОШЕЛ Я СПАСТИ ЕГО ИЗ-ПОД ВЛАСТИ ЕГИПТА И ПРИВЕСТИ ЕГО ИЗ ТОЙ СТРАНЫ В СТРАНУ ПРЕКРАСНУЮ И ПРОСТОРНУЮ – СТРАНУ, ТЕКУЩУЮ МОЛОКОМ И МЕДОМ: НА МЕСТО КНААНЕЕВ И ХЕТТОВ, И ЭМОРЕЕВ, И ПРИЗЕЕВ, И ХИВЕЕВ, И ЙЕВУСЕЕВ».

Семь народов. «Ты будешь захватчиком, – говорит Он Моше. – Ты возьмешь народ твой и пойдешь захватывать чужие земли».

И будешь убивать, подчинять, резать, сжигать, пока не захватишь всю эту землю. И будешь этим гордиться. Гордиться, потому что этим насаждаешь отдачу и бесконечную любовь.

Также позднее крестоносцы насаждали свою религию. Они насаждали силой своё понимание. Потому что не было объяснения. Только таким образом: силой и кровью, через завоевание, как считали они.

ТАНАХ был прочитан так, что они пошли и начали завоевывать. Всё средневековье – в крови.

Конечно. Библия – основа всего зла в мире, так же, как и добра, – как повернешь. В чем тут дело? Когда человек раскрывает всё в себе, тогда это звучит совершенно по-другому.

Во мне, в моих эгоистических желаниях есть семь слоев: хэсэд, гвура, тифэрэт, нэцах, ход, есод, малхут, – которые называются йевусеи, эмореи, хетты и так далее.

Семь народов живет в земле, которая называется Эрец Исраэль (Земля Израиля). Эрец (земля) – это рацон (желание), Исраэль – прямо к Творцу. Эрец Исраэль – желание, направленное к Творцу.

Сейчас мои эгоистические желания находятся по направлению к Творцу. Я должен исправить их.

Каким образом исправлять – говорится в дальнейшем: этого – убить, того – зарезать, третьего – сжечь, кого-то – покорить. Речь идет то об одних мужчинах, то только о женщинах. Есть правая линия, левая линия и их сочетания. То есть дается четкая инструкция: как семь эгоистических свойств в себе человек может обратить в целый сосуд, где затем в желании, направленном уже к Творцу, он раскрывает свой Высший мир.

ГЛАВА «ИМЕНА»

Что значит – «убить их»?

Убить эгоистическое намерение. Есть четыре вида казней: побить камнями, сжечь, удушить и убить мечом.

Эти казни человек сам проходит в себе и как бы превращает эгоистические свойства, эгоистические слои в альтруистические?
Теперь понятнее, так легче...

Легче?! Это не легче, это намного труднее! Человек внутри себя не в состоянии произвести такие действия над всеми своими эгоистическими свойствами. Ему дается задание: ты обязан этого достичь, ты обязан это выполнить. Но он раскрывает, что сам не может ничего сделать, кроме того, что будет привлекать на себя свойство Творца. И с помощью высшего света, этой силы, они, эти свойства, будут производить в нем изменения, которые и называются умерщвлением, побиением и так далее.

На каждой ступени человек пытается сделать что-то сам и доходит до понимания, что сам он сделать ничего не может?

Если человек хочет в себе это изменить, сначала он должен захотеть изменений. То есть практически резать себя по живому. И сделать это можно опять-таки только привлечением высшего света.

Это называется жертвоприношением?

Высший свет поднимает тебя над твоими эгоистическими желаниями, ты смотришь на них со стороны и готов их умертвить.

/9/ «И ВОТ, ВОПЛЬ СЫНОВ ИЗРАИЛЯ ВОЗНЕССЯ КО МНЕ, И УВИДЕЛ Я ТАКЖЕ, КАК ПРИТЕСНЯЮТ ИХ

ЕГИПТЯНЕ. /10/ А ТЕПЕРЬ ПОСЫЛАЮ Я ТЕБЯ К ФАРАОНУ, И ВЫВЕДЕШЬ ТЫ НАРОД МОЙ, СЫНОВ ИЗРАИЛЯ, ИЗ ЕГИПТА!».

Дает Он такое задание Моше. Моше к этому, получается, не готов.

/11/ СКАЗАЛ МОШЕ ВСЕСИЛЬНОМУ: «КТО Я ТАКОЙ, ЧТОБЫ ИДТИ К ФАРАОНУ И ЧТОБЫ ВЫВЕСТИ СЫНОВ ИЗРАИЛЯ ИЗ ЕГИПТА?».

Сыны Израиля – это очень серьёзные альтруистические свойства, находящиеся под своей эгоистической властью. Поэтому они могут такое преподнести, что ты увидишь, что ни в коем случае у тебя ничего не получится, что вся эта методика неправильная, что эгоизм прекрасно справляется со всем, что только таким образом и можно существовать.

Если сегодня ты придешь к любому человеку, он скажет: «Вот мои эгоистические свойства – вот мои альтруистические свойства. Смотри, как можно создавать хорошую жизнь на их сопоставлении. Надо только рационально, правильно, продуманно, в правильном сочетании с остальными всем этим пользоваться. И всё у тебя получится прекрасно. Почему ты считаешь, что эгоизм надо полностью подчинить альтруистическим свойствам? Откуда тогда ты возьмешь энергию?! Кто захочет это делать?! Ты совсем нереально рассуждаешь».

Моше говорит: «С чем я могу прийти к человеку (к себе)? Я не могу, не в состоянии убедить себя в том, что мне надо полностью подавить себя, подняться над собой и действовать вопреки всему тому, что во мне возникает».

То есть он говорит: «Кто я такой?».

Ради чего? Ради какой цели? И цели я не вижу. Если я буду видеть цель, значит, я буду сравнивать ее с моим

Глава «ИМЕНА»

состоянием, и эгоистически она будет казаться мне лучше. Так, от эгоизма маленького к эгоизму большому, я и буду идти.

Иначе на основе каких сил я могу двигаться вперед?! Где тот мотор, не эгоистический? Нет его! Мне не с чем идти. Ведь все мои отношения к моим свойствам, причем к альтруистическим свойствам, находящимся под эгоизмом, тоже имеют от этого наполнение.

ТРЕБУЮ ЧУДА!

Вы сейчас озвучиваете вопросы, которые мы всё время задаем себе. Действительно, не видит человек цель, не идет к этой цели.

Пойдем дальше.

/13/ И СКАЗАЛ МОШЕ ВСЕСИЛЬНОМУ: «ВОТ ПРИДУ Я К СЫНАМ ИЗРАИЛЯ И СКАЖУ ИМ: ВСЕСИЛЬНЫЙ БОГ ВАШИХ ОТЦОВ ПОСЛАЛ МЕНЯ К ВАМ, А ОНИ СПРОСЯТ МЕНЯ: КАК ЕГО ИМЯ? – ЧТО Я ТОГДА СКАЖУ ИМ?». /14/ И ОТВЕТИЛ ВСЕСИЛЬНЫЙ, СКАЗАВ МОШЕ: «Я – СУЩИЙ, КОТОРЫЙ ПРЕБЫВАЕТ ВЕЧНО!». И СКАЗАЛ ЕЩЕ: «ТАК СКАЖИ СЫНАМ ИЗРАИЛЯ – ВЕЧНОСУЩИЙ ПОСЛАЛ МЕНЯ К ВАМ».

Дальше Моше начинает требовать от Него чудес.

Сказать – это значит, раскрыть. Сказать – это значит, показать свойствам: эгоистическим, альтруистическим, которые все находятся в эгоистической оболочке, – что есть высшая сила, которая всем управляет и эгоизмом, в том числе, и фараоном, и ими самими. То есть показать, что все находятся под воздействием одной единой программы, силы и цели.

«Которая пребывает вечно», – Он сказал. – «Я – сущий, вездесущий».

Вечно – это значит, раскрывается во всех свойствах человека. Это называется вечно. Состояние времени, пространства, перемещения – это то, что в нас существует.

Смертный ощущает, что есть бессмертие?

Да, это ощущение абсолютно четкое.

Когда эгоизм раздвигается в альтруистическую сторону, тогда он ощущает без рамок, без границ, мир Бесконечности. Это воспринимается им как бессмертие, как, действительно, безграничность.

Это, наверное, есть в подсознании каждого человека? Отсюда мумии?

Нет, мумии – это стремление к следующей жизни, к вечной.

А здесь совершенно иная вечность раскрывается – вечность силы, которая тобою управляет. И ты, поскольку включен в нее, тоже ощущаешь эту вечность.

/16/ ИДИ, СОБЕРИ СТАРЕЙШИН ИЗРАИЛЯ И СКАЖИ ИМ: ТВОРЕЦ, ВСЕСИЛЬНЫЙ ОТЦОВ ВАШИХ, ОТКРЫЛСЯ МНЕ – ВСЕСИЛЬНЫЙ ТВОРЕЦ АВРААМА, ИЦХАКА И ЯАКОВА, ЧТОБЫ ПЕРЕДАТЬ ВАМ: ВСПОМНИЛ Я ВАС И УВИДЕЛ ТО, ЧТО ДЕЛАЮТ С ВАМИ В ЕГИПТЕ. /17/ И РЕШИЛ Я: ВЫВЕДУ ВАС ИЗ БЕДНОСТИ ЕГИПЕТСКОЙ В СТРАНУ, ТЕКУЩУЮ МОЛОКОМ И МЕДОМ.

Постоянное повторение: «В страну, текущую молоком и медом».

Свет хасадим и свет хохма. Молоко – свет хасадим, свет милосердия и свет жизни.

Это питание младенцев?

Да. Развивается так. Маленькие состояния наполняются светом хасадим.

А мед?

Мед или вино, или масло (жидкое масло имеется в виду, типа оливкового) олицетворяет свет хохма (свет мудрости).

ПУСТЫНЯ – СВОБОДА И ИЗГНАНИЕ

Дальше говорится так:

/18/ И УСЛЫШАТ ОНИ ТЕБЯ, И ПРИДЕШЬ ТЫ СО СТАРЕЙШИНАМИ ИЗРАИЛЯ К ЦАРЮ ЕГИПТА, И СКАЖЕТЕ ЕМУ: ТВОРЕЦ, ВСЕСИЛЬНЫЙ ТВОРЕЦ ЕВРЕЕВ, ОТКРЫЛСЯ НАМ; А ТЕПЕРЬ, С ТВОЕГО ПОЗВОЛЕНИЯ, ПОЙДЕМ МЫ НА ТРИ ДНЯ ПУТИ В ПУСТЫНЮ И ПРИНЕСЕМ ЖЕРТВЫ ТВОРЦУ, ВСЕСИЛЬНОМУ НАШЕМУ.

Он не обманывает, действительно на три дня. Он хочет просто отдалиться. Три ступени – это необходимое расстояние для отрыва от эгоизма.

«Дай нам подняться над тобой, – он говорит фараону, – и мы уйдем только на это расстояние».

Почему мы уйдем «в пустыню»?

Пустыня – это, когда над тобой никто не властен, когда ты абсолютно свободен, когда ты находишься в состоянии, не зависимом ни от чего, даже от того, что тебе не от чего кормиться. Ничего нет, ни воды, ни еды.

Состояние пустыня помогает человеку оторваться от наполнений, от вопросов о наполнении. В пустыне этих вопросов нет – ничего у тебя нет. И поскольку ты ощущаешь настолько опустошенное состояние, что абсолютно не зависишь от собственных усилий, тогда ты и можешь действительно вознуждаться в помощи высшей силы.

Было такое проявление и в материальном мире, когда в начале прошлого века хасиды без гроша в кармане уходили в ничто, в никуда, на годы?

Намного хуже. Потому что они уходили в неизвестном направлении блуждать по дорогам, находясь в огромной опасности, для того, чтобы ощутить изгнание.

Это – даже не изгнание. Хотя и там, и тут есть похожие моменты. Изгнанием называется состояние «вознуждаться в Творце». Это единственное, что может помочь человеку. Он чувствует себя абсолютно не владеющим обстоятельствами! Тогда у него и возникает потребность за что-то ухватиться – эгоистическая потребность.

Если человек умышленно загоняет себя в такое состояние?

Они же это делали умышленно. Так пишется о Моше... Это тоже всё умышленно. Всё по плану. Дается план: по таким-то ступеням, состояниям ты должен действовать, чтобы пройти. Это работа с теми свойствами, которые у тебя есть.

Конечно, это осознанное решение! А как же еще? Иначе получится, что тебя заставляют. Заставлять невозможно. В духовном продвижении всё основано только на осознании, потому что ты должен вырастить в себе человека. А если вдруг тебя подведут к такому состоянию, что же здесь будет твоего? То есть сделают из тебя ангела, а не человека, не Адама.

ГЛАВА «ИМЕНА»

Это не значит, что я подгоняю себя к страданиям умышленно?

Нет. Потому что твоя цель – не страдания, а сквозь них ты должен потребовать Творца. Страдания тебе нужны для того, чтобы твой эгоизм притих и не мешал. Надо же двигаться.

В чем здесь радость? Именно в цели?

В подъеме. В отрыве от эгоизма на три дня – в подъеме над эгоизмом и в раскрытии Творца. Пустыня – это радость, потому что в этой пустыне ты нашел новый источник жизни – свойство отдачи, от которого вдруг начинаешь наполняться.

Всё обратно. На самом деле в пустыне ты находишь и источник воды, и источник еды?

Да, как ни странно. Поэтому все наши праотцы жили именно в пустыне.

СХВАТИТЬ ЗМЕЯ ЗА ХВОСТ

Читаем дальше.

/19/ А Я ЗНАЮ, ЧТО НЕ ПОЗВОЛИТ ИДТИ ВАМ ЦАРЬ ЕГИПТА, НО НЕ ПОТОМУ, ЧТО ВЛАСТЬ ЕГО КРЕПКА, /20/ А ПОТОМУ, ЧТО ПРОТЯНУ Я РУКУ СВОЮ И ПОРАЖУ ЕГИПЕТ ВСЕМИ ЧУДЕСАМИ МОИМИ, КАКИЕ ЯВЛЮ В НЕМ, И ЛИШЬ ПОСЛЕ ЭТОГО ОТПУСТИТ ОН ВАС.

Мы только что говорили о непонятности. С одной стороны, Он говорит: – «Иди»; с другой стороны, – «Я так заведу Фараона, что он тебе устроит "вырванные годы"».

«А ты иди, – Он говорит. – А Я с тобой пойду, и так выйдем мы». **Ты находишься в таком внутреннем состоянии, что, с одной стороны, ты идешь; с другой стороны, будет очень плохо.**

Я бы сравнил это вот с чем. Когда-то я занимался спортом. И у меня был тренер. Так, с одной стороны, тренер ставит тебе препятствия, с другой стороны, он тебя поддерживает. Он тебе говорит, как надо преодолеть препятствия: пробежать, прыгнуть и так далее, – и одновременно он постоянно ужесточает условия. И, таким образом, он помогает тебе с двух сторон.

И тогда ты выдашь результат.

Как учит учитель в школе? Он дает тебе задачу и помогает решать, дает новое задание и снова помогает, поддерживает.

Так же, как мы ведем себя с ребенком. Ставим его перед собой и чуть-чуть отходим, чтобы заставить его ходить, снова ставим и снова отдаляемся.

В спорте это особенно видно, потому что идет серьезный прессинг от тренера, для которого ты как сын: он в тебя много вкладывает и поддерживает во всем. И вместе с тем, он специально должен ставить перед тобой такие серьезные препятствия, которые ты можешь преодолеть только после упорных тренировок. И часто ты даже не будешь знать заранее об этих испытаниях.

В обучении мы всегда используем этот прием, мы всегда выступаем с двух сторон.

А как было в прошлых веках? В школах, в ешивах тебя ударяет учитель палкой, а ты потом должен ее поцеловать.

ГЛАВА «ИМЕНА»

Это уже осознание. Это уже состояние, когда от ученика требуется правильный ответ на удар. Тоже подъем над этим страданием. Осознание, что все идет на благо.

/1/ И ОТВЕТИЛ МОШЕ. И СКАЗАЛ: «НО ВЕДЬ НЕ ПОВЕРЯТ ОНИ МНЕ И МЕНЯ НЕ ПОСЛУШАЮТСЯ, ИБО СКАЖУТ: НЕ ОТКРЫВАЛСЯ ТЕБЕ ТВОРЕЦ!». /2/ И СКАЗАЛ ЕМУ ТВОРЕЦ: «ЧТО ЭТО У ТЕБЯ В РУКЕ?». И ОТВЕТИЛ МОШЕ: «ПОСОХ». /3/ И СКАЗАЛ ТВОРЕЦ: «БРОСЬ ЕГО НА ЗЕМЛЮ!». И БРОСИЛ ЕГО МОШЕ НА ЗЕМЛЮ, И ПРЕВРАТИЛСЯ ОН В ЗМЕЯ, И ПОБЕЖАЛ МОШЕ ОТ НЕГО. 4/ НО СКАЗАЛ ТВОРЕЦ ОБРАЩАЯСЬ К МОШЕ: «ПРОТЯНИ РУКУ СВОЮ И СХВАТИ ЕГО ЗА ХВОСТ!». И ПРОТЯНУЛ МОШЕ РУКУ СВОЮ, И СХВАТИЛ ЗМЕЯ – И СТАЛ ОН ПОСОХОМ В РУКЕ ЕГО /5/ И СКАЗАЛ ТВОРЕЦ: «ЭТО ДЛЯ ТОГО, ЧТОБЫ ОНИ УВЕРОВАЛИ, ЧТО ЯВИЛСЯ ТЕБЕ ТВОРЕЦ, ВСЕСИЛЬНЫЙ ТВОРЕЦ ИХ ОТЦОВ, ВСЕСИЛЬНЫЙ ТВОРЕЦ АВРААМА, ВСЕСИЛЬНЫЙ ТВОРЕЦ ИЦХАКА И ВСЕСИЛЬНЫЙ ТВОРЕЦ ЯАКОВА».

Надо схватить змея (эгоизм) за хвост, а не за голову, хотя в нашем мире змею хватают за голову, за горло. Выглядит неестественно, если хватаешь змея за хвост: он же может извернуться и укусить тебя. Что же такого есть в нашем эгоизме, что мы должны ухватить за хвост?

ЗМЕЙ ИЛИ ПОСОХ

Мы подошли к важнейшему событию – Моше разговаривает с Творцом. Впервые Творец раскрывается Моше. Он с ним разговаривает, а Моше сопротивляется. Как сопротивляется? Он просит доказательств.

Как это можно объяснить? Человек, который не пытается проходить в себе эти внутренние состояния, как он это поймет?! Я не знаю.

Творца можно ощутить, но увидеть посредством наших телесных органов чувств нельзя.

А Моше видит Его?

Нет. Как это можно увидеть? Его можно ощутить в себе. Поэтому Творец говорит: «Ты можешь понять эту методику, которую Я даю тебе, чтобы приблизиться ко Мне, войти в следующее состояние, Высший мир».

Предназначение человека – выйти из нашего мира в следующее состояние. К этому сегодня нас подталкивает обстановка глобального кризиса.

О чем говорится? Что дается человеку? Человек получает возможность осознать, для чего ему дан эгоизм. Эгоизм может быть змеем: если ты неправильно употребляешь его, он тебя губит. Так сегодняшнее человечество погибает под своим эгоизмом и не может ничего сделать.

Что означает разговор Творца с Моше?

У Моше есть вопрос. Это вопрос находится внутри человека. Есть точка в сердце, которая хочет вырваться из этого состояния, из этого мира. Точка, которая ощущает, что наш мир неотвратимо катится в пропасть. Мы понимаем всё это.

Это состояние продолжается после вавилонского ощущения, что весь этот мир – узкий карцер, в котором мы находимся и из которого должны выбраться.

Но когда это было? Еще при Аврааме.

Неважно! Это состояния, которые проходит человек. Они в нем сменяются одно за другим. И сейчас вместо Авраама появляется состояние, которое называется Моше. Какая разница? Это та же точка, ведущая человека вперед. Она словно спрашивает: «Каким образом можно идти?». И на это надо ответить.

Идти можно только так. Что есть у меня в руках? Есть змей и есть посох – одно из двух.

Это наш эгоизм. Если мы находимся под ним, как современное человечество, тогда мы в кризисе. Мы не знаем, что делать, и он поглощает нас, сжирает постепенно. Это и есть тот первородный змей, который, в конечном итоге, нас погубит.

Если мы связаны с землей?

Да. Но если мы протягиваем руку, то есть берем его под свою власть и начинаем руководить им, быть над ним и двигаться с его помощью к цели (ведь он никуда не исчезает), то тогда он превращается в посох. И с ним мы идем вперед.

Здесь скрыта очень интересная точка перелома – как человек работает со своим эгоизмом. Постоянно происходят интересные трансформации: мы снова и снова падаем в эгоизм, но всегда должны выходить из него и идти вперед с помощью посоха.

Это и есть проблема человечества, потому что оно не понимает, не осознаёт, что вся наша природа должна быть в использовании. Не надо ничего убирать, не надо ничего стирать, не надо ни от чего отказываться, надо просто правильно использовать все, что есть в нас.

И здесь человек в своем вопросе к Творцу вопрошает: «Как же, что же мне делать с собой?», – и он получает первое наставление.

«Если во главе своего эгоизма будешь идти ты, твоя точка в сердце, которая тебя ведет, если ты будешь им управлять, тогда это – посох. А если эгоизм будет тобой управлять, тогда это – змей».

За каждым словом что-то стоит: «...и протянул Моше руку свою и схватил змея, и стал он посохом в руках его». Схватить эгоизм, протянуть и поднять его. Поднять – это значит, «от земли оторвать»?

Да. Интересные есть нюансы: хватать змея надо не за голову, как это делают обычно в нашем мире, а за хвост. Потому что именно в конце этого эгоизма и находится та точка, с помощью которой эгоизм обращается в посох.

Дай эгоизму работать! Пускай он работает! Но в конце ты овладеешь им. Такая аллегория. Духовный прием.

Этот разговор происходит у Моше с самим собой?

Конечно, внутри человека.

Он всё время просит: «А как я им докажу?». Кому – «им»?

«Им» – своим эгоистическим желаниям. Как я им всем докажу, что можно выбраться из этого состояния и идти вперед, самому управляя своей судьбой, своей жизнью? Так, что ты, а не она будет управлять тобой? Что ты не будешь в этом мире маленьким, потерянным ребенком, который идет к пропасти, зная, что он идет в нехорошие состояния, и ничего не может сделать с собой. Ты должен этим управлять. Посох – в твоих руках.

Посох – средняя линия поведения человека, когда он, с одной стороны, использует эгоизм, а с другой – свойство отдачи. Правильно используя их, он идет между ними и, как двумя вожжами, управляет собой и всей природой через себя.

Поэтому Моше с посохом поведет весь народ?
Да.

ЧУДЕСА И ДОКАЗАТЕЛЬСТВА ОТ ТВОРЦА

Дальше тоже очень интересно.
/6/ И СКАЗАЛ ТВОРЕЦ ЕМУ ЕЩЕ: «ЗАСУНЬ РУКУ СВОЮ ЗА ПАЗУХУ!». И ЗАСУНУЛ ОН РУКУ ЗА ПАЗУХУ, И ВЫНУЛ ЕЕ, И ВОТ – РУКА ЕГО ПОКРЫТА ПРОКАЗОЙ, КАК СНЕГОМ. /7/ И СКАЗАЛ ОН: «ЗАСУНЬ СНОВА РУКУ СВОЮ ЗА ПАЗУХУ!». И ЗАСУНУЛ ОН РУКУ ЗА ПАЗУХУ, И ВЫНУЛ ЕЕ ИЗ ПАЗУХИ СВОЕЙ, И ВОТ – СНОВА СТАЛА ОНА ПЛОТЬЮ, ТАКОЙ, КАК БЫЛА.

Те, кто изучает первый курс «Введение в каббалу», уже знают, что наши чувства, желания состоят из пяти частей: 0, 1, 2, 3, 4 – пять частей, включая ноль. И мы их разделяем на те, которые можем исправлять, и на те, которые не можем исправлять.

Желания, которые могут исправляться, обернуты в особые одеяния, в одежду. Когда мы помещаем нашу руку под одежду, то символически облачаем ее в свойство отдачи – не напрямую хватаем, а через что-то. Кстати говоря, с этим связано много всевозможных атрибутов и традиций: перчатки, символы особых людей. Омовение рук с этим связано. И так далее.

Как человек проверяет, правильные на нем одеяния или нет? Когда его желания получать (их олицетворяют руки) находятся под одеянием, и он вытаскивает их, то все зависит от того, в каком состоянии находится человек. Это либо гальгальта эйнаим, либо АХАП – в зависимости от того, с какими желаниями он работает.

Он вытаскивает руку пораженную проказой. Что это значит?

Он неправильно использует свои желания – в эгоистическом виде. Первый раз он отменяет свое желание получить. А второй раз, отменяя желание получить, он уже исправляет его на свойство отдачи.

Рука очищается?

Да.

Дальше снова идут доказательства.

Мы всё время находимся в исследовании самих себя. Ведь наша жизнь построена так, что правильно изучая себя, мы изучаем природу и Творца. И, таким образом, постепенно она начинает нам раскрываться.

Постепенное раскрытие природы и Творца является раскрытием, уготованным нам каббалой. Поэтому каббала называется «тайной наукой». Наука о тайном, которое должно стать явным.

/8/ И СКАЗАЛ ОН: «И БУДЕТ: ЕСЛИ НЕ ПОВЕРЯТ ТЕБЕ И НЕ ВНЕМЛЮТ ПЕРВОМУ ЗНАМЕНИЮ, ТО ПОВЕРЯТ ВТОРОМУ ЗНАМЕНИЮ. /9/ И БУДЕТ: ЕСЛИ НЕ ПОВЕРЯТ ОНИ И ДВУМ ЭТИМ ЗНАМЕНИЯМ И НЕ БУДУТ СЛУШАТЬ, ЧТО ТЫ ГОВОРИШЬ, – ТО ВОЗЬМЕШЬ ИЗ НИЛА ВОДЫ И ВЫЛЬЕШЬ НА СУШУ – И ВОДА, КОТОРУЮ ТЫ ВОЗЬМЕШЬ ИЗ НИЛА, СТАНЕТ КРОВЬЮ НА СУШЕ».

Тоже самое, только на другом уровне. Как мы говорили, есть нулевой, первый, второй, третий, четвертый уровни желания, то есть уровни его интенсивности, силы.

Здесь говорится о свойстве воды – это свойство отдачи, жизни, доброты, щедрости, и о свойстве крови – свойство очень жестокое, очень эгоистическое, которое держит в себе всю жизнь: кровь, пролить кровь, кровь за кровь и так далее.

Кровь – это свойство суда?

Да, свойство суда, свойство жесткости. Свойство воды – наоборот, свойство доброты и отдачи. В зависимости от того, как ты используешь это, у тебя получится либо одно, либо другое.

ЧТО ТАКОЕ КОСНОЯЗЫЧИЕ

Далее Моше говорит Творцу: «Прости, но я человек нечистый, я косноязычный и говорю это…». На что Тот отвечает: «Тебя встретит Аарон, и он будет вместо тебя говорить».

Мы видим во многих случаях, что человек, находящийся в высоком постижении, передает свои мысли через других людей, облачающих его мысли в формы, близкие людям. Он вкладывает свои слова в уста другого человека. Великий каббалист Рабби Шимон, который писал Книгу Зоар, только говорил. Все его слова правильно изменяли, записывая в Книге так, чтобы была скрыта суть, которую он излагал.

Здесь, наоборот, косноязычие Моше означает, что он слишком высоко над массами, и его надо разъяснять. «Они не поймут меня! Для них я косноязычен. Для них я слишком непонятен. Как мне спуститься с моего уровня?». Поэтому говорится: «Не волнуйся. Рядом с тобой будет твой помощник, твоя более низкая ступень. Он будет адаптером между тобой и остальными».

Так это – косноязычие? Имеется в виду, что его не услышат?

Конечно. В этом смысле.

Бааль Сулам тоже поднялся на такую ступень, что его не смогли бы понять даже ученики. И он умолял, чтобы свыше ему дали возможность немного «спуститься»…

…адаптировать полученное так, чтобы можно было это передать?

Он готов был снизиться со своей духовной ступени: «Даже если я всё потеряю…», – пишет он в своем знаменитом «Пророчестве». И, таким образом, обрел свойство писать. Конечно, он потерял… Потерял много!

Значит, каббалист заведомо идет на потерю, чтобы оказаться рядом с народом?

Конечно. А в чем иначе заключается смысл его существования?! Для чего он находится в теле в этом мире?

Каббалист это понимает. У него не остается никакого другого выхода. Он чувствует свою миссию. Как же иначе он ее выполнит?

Работая со своей маленькой группой каббалистов (пять-семь человек, совсем немного), Бааль Сулам оттачивал технику или передавал технику через них?

Я не думаю. Мне кажется, что нет. Мы видим из его писем, из его материалов, что уже в возрасте 35 лет Бааль Сулам вышел на такой уровень, что ему трудно было с кем-то общаться. И он увидел, что впереди у него либо отрыв от всего этого мира и затворничество, либо же, наоборот, необходимо снизойти к массам и сделать всё, что возможно.

ГЛАВА «ИМЕНА»

Как вы считаете, не случайно в конце жизни он написал свой труд о социальном устройстве общества? После всех сложных трудов, которые не так просто читать: Зоар, «Талмуд Эсер Сфирот» – он пишет «Последнее поколение». Вы думаете, что это следствие его движения к людям?

Да. Он видел, что надо что-то делать – его не понимают руководители мира, государства, никто не понимает его. И чтобы кто-то смог в дальнейшем использовать его труды, он набросал основные условия дальнейшего развития.

Не успел закончить...

ФАРАОН ТЕБЯ НЕ ОТПУСТИТ

Вернемся к Моше.

/21/ И СКАЗАЛ ТВОРЕЦ, ОБРАЩАЯСЬ К МОШЕ: «НА ПУТИ ОБРАТНО В ЕГИПЕТ ПОМНИ ОБО ВСЕХ ЧУДЕСАХ, КОТОРЫЕ Я ПОРУЧИЛ ТЕБЕ СОВЕРШИТЬ, И СДЕЛАЙ ИХ НА ГЛАЗАХ У ФАРАОНА – А Я УКРЕПЛЮ СЕРДЦЕ ЕГО, И ОН НЕ ОТПУСТИТ НАРОД...».

Такое интересное напутствие получил Моше: ты идешь на дело, которое заранее обречено на провал.

Здесь интересная игра. Говорится Моше, знай, что сейчас ты получил особую силу осознания, ощущения, озарения, прозрения. Это называется «связь с высшей силой». Чтобы идти вперед, тебе необходим больший эгоизм. Ты должен подняться.

Подняться можно, только если под тобой будет расти эгоизм – маленькая точка, которую эгоизм, вырастая, постоянно подталкивает вверх. Так вот, сейчас мы с тобой должны обратиться к фараону. Ты не волнуйся.

Я буду с тобой?

Да. Ты должен ухватиться за Меня, как маленький ребенок держится за руку взрослого. И мы вместе с тобой будем стоять против фараона.

Когда ты один будешь стоять против фараона, то увидишь растущий в тебе эгоизм, желающий тебя поглотить, как какое-то чудовище.

Здесь ты должен знать только одно: не бояться и пытаться четко поставить с одной стороны свойства, которые ты сейчас получаешь от Меня: свойства отдачи, связи, любви, – а с другой стороны, эгоистические свойства. Одно против другого. Стой между ними и думай только лишь о том, каким образом сопоставить в себе два свойства, не подчиняясь свойству фараона, а подчиняя его своему новому свойству, своему новому пути.

И зная, что фараон тебя не отпустит?

Это неважно. Твоя задача расти над ним. Ты сейчас должен вырасти на уровень следующей ступени, и поэтому перед тобой десять порций эгоистического развития – грубого, серьезного, жесткого. И ты должен их в себе пройти.

Ты должен каждый раз ощутить, что, с одной стороны, ты поднимаешься над своей ступенью, а с другой стороны, что в тебе постоянно растет эгоизм, и благодаря ему ты поднимаешься. Таким образом происходит рост. И проходят десять так называемых египетских казней.

Рост эгоизма в человеке происходит тогда, когда его точка, Моше, тащит его вперед – «лимшох» (от слова

Глава «Имена»

«вытаскивать»). Она поднимается под воздействием постоянного развития эгоизма в человеке.

И эта точка должна подниматься десять раз?

Десять раз, потому что десять сфирот – целый парцуф, целая духовная ступень.

Тогда человек готов к выходу. Он должен переступить потенциальный порог. Каждая казнь, ее характер, точно соответствует десяти сфирот, начиная с малхут и далее: есод, ход, нэцах, тифэрэт, гвура, хэсэд. Снизу вверх точно так идет. Доходит до кетэра (до короны, до заключительной части) – последний удар эгоизма – и всё, на этом уровне человек уже готов к выходу. Ему эгоизм больше не нужен, он от него взял всё. Он весь находится в эгоизме и находится под его властью.

Теперь человеку надо как-то начинать исправлять этот эгоизм. Поэтому следующая ступень – обрести методику исправления эгоизма. Не подняться над ним, как в Египте, когда он находился на уровне выхода из Египта, а на новом этапе, когда надо начинать преобразовывать эгоизм на пользу.

Все время эгоизм остается с ним?

Обязательно! Конечно.

Значит, ты поднимаешься над эгоизмом, не оставляешь его, когда двигаешься? Ты его тянешь за собой?

Ты должен стать равным Творцу. Ты должен научиться правильно использовать эгоизм, который создал Творец.

/22/ И СКАЖЕШЬ ТЫ ФАРАОНУ: ТАК СКАЗАЛ ТВОРЕЦ: ИЗРАИЛЬ – МОЙ ПЕРВЕНЕЦ! /23/ ГОВОРЮ Я ТЕБЕ: ОТПУСТИ...

Первенец – тот, кто идет вперед. Именно это свойство «прямо к Творцу» – «Исраэль».

Имеется в виду народ, еще не ставший народом? Евреи, которые находятся в Египте?

Да. По выходу из Египта они становятся народом. Что это значит? Все эгоистические свойства человека оказываются под властью этой точки, которая называется «Моше» – мошех (*ивр*.), вытягивает. И это уже народ, это собрание всех свойств, желаний в человеке, которые устремлены на одну цель.

...ИЗРАИЛЬ – МОЙ ПЕРВЕНЕЦ! /23/ ГОВОРЮ Я ТЕБЕ: ОТПУСТИ СЫНА МОЕГО, ДАБЫ МНЕ ОН СЛУЖИЛ, НО ТЫ ОТКАЗЫВАЕШЬСЯ ЕГО ОТПУСТИТЬ, И ВОТ: УБИВАЮ Я ТВОЕГО СЫНА, ТВОЕГО ПЕРВЕНЦА!».

Он предрекает, что будет происходить в Египте до последнего десятого удара.

До последнего удара. Последний десятый удар называется «Макат бехорот» – смерть первенцев.

Почему Он говорит о едином состоянии: «сына моего – Израиля»? А не моих сыновей?

Это рождение ступеней. Под ступенью Творца находится следующая более низкая ступень, которая называется «сын».

Сын – имеется в виду, что подтягивает сына?

/24/ И БЫЛО В ПУТИ НА НОЧЛЕГЕ – НАСТИГ БОГ МОШЕ И ХОТЕЛ УМЕРТВИТЬ ЕГО. /25/ И ВЗЯЛА ЦИПОРА ОСТРЫЙ НОЖ, И ОБРЕЗАЛА КРАЙНЮЮ ПЛОТЬ

ГЛАВА «ИМЕНА»

СЫНА СВОЕГО, КОСНУЛАСЬ НОГ МОШЕ И СКАЗАЛА: «ИБО ЖЕНИХ КРОВИ ТЫ МНЕ» /26/ И ОТПУСТИЛ ОН ЕГО; ТОГДА СКАЗАЛА ОНА: «НУЖНА ТЕБЕ КРОВЬ – КРОВЬ ОБРЕЗАНИЯ.

Все повторяется. Первое обрезание мы помним еще со времен Авраама – обрезание ему сделала Сара.

Да, Сара. И тоже самое делает Ципора.

Происходит повторение, но на более высоком уровне?

Да. Всегда женская часть производит обрезание мужской части, в соответствии с тем, насколько она может вобрать в себя свет ради отдачи и настолько она в состоянии соединиться с мужской частью.

Подстраивает под себя?

Да.

Появилась Ципора, долго ее не было. Она всё время шла в тишине и вдруг оказалась рядом.

Ципора – дочь Итро. Это малхут, которая находится против Моше и так идет вперед.

ОТПУСТИ НАРОД МОЙ

Далее Аарон встречает Моше. Моше рассказывает ему то, что было.

Свойство Аарон – совсем другое.

Моше – это правая линия, Аарон – левая линия, а Йосеф – это средняя между ними линия. Йосеф, который привел их в Египет, – свойство средней линии. Так они и идут вперед, уравновешивая друг друга. Так они и будут идти до конца.

Потом они идут к народу. Обращаясь к малхут, эти два свойства человека: Моше и Аарон, – начинают управлять общими свойствами людей – малхут.

И народ верит?

Народ подчиняется. Все свойства человека начинают подчиняться этим двум основным свойствам, потому что они в своей силе находятся над эгоизмом.

Тут происходит главная сцена, к которой мы шли.

/1/ А ЗАТЕМ ПРИШЛИ МОШЕ С ААРОНОМ И СКАЗАЛИ ФАРАОНУ: «ТАК СКАЗАЛ ТВОРЕЦ, ВСЕСИЛЬНЫЙ ИЗРАИЛЯ: ОТПУСТИ НАРОД МОЙ, ЧТОБЫ ОНИ СОВЕРШИЛИ МНЕ ПРАЗДНЕСТВО В ПУСТЫНЕ!». /2/ И СКАЗАЛ ФАРАОН...

Вот это проблема! Надо подняться над фараоном. Во-первых, выйти из-под его начала. Выйти в пустыню.

Мы отрываемся от тебя, мы выходим из границ твоего эгоистического владения и не хотим тебе подчиняться. Чтобы быть в свойстве отдачи, в свойстве взаимной любви, мы не сможем быть в пределах твоей силы, твоей власти, мы должны выйти из-под нее. Отпусти нас.

Что значит, «отпусти нас»? «Дай возможность определенным свойствам во мне, – говорит человек, – быть независимым от тебя, от эгоизма». Это большая проблема! Человек думает, что ему легко это сделать. Он думает, что он может оторваться от своего эгоизма.

Ему уже дали возможность стоять напротив эгоизма?

Просто стоять. А выйти из-под его власти – это совсем другое дело.

Выйти из-под его власти – это значит, обрести свою власть.

Глава «Имена»

Это подобно государству, в котором есть граждане, подчиняющиеся власти, и есть протестующие. Те, которые протестуют, находятся внутри закона, внутри власти государства. Они шумят, но они внутри и никуда не хотят уйти. Ничего они не хотят, они видят свое предназначение в борьбе за свои идеалы. Их идеалы и их борьба обусловлены законами государства.

Не будь у государства этих вредных, по их мнению, плохих законов, не было бы и протестующих. Государство со своей, допустим, полицейской машиной или любой другой оправдывает их существование. Поэтому они нуждаются друг в друге. Государство играет с ними, они играют с государством. И это взаимодействие называется демократией.

В человеке происходит тоже самое. Когда он существует внутри своего эгоизма, то шалит немножко: хочет так, хочет эдак. Стоять против эгоизма: «Они стояли против него», – это маленькие демонстрации, детский лепет. А вот когда я хочу оторваться от эгоизма и выйти из него, – это уже серьезно.

Помнишь, как в семидесятые годы было в Советском Союзе? Не согласен с чем-то?! Ладно, пошуми немного внутри. Это даже показывает Западу наше гуманное лицо.

Но если ты захочешь выехать за границу, выйти из-под нашей власти, то это уже совсем другое дело.

Это уже не игра, не заигрывание кошки с мышкой.

Так и в отношениях Моше и фараона: наступает совсем другой уровень взаимодействия между ними.

Итак, мы встретились с фараоном. Моше уже стоит напротив него. Дальше будем разбираться, как он проходит весь этот путь, как выходит из Египта.

Глава
«И ЯВИЛСЯ»

ФАРАОН – ЦАРЬ МИРА

Мы начинаем особую главу. На иврите она называется «Ваэра», что в переводе на русский язык значит «И явился», «И раскрылся». Глава, в которой по фараону и его народу проходят египетские казни.
Страшные страдания испытывает наш эгоизм, прежде чем отпускает человека, прежде чем человек поднимается над ним.

Иначе человек никогда не расстанется с эгоизмом.

Человек должен оторваться от своей природы. Он должен понять, что есть состояния выше неё. Понять, что это не просто желаемое состояние подъема, это бегство не от физических или моральных страданий, как мы представляем себе в нашем мире. А бегство от той эгоистической низости, узости, сжатости и мелкости, когда ты думаешь только о себе.

Когда ты начинаешь постигать эгоизм, сопоставляя его со свойством отдачи, любви, с состоянием выхода из себя наружу, тогда ты и начинаешь ощущать страдания твоего пребывания в эгоизме.

Это ощущение и есть казни?

Это и есть казни, конечно. Ничего физического с человеком не происходит. Он нормально существует, живет, работает. Вроде бы всё, как обычно: семья, окружение – по нему абсолютно ничего не видно. Но он начинает презирать свою природу. Он понимает, что это состояние дается ему Творцом и что он должен приложить свои усилия, чтобы оценить ничтожность эгоистической природы.

В то же время, он постигает ее всеохватывающее эгоистическое величие. Это – фараон, царь мира! Всё находится под ним, под его властью, – всё вокруг тебя, все люди и законы этого мира. В объеме, называемом мой мир, пока еще всё происходит через свойство получения, свойство накопления, свойство только ради себя. Всё, что дорого мне, не принимая во внимание никого другого.

От этого человеку плохо?
Человек постигает эгоистическое свойство во всех нюансах относительно противоположного ему свойства Творца. Относительно свойства отдачи, выхода из себялюбия в чувство любви к другим, соучастия. Оно постигается именно одно над другим. Вот это я люблю, это мое. Это мне близко, естественным образом я это люблю, как своих детей, как что-то дорогое мне. А здесь я вижу, насколько это презираемо, ничтожно, насколько это неправильно.

Я должен любить другого больше, чем то, что близко мне! Это противоречие раздирает человека. И оно же постепенно отделяет, отдирает человека от его эгоизма.

Это очень сложный период в развитии личности. Немногим удается его пройти. Некоторым даже удается войти в него, ведь в результате большой, многолетней теоретической практики человек на словах понимает это. У него внутри уже все систематизировалось по полочкам: эгоизм, альтруизм, отдача, любовь, против себя. Но все это пока еще находится на теоретическом уровне вместе с какими-то маленькими чувствами. И это еще не внутренняя переоценка ценностей, в которой он сам должен принимать участие.

Что человек должен делать в это время?
Он должен делать движение против самого дорогого и близкого. Сопоставить это в нашем мире не с чем. Это

постепенный, полный, осознанный, желаемый отрыв от всего, что тебе дорого, близко. Того, что ты воспринимаешь как дорогое по сравнению с тем, что презираешь, отталкиваешь, не любишь. И видишь, что ты должен работать только именно в этом возникшем в тебе противопоставлении, в этом противоречии.

Но человек всё-таки стремится к отдаче, к любви?

Он не стремится! Как он может стремиться?!

Но должна же быть какая-то противоположность?

Человек понимает, что он не стремится. Допустим, своим разумом он понимает, что должен приподняться и перенести свою любовь, привязанность, близость на то, что ему совершенно противоположно, противно, ненавистно. Эти объекты, люди, действия сейчас кажутся ему очень неприятными, противоположными, ведь они поразили его гордость, поразили в самое сердце своим пренебрежительным отношением. Растоптали его.

А он должен их любить. Он, наоборот, должен отдать им, а не своим самым близким людям, своим теплым внутренним чувствам. Причем человек должен делать это сознательно и систематически для того, чтобы остаться в новой оценке ценностей.

СЕМЬ ГОЛОДНЫХ ЛЕТ

Чтобы вырваться?

Да. В этом заключается весь период эгоистического изгнания – мы постепенно начинаем ощущать в себе эгоизм. На первых порах он растет, и мы ощущаем его добрым, хорошим, нужным. Я кого-то ненавижу, кого-то люблю в себе, что-то люблю в себе, что-то ненавижу.

В общем, я очень четко разделяю мир на «я» и «мое». Я как бы закругляюсь в своем коконе. Это первый период – семь тучных лет. Когда всё расставлено по полочкам, я становлюсь еще большим эгоистом, замкнутым на себя. Все остальное я противопоставляю себе.

После того, как прошли семь тучных лет, я начинаю меняться. Я накопил в себе, вокруг своей точки в сердце эгоизм. Я вырос теоретически, и после этого начинается период осознания эгоизма, как зла.

Это уже семь голодных лет. Голодных – когда я понимаю, что с такой оценкой мира, с такими взглядами на мир, с такими ценностями, которые я для себя создал, дальше продвигаться я не смогу. Эгоизм будет губить меня на моем духовном пути.

Откуда у меня возникает это понимание?

Оно возникает, потому что я постоянно работаю в группе, в учебе, иду вслед за учителем, пытаясь следовать ему. Он немножко давит меня, и я в чем-то подчиняюсь. И теперь уже я не могу никуда скрыться, хотя очень бы хотел увернуться от ударов, от неприятностей, как животное, автоматически выбирая наилучшее состояние.

Приходит понимание, что человек не может этого сделать, он должен выбирать свой путь уже сознательно – над собой. Состояние семь голодных лет – человек понимает, что его эгоизм не даст ему тех плодов, к которым призывает его сердце, его внутренняя часть, точка в сердце. С этого начинается осознание изгнания.

Мы подходим к состоянию, когда приближается выход.

/2/ И ГОВОРИЛ ВСЕСИЛЬНЫЙ С МОШЕ, И СКАЗАЛ ЕМУ: «Я – БОГ. /3/ Я ОТКРЫВАЛСЯ АВРААМУ, ИЦХАКУ И ЯАКОВУ В ОБРАЗЕ ВСЕМОГУЩЕГО, НО СВОЕЙ БОЖЕСТВЕННОЙ СУЩНОСТИ Я ИМ НЕ ОТКРЫВАЛ.

«Божественной сущности», – что это такое?

Божественная сущность, высшая сущность – это свойство полнейшей отдачи и любви, которую человек может осознать только в той мере, в которой он будет к ней подготовлен.

Это уже не уровни Авраама, Ицхака Яакова и всех промежуточных состояний, прошедших от них до Моше, от его бегства от фараона и до раскрытия ему Творца. Это свойство третьей линии, средней линии, когда человек способен воспринять свойство Творца в себе, так как в нем уже возник огромный развитый аппарат осмысления и ощущения.

Моше уже существует в нем, Моше, прошедший все состояния, уже готовый к восприятию свойства Творца, – это и есть открытие божественной сущности?

Да. Это уже развитое свойство человека. Уровень очень высокий, хотя и начальный для духовного развития. Сейчас, в данном случае, говорится о начальном духовном уровне человека.

/3/ Я ЖЕ ОЖЕСТОЧУ СЕРДЦЕ ФАРАОНА И УМНОЖУ ЗНАМЕНИЯ МОИ И ЧУДЕСА МОИ В СТРАНЕ ЕГИПЕТСКОЙ. /4/ И НЕ ПОСЛУШАЕТ ВАС ФАРАОН, И Я НАЛОЖУ РУКУ СВОЮ НА ЕГИПЕТ, И ВЫВЕДУ ВОИНСТВА МОИ, НАРОД МОЙ, СЫНОВ ИЗРАИЛЯ, НАКАЗАВ СТРАНУ ЕГИПЕТСКУЮ СТРАШНЫМИ КАРАМИ. /5/ И УЗНАЮТ ЕГИПТЯНЕ, ЧТО Я – ТВОРЕЦ, КОГДА НАЛОЖУ

Глава «И явился»

РУКУ МОЮ НА ЕГИПЕТ И ВЫВЕДУ СЫНОВ ИЗРАИЛЯ ИЗ СРЕДЫ ИХ».

Человек понимает, что он пришел к состоянию бегства от своего эгоизма, отрыва от него. Точка в сердце всё время растет в нем, и в данный момент ее духовный уровень называется Моше. То есть он отрывается от эгоизма, он не может больше существовать в нем, он приподнимается над ним.

В таком состоянии человек не знает, что делать, потому что вернуться обратно в эгоизм – это значит, похоронить себя в нем, это значит просто существовать в огромных, огромных страданиях. Это не просто человек, который забывается и уходит обратно в свою обычную частную жизнь.

Этот человек начинает постигать, что есть выход, что есть путь, и незря он убежал от эгоизма и предпочел ему жизнь в пустыне. В этом состоянии человек чувствует себя в абсолютно пустом пространстве.

Оторванным?

Да. Вокруг него цивилизация, но она представляется ему пустыней, ничего в ней нет. Он не может себя наполнить, он не может реализовать себя. И тогда раскрывается ему путь возвышения над эгоизмом.

Но известно, что эго не отпустит. Правильно?

Он точно знает, что эго не отпустит. И он понимает, что дальнейшее развитие идет только за счет взятых из эгоизма свойств – тех, что возможно взять, и работы с этими свойствами. Ведь у него есть всего лишь маленькая точка, которая отрывается от эгоизма.

Из чего он построит свое понимание мира, ощущение мира, в чем он будет существовать? Ведь человек существует в себе, в своих свойствах, в своих желаниях.

И здесь возникает понимание. Сила, раскрывшаяся в нем, называется Творец, Высшая сила. Она позволит ему постепенно вытащить наверх к себе эгоизм, – тот, что возможно, а то, что невозможно, оставить. Так он создаст в себе такое отношение, такое восприятие к миру и к Творцу, к которому призывает его точка в сердце.

Вы имеете в виду, что так или иначе Египет остается после исхода?

Египет остается в том смысле, что остается эго, которое человек не в состоянии сейчас вобрать в себя.

НЕСЧАСТНОЕ ЖИВОТНОЕ

Дальше сказано так:

/6/ И СДЕЛАЛ МОШЕ И ААРОН ТАК, КАК ПОВЕЛЕЛ ИМ ТВОРЕЦ, ВСЕ В ТОЧНОСТИ СДЕЛАЛИ ОНИ. /7/ И БЫЛО МОШЕ ВОСЕМЬДЕСЯТ ЛЕТ, А ААРОНУ – ВОСЕМЬДЕСЯТ ТРИ ГОДА, КОГДА ОБРАТИЛИСЬ ОНИ К ФАРАОНУ.

Для чего все время упоминаются годы жизни?

Годы жизни – здесь уровень постижения человека, идущего по этому пути: какие силы, какая величина эгоизма, какие сфирот, то есть какие свойства он проходит.

Ведь весь материал – это просто материал, а придает ему определенные свойства, то есть форму, человек. Он самостоятельно делает это в течение так называемых лет своего духовного развития. Поэтому так и говорится.

ГЛАВА «И ЯВИЛСЯ»

/8/ И ГОВОРИЛ ТВОРЕЦ, ОБРАЩАЯСЬ К МОШЕ И ААРОНУ, ТАК: /9/ «КОГДА СКАЖЕТ ВАМ ФАРАОН: ДАЙТЕ ДОКАЗАТЕЛЬСТВО В ПОДТВЕРЖДЕНИЕ О СЕБЕ! СКАЖЕШЬ ТЫ ААРОНУ: ВОЗЬМИ ПОСОХ СВОЙ И БРОСЬ ЕГО ПЕРЕД ФАРАОНОМ – И СТАНЕТ ПОСОХ КРОКОДИЛОМ». /10/ И ПРИШЛИ МОШЕ И ААРОН К ФАРАОНУ, И СДЕЛАЛИ ТАК, КАК ПОВЕЛЕЛ ТВОРЕЦ, И БРОСИЛ ААРОН СВОЙ ПОСОХ ПЕРЕД ФАРАОНОМ И ПЕРЕД СЛУГАМИ ЕГО, И СТАЛ ОН (посох) КРОКОДИЛОМ.

Фараону нужны доказательства, что их ведет Творец.

Эгоизм человека не склоняется ни перед чем. Он склоняется только перед побоями, перед страданиями. Тогда человек явно понимает, что такие его действия, мысли, отношения уже не просто теряют ценность, но они приносят ему страдания. И он перестает их использовать. Поэтому без побоев, без страданий, без осознания вреда тех или иных своих эгоистических свойств человек не может от них оторваться. Мы так устроены.

Однако здесь заключено намного большее. Ты отрываешься от этих свойств не потому, что они приносят страдания твоему эгоизму – фараону.

Фараон – не просто эгоизм, это эгоистическая идеология. Расставание с ней построено на осознании, а не на том, что ты бьешь-бьешь человека, и он согласится на всё, что ты с ним делаешь. Этим ты превращаешь его в животное. Спускаешь его с уровня человека на уровень животного, которое боится и готово забиться куда-то в угол. Существовать там, только не ощущать страдания. Это не выход из Египта. Необходимо, чтобы из Египта выходили свободные люди.

И это не те страдания, которые сейчас проявляются в нашем мире: безработица, угроза всемирного голода, всевозможные природные катаклизмы и так далее. Наоборот, это страдания из-за усилий превозмочь самого себя и подняться над моим эгоистическим отношением к миру. Это переоценка ценностей. И страдания заключаются именно в том, что я хочу так сделать и, в то же время, не могу, не в состоянии.

Я раздираюсь изнутри на два существующих во мне отношения к миру. Одно из них – желание жить так, чтобы мне было эгоистически хорошо. С другой стороны, в той же степени или более того я должен всегда добавлять к этому свои усилия признавать, что альтруистический путь – это правда, это истина.

Это не эгоистическая выгода, а рождение в человеке совершенно нового критерия – критерия, о котором нельзя сказать ничего, кроме того, что это правда. Только это и может быть той единственной основой, на которой я хочу создать свое отношение к миру. И ни в коем случае тут нет «ради себя». А вот почему – объяснить невозможно, никакого материального подтверждения этому нет.

И хотя кто-то может попытаться привести примеры из нашего мира, и могут сказать, что это подобно тому-то и тому-то, описано так-то, но это все – не то. Я достаточно знаком с искусством, с литературой, с психологией, с философией, – в мире нет ничего подобного переживаемому. В нашем мире нельзя сравнить это ни с чем.

Человечество ведется именно к этому состоянию?

Человечество ведется именно к этому – в разных мерах, конечно, и на разных уровнях. Но только человек, проходящий это состояние, начинает понимать, что и какие действия описываются.

Все ведется к внутренним казням? Войны, голод – как это проявляется?

Внешне ничего не происходит. Инженер или рабочий – неважно, кто. Каббалисты были заняты на самых простых работах. Никто и не знал, что они переживают внутри. Но переживания эти очень сильные, и они проходятся по человеку тяжким катком развития.

Внешне они могут быть заметны, как повышенная раздражительность, критичность. В эти моменты он может быть и внешне неприятным. Это отображение, внешняя отдача его внутренней борьбы, которая никаким образом не относится ни к чему внешнему. Но она происходит внутри. По крайней мере, так я понимаю и могу об этом сказать.

И дальше – вперед к настоящей борьбе за подъем над эгоизмом, который называется десятью казнями.

ЗМЕЙ – ЯД ИЛИ ЛЕКАРСТВО

Откуда возник посох, который становится крокодилом? Что это за доказательство для фараона?

Это – не маленький вопрос. Это тот же змей, который олицетворяет собой весь эгоизм и одновременно он же становится путеводным жезлом. Посох олицетворяет собой эгоизм на службе фараона либо эгоизм на службе Творца, то есть ради получения или ради отдачи. В зависимости от того, как ты его берешь. В этом весь вопрос.

Прежде проявился змей, а сейчас – крокодил?
Да. Но это неважно, не имеет значения. На разных уровнях это может называться по-разному. Дело в том, что «посох» (мате) – это средняя линия. Он ведет человека вперед, если тот берет его правильно. Потом он обращается в посох, который расцветает, – посох Аарона, уже не Моше. И так далее.

Но человек должен им владеть, то есть готов с ним идти, следовать за ним. Посох указывает ему, каким образом идти вперед.

Посох – средняя линия, которая вбирает в себя две крайние: эгоизм и альтруизм вместе в правильном их совмещении, когда альтруистическое устремление или намерение движет эгоистическим желанием, подминая и формируя его под себя. Тем самым, постепенно делает из человека прообраз Творца.

Почему два полюсных состояния? С одной стороны, это может быть посох, ведущий вперед, с другой – самое низменное, эгоистическое проявление?
Так же как змей в медицине. Змеи и дают лекарство, и жалят, убивают. Естественно, что это исходит из одного корня. У жизни всего лишь один корень, и важно, как ты его берешь – за хвост или за голову. Обычно змееловы ловят змею, хватая за голову. А каббалисты хватают змея за хвост.

Можете объяснить? Ведь если хватать змея за хвост, он ужалит?
Ужалит, конечно! Обовьется вокруг тебя.

Имеется в виду, что ты должен взять его с конца, ты должен начать над ним работать. Ты должен ухватить его там, где его начало, и там, где его конец. Подбираясь к голове змея, ты начинаешь видеть, что у эгоизма и альтруизма – одна и та же голова. Вся их суть – только в твоей хватке, в том, как ты хватаешь его. И думая рационально, надо хватать эгоизм за, казалось бы, самое главное – за голову.

Но нет, ты должен брать его, исходя из его действий в тебе, в соответствии с твоей новой головой. Ты должен постепенно ухватывать его и подчинять себе, но без нажима, а наоборот, постепенно, порционно исправляя его.

То есть, подбираясь к голове?

Да. Поэтому альтруистическое использование змея начинается с хвоста, а не с головы.

Это объясняет очень многие действия в нашем мире. Если бы мы действовали не эгоистически: не с головы, а с хвоста, – то преуспевали бы во многих наших действиях, именно сейчас, во время кризиса.

Это принцип интегрального воспитания человека? Постепенного изменения человека?

Да, постепенно, снизу подходи к нему. Чтобы человек сам выстроил свою голову, свое поведение, осознание.

Наши семинары, круги – это постепенное продвижение к голове?

Да.

Мы подошли к описанию казней египетских. Сейчас приближаемся к очень серьезному моменту – к выходу из Египта, к страданиям, которое наше эго должно ощутить, прежде чем мы выйдем из него.

ПРОДВИЖЕНИЕ К ГОРЕ СИНАЙ

Мы остановились на том, что бросил Аарон посох перед фараоном и посох стал крокодилом. Дальше происходит следующее:

/11/ И ПРИЗВАЛ ФАРАОН МУДРЕЦОВ И ЧАРОДЕЕВ И СДЕЛАЛИ ОНИ, ВОЛХВЫ ЕГИПЕТСКИЕ, ЧАРАМИ СВОИМИ ТО ЖЕ: /12/ И БРОСИЛИ КАЖДЫЙ СВОЙ ПОСОХ, И СТАЛИ ПОСОХИ КРОКОДИЛАМИ, И ПОСОХ ААРОНА ИХ ПОСОХИ. /13/ НО УКРЕПИЛОСЬ СЕРДЦЕ ФАРАОНА, И НЕ ПОСЛУШАЛ ОН ИХ, КАК И ПРЕДСКАЗЫВАЛ БОГ.

Мудрецы и чародеи фараона – волхвы. О них говорится, что они находятся на том же уровне, что и Творец.

Эгоизм находится практически на том же уровне, потому что это – обратное отражение силы Творца. Две противоположные силы, между которыми находится человек. Специально так сделано для того, чтобы он в своей свободе воли предпочел именно одну из них. Причем, если силы равны, то как он может предпочесть одну другой? На основании чего он выбирает?

Это и есть проблема – анализ, который осуществляется человеком. Поэтому даются все стадии его развития, которые называются египетскими страданиями, – 400 лет. И в конечном итоге, десять казней.

Первый из вопросов, стоящих перед человеком, – какой путь лучше.

Когда идешь эгоизмом, то все твои свойства, вся твоя жизнь, вся твоя природа помогают тебе ориентироваться, ощущать мир, в котором ты находишься. Этот мир

Глава «И явился»

строится в твоем эгоизме. На самом деле то, что существует, существует в твоем эгоизме. Мир – это «Египет»; мир – это эгоизм.

Ты хочешь от него оторваться? С помощью чего? Ты хочешь идти выше этого мира? Каким образом?

Против твоего «посоха» есть огромное количество других возможностей, сил, серьезных и мощных. В этом мире есть умные люди, есть очень много всего, что сделано.

Ты хочешь идти выше? Тогда какими средствами, с помощью какой методики? К чему тебя это приведет? Почему ты считаешь, что так будет лучше?

Здесь эгоизм начинает проявлять перед человеком свою мощь. Это совсем не похоже на то, как сегодня мы видим эгоизм, находящийся в кризисе, не умеющий, не способный ничего сделать с собой, когда рушатся все наши тысячелетние достижения. Наоборот, здесь мы находимся в состоянии, когда человек вдруг ощущает величие мира, насколько мир силен, прекрасен, насколько он богат.

И с другой стороны, что такое посох, который в нем? Куда идти? С чем идти? Что такое «вера выше знания»? То есть двигаться куда-то вперед, в отдачу? Кто с тобой согласен? Где этот мир, который идет с тобой? Никто за тобой не идет. На основании чего ты отрываешься от него? Кому это надо? Тебе, Творцу или никому?

Продвигаясь путем эгоизма, человек должен пытаться настолько приподняться над всеми своими расчетами, которые эгоизм поставляет ему, чтобы его посох поглотил все остальные.

Но волхвы доказывают, что и они тоже самое могут сделать. Выходит, не обязательно быть для этого Творцом?

Да. Но прилагая усилия, человек отрицает все другие пути, в итоге. Это значит, поглощает всех их и таким образом...

...его крокодил поедает других крокодилов. Его вера выше разума выше доказательства этого мира?
Да.

Это как казнь проходит – так получается?
Все казни носят идеологический характер. Так что, да, это – первая казнь.

Волхвы фараона – это кто?
Волхвы – это идеология, это главы идеологических направлений, подхода к миру, к жизни, к убеждениям человека. Волхвы – это основы, столпы мировоззрения человека.

Можно каким-то образом сравнить это с нашим миром?
Сегодня человек находится на новом уровне. Современный кризис предназначен только для того, чтобы немножко подтолкнуть массы к движению вперёд.

Для людей, которые уже находятся в состоянии духовного анализа, то, что происходит с миром, не является каким-то доказательством или подспорьем. Для людей, которые уже прошли эти этапы и дошли до внутреннего состояния «Египет» и «изгнание египетское», этих земных категорий нет. Подумаешь, кризис. Да хоть весь наш мир даже пропадёт!

«Наш мир» – то, что рисуется нам в рамках эгоистических представлений? Что Вы подразумеваете под этим?

Глава «И явился»

Здесь имеется в виду анализ, выбор между двумя категориями: желание получать – желание отдавать, фараон и Творец. В человеке уже находятся эти два свойства, он уже живёт между ними, как бы в отрыве от земли, как будто в каком-то космическом пространстве, не связывая это состояние с материей.

Материя продолжает существовать. Кстати, когда человек начинает ощущать всевозможные духовные проблемы, он перестаёт серьёзно ощущать материальные проблемы. Он использует, конечно, всё, что есть, для того, чтобы нормально функционировать, но это для него не является предметом особых забот.

Тогда и говорится, что ему достаточно необходимого?

Да, для него это просто не достойно разговора, внимания. Есть и есть. У него нет счета, поэтому кризисов нет никаких. Какие там Нобелевские премии или еще что-то?!

Понятно, что уже не на том уровне мы говорим, не на том уровне действуем – мы находимся на уровне духовных концепций, или сил. Тут-то и начинаются десять казней.

Десять казней – это десять ступеней полного отрыва от эгоизма. Человек сам в себе должен выработать эти ступени, они должны в нём оформиться, сформироваться в такое осознание нового мировоззрения, нового отношения к «я» и «вне меня», которое даст ему следующий этап – раскрытие Творца на горе Синай.

КРОВЬ И ВОДА

Мы продвигаемся к горе Синай казнями. Далее Творец говорит Моше, что настало время второй казни: вода в Ниле станет кровью, когда Аарон ударит посохом по воде.

/18/ А РЫБА В РЕКЕ УМРЕТ, И СМРАДНЫМ СТАНЕТ НИЛ, И ЕГИПТЯНЕ ОТЧАЮТСЯ ПИТЬ ВОДУ ИЗ НИЛА.

Дальше написано, что так и происходит:
/21/ ...И НЕ МОГЛИ ЕГИПТЯНЕ ПИТЬ ВОДУ ИЗ НИЛА, И БЫЛА КРОВЬ ПО ВСЕЙ СТРАНЕ ЕГИПЕТСКОЙ.

Да. Кровь и вода – это понятно. Вода – это свойство бины, свойство отдачи, свойство милосердия, кровь – это, наоборот, свойство получения.

Свойство закона – кровь?

Да. Свойство жёсткости, свойство материи. И когда вода становится кровью, это значит, здесь происходит переход малхут и бины, то есть свойства отдачи, милосердия и свойства получения, жёсткости. Свойство суда и свойство милосердия меняются между собой местами.

Показывается уже, каким образом человек может находиться между этими двумя силами. И если он продолжает находиться в состоянии Египет, то у него больше нет никаких возможностей существовать. Потому, что он отказывается от свойства отдачи, свойства милосердия – от воды. А одной кровью не проживёшь. Хотя кровь – живительная сила, живительная влага и важнее воды в организме, на самом деле, всё строится на свойстве воды.

Что мы ищем на Марсе? Воду. Везде мы ищем воду, потому что без нее не возможна никакая жизнь.

Вода – основа. Основа всей жизни! Ведь вначале всего – вода. И Землю первоначально покрывала вода. Вода – свойство бины, свойство отдачи.

Человек состоит, в основном, из воды, говорят, примерно на 80 процентов. Но в то же время – из крови.

Кровь нужна только в той мере, в которой она поставляет организму человека все вещества. Но вода пропитывает, является основой всех тканей, всего организма. Она существует во множестве видов, и она же связывает весь организм изнутри.

Всё таинственное существует вокруг воды...

Конечно, это интересные свойства и особое состояние материи, но ничего тайного в нашем мире нет. Все тайное находится выше него. Если человек разовьет в себе новые органы ощущений, то он поймет, что значит, «высшие воды», «низшие воды» – то, о чем говорилось в первой главе.

Дальше снова подключаются волхвы:

/22/ И СДЕЛАЛИ ТО ЖЕ САМОЕ ВОЛХВЫ ЕГИПЕТСКИЕ ЧАРАМИ СВОИМИ, И УКРЕПИЛОСЬ СЕРДЦЕ ФАРАОНА, И НЕ ПОСЛУШАЛ ОН ИХ, КАК И ПРЕДСКАЗАЛ БОГ. /23/ И ПОВЕРНУЛСЯ ФАРАОН, И УШЕЛ В СВОЙ ДВОРЕЦ, НЕ ОБРАТИВ ВНИМАНИЯ ТАКЖЕ НА ЭТО. /24/ И ИСКОПАЛИ ВСЕ ЕГИПТЯНЕ БЕРЕГА НИЛА, ЧТОБЫ НАЙТИ ВОДУ ДЛЯ ПИТЬЯ, ИБО НЕ МОГЛИ ПИТЬ ВОДУ ИЗ НИЛА. /25/ И ИСПОЛНИЛОСЬ СЕМЬ ДНЕЙ ПОСЛЕ ТОГО, КАК БОГ ПОРАЗИЛ НИЛ.

Фараону, получается, по большому счету, как бы плевать на свой народ. Поворачивается фараон и уходит.

Проблема в том, что нет другого выхода у эгоизма. Он не может отказаться от себя, от своего действия, от своего мировоззрения, от своей власти. Он должен держаться, его задача в том, чтобы до конца держать человека в своем подчинении.

Постепенно, только постепенно отрываясь от эгоизма, человек начинает осознавать все противоположные эгоизму свойства, то есть свойства Творца. Таким образом, одно постигается из другого, из противоположности.

Поэтому мы видим в египетских казнях, как, поднимаясь каждый раз по ним как по ступенькам: по десяти ступеням, по десяти сфирот, – человек растет, то есть осознает, понимает. Он выворачивает эгоизм наизнанку, и поэтому каждый раз, с одной стороны, укрепляется, становится пригодным для следующей казни, для следующего анализа и решения. И, с другой стороны, он постепенно аккумулирует в себе эти исправленные эгоистические свойства и становится полностью пригодным для подъема над эгоизмом и выхода к получению света.

ЧЕЛОВЕК – ЭТО ПРОСТО ГЛИНА

В духовном все совершенно противоположно материальному. Фараон – мощнейшая помощь человеку в его росте. Тут практически нет врагов. Все враги существуют как бы для того, чтобы привести к свету?

Естественно. Вообще ничего вредного в мире нет. Мы видим, с каким почтением относится к фараону Творец.

Да, Он не трогает фараона.

Он и не может ничего сделать – это Его обратная сторона. Это тот же Творец, только направленный в обратную сторону. Похоже на то, как актер, который, показывая свое лицо, тут же убегает за кулисы, мгновенно переодевается и демонстрирует тебе обратный образ.

Глава «И явился»

Так мы играем с маленькими детьми: делаем им страшное лицо, потом доброе, снова грозное и опять доброе. Все это для того, чтобы выработать в ребенке разные свойства и чтобы он видел, что есть всевозможные отношения, всевозможные эмоции.

Человек – это просто глина, говорится, что человек создан из глины, чтобы из нее что-то вылепить. Как лепить? Только лишь показывая ему взаимно противоположные свойства, желания, эмоции, мысли – и всегда работать на противоположности. В итоге, что-то убираешь, что-то добавляешь – так делается расчет зазоров между пуансоном и матрицей, чтобы получилась нужная форма. И они взаимно должны работать над материалом, поочередно ударяя по нему.

Так и здесь: Творец и его обратная сторона – фараон.

Раскрывается человеку, что зла в мире нет, зла не существует? Но как до этого подняться? И как это понимание изменило бы мир!

Так это и изменит мир.

Все соседи вокруг Израиля существуют сейчас именно для того, чтобы привести нас в определенное состояние?

Естественно! Именно они и находятся в стадиях, когда начинают ощущать это. Они, кстати говоря, ближе к осознанию зла, чем все остальные. Разве можно сравнить их с другими народами?

Это духовно близкая к нам часть человечества – потомки Авраама. Это первый сын Авраама – Ишмаэль. Так что, естественно, мы будем постоянно находиться с ними в той же борьбе, пока не придем к общему исправлению.

Ироническое произнесение фразы «наши братья» превратится в совершенно противоположное значение?
Это на самом деле так, это не ироническое выражение. Авраам авину. Авину (*ивр.*) – наш отец. Тут ничего не сделаешь. То, что между братьями существует такая вражда, тем более идеологическая, исходит из того же корня. Когда мы исправим в себе свойство «Авраам», тогда исправятся и наши соседи.

К этому нас и гонят?
Да. Исправление возложено на нас. А от них ждать нечего. Но они исправятся, то есть изменят свое отношение к нам. Или, можно сказать по-другому, мы обнаружим, что их отношение к нам изменилось в тот момент, когда изменимся мы сами. Изменение – только на нас.

Как прийти к тому, чтобы это начало происходить?
Для этого мы и изучаем этапы, по которым должны меняться.

ФАРАОН ВЗМОЛИЛСЯ

Следующий этап – третья казнь, когда Египет будет поражен жабами.
/28/ И ВОСКИШИТ НИЛ ЖАБАМИ, И ПОДНИМУТСЯ ОНИ, И ПРИДУТ В ТВОЙ ДВОРЕЦ, И В СПАЛЬНЮ ТВОЮ, И НА ПОСТЕЛЬ ТВОЮ, И В ДОМА СЛУГ ТВОИХ, И К НАРОДУ ТВОЕМУ, И В ПЕЧИ ТВОИ, И В КВАШНИ ТВОИ, – /29/ И В ТЕБЕ, И В ТВОЕМ НАРОДЕ, И ВО ВСЕХ СЛУГАХ ТВОИХ ОКАЖУТСЯ ЖАБЫ!

Глава «И ЯВИЛСЯ»

Это правильный перевод, что «в тебе окажутся жабы»?
Да, это в человеке происходит.

Почему дальше написано так?
/2/ И НАВЕЛ ААРОН РУКУ СВОЮ НА ВОДЫ ЕГИПТА, И НАВЕЛ ЖАБ, И ПОКРЫЛИ ОНИ СТРАНУ ЕГИПЕТСКУЮ. /3/ И СДЕЛАЛИ ТО ЖЕ САМОЕ ВОЛХВЫ ЧАРАМИ СВОИМИ, И НАВЕЛИ ЖАБ НА СТРАНУ ЕГИПЕТСКУЮ.

И тут вдруг фараон взмолился, хотя и его волхвы сделали тоже самое, что и Творец. Почему он взмолился?
/4/ И ПРИЗВАЛ ФАРАОН МОШЕ И ААРОНА, И СКАЗАЛ: «ПОМОЛИТЕСЬ ТВОРЦУ, ПУСТЬ УДАЛИТ ОН ЖАБ ОТ МЕНЯ И ОТ НАРОДА МОЕГО, И Я ОТПУЩУ ВАШ НАРОД, И ПРИНЕСУТ ОНИ ЖЕРТВЫ БОГУ».

Почему именно на этой казни – поражение жабами – в фараоне происходит перелом?
Это аллегория. Так же, как некуда деться от первой и второй казни, некуда деться и от жаб. Вначале первая казнь – это неживое. Потом следует свойство неживое, но дающее жизнь: кровь вместо воды, которая тоже дает жизнь, то есть замена одного другим. Сейчас на следующем уровне жабы – это уже животные. Потом будут еще и другие: саранча и прочее.

В нашем мире очень сложно практически понять, что это такое. И кричат они противно, эти лягушки...

И во всё падают, во всем находятся. Что ни берешь – жабы. Именно они повернули что-то в сознании фараона.

Что значит, жабы? Во всем, что бы я ни захотел сделать в своем эгоизме, я встречаю сопротивление. Так же все происходит и сегодня. Что бы я ни захотел сделать в искусстве, в науке, в воспитании, я уж не говорю об экономике или технологиях, о проблемах в природе и окружающей среде все – за что бы я не взялся – на все у меня есть свой взгляд на мир, свое мнение, свое отношение к этому миру.

Этот кризис, якобы экономический, вообще не экономический – это кризис человечества, нашего взгляда на мир, кризис идеологии, нашего отношения к миру. Мы еще не осознаем этого, хотя уже подходим к пониманию.

Под ударами мы начинаем постепенно осознавать, что неправильно воспринимаем мир. Я не могу оставаться на том же уровне восприятия, который был раньше. И в итоге, увижу, что значат для меня все эти удары.

Так происходит сегодня в мире: чем бы я ни занимался, я вижу, что все валится из рук. Я вижу, что я не умею, вижу, что я не знаю, вижу, что я ни к чему не пригоден. Я вижу, что все рушится, крушится и устрашающе приближается к тому, что со всех сторон на меня давит. С одной стороны, на меня идет ураган, цунами, с другой – землетрясение, голод, жара, холод, бандитизм, террор и так далее. Я чувствую, что со всех сторон меня обложили.

Падают сверху жабы, которые везде.

Я нахожу их везде. В итоге, не могу ни кушать, ни пить. Не могу ничего делать, не могу работать – ничего. Не могу лечь, не могу сесть – всюду и везде я окружен жабами. В конце концов, они заползают в меня. Жуткое состояние. И это только лишь очередная начальная казнь – третья.

Все еще впереди.

ГЛАВА «И ЯВИЛСЯ»

Да. Что это состояние дает человеку? Осознание того, что меняться должен ты сам. Потому что вокруг тебе менять нечего, у тебя в руках нет инструментов, чтобы менять что-то в мире, как это было когда-то.

Раньше у тебя были эгоистические инструменты: намерения, армия, разум, нобелевские премии, деньги, сила, промышленность и так далее. Ты мог перекрывать реки и делать все, что хочешь. Сейчас у тебя нет ничего. Раньше для тебя, наоборот, весь мир расширялся, а теперь этот мир сужается и приходит обратно в тебя – тебя обступают жабы.

Из этого ужаса, из состояния, когда со всех сторон тебя сжимает все больше, мы приходим к одному-единственному решению: мы должны начать меняться. Другого выхода нет! И кстати, государство Израиль и еврейский народ будет сжимать больше всех – сейчас мы еще не ощущаем этих казней.

Постепенное осознание казней, каждой из них, приводит человека к определенному решению. И тогда он, как косточка из вишни, просто выскакивает из своего эгоизма. Это называется выходом, бегством из Египта. К этому постепенно подводят человека все казни.

Происходит разворачивание вектора?

Извне – к себе.

Все эти казни – это разворот к себе?

Да. Людям еще предстоит пройти огромное количество осознаний, страданий, внутреннего анализа, чтобы понять, что проблема находится в человеке, а не в мире.

Причем в каждом человеке, внутри него, – не между людьми, не внутри собраний, партий, государств, а именно в нем, в каждом из нас. Для того, чтобы пройти эти изменения в себе, мы начнем собираться вместе, чтобы во взаимной помощи это реализовать.

Человек в состоянии перенести казни внутренне. Тем более, если мы имеем в виду весь огромный мир, то это будет намного легче, намного проще. Мы покажем миру, как это делается. Он это примет, осознает. Для мира это будут этапы довольно мягкого развития.

Но чем выше человек, тем, естественно, ему сложнее.

Глава
«ИДЁМ»

И ПОЛУЧИЛСЯ ЧЕЛОВЕК

Мы переходим к главе, которая завершает казни египетские. Называется она – «Идём».

Впервые – приглашение, специально говорится «Бо» – «Идем».

Тут, может быть, намек на то, что пойдем и закончим все дела с фараоном?
Начинается она с того, что Творец ожесточил сердце фараона. И снова Моше, уже в который раз, пришел к фараону и говорит:

/4/ ИБО ЕСЛИ ТЫ ОТКАЖЕШЬСЯ ОТПУСТИТЬ НАРОД МОЙ, ТО НАВЕДУ Я ЗАВТРА САРАНЧУ В ТВОИ ПРЕДЕЛЫ. /5/ И ПОКРОЕТ ОНА ЛИК ЗЕМЛИ, И НЕЛЬЗЯ БУДЕТ ВИДЕТЬ ЗЕМЛЮ, И ПОЖРЕТ УЦЕЛЕВШЕЕ, ЧТО У ВАС ОСТАЛОСЬ ОТ ГРАДА, И ПОЖРЕТ ВСЯКОЕ ДЕРЕВО, РАСТУЩЕЕ У ВАС В ПОЛЕ. /6/ И НАПОЛНЯТСЯ ЕЮ ДОМА ТВОИ, И ДОМА ВСЕХ СЛУГ ТВОИХ, И ДОМА ВСЕХ ЕГИПТЯН...

Начинается новая казнь, называется она «Саранча».

На иврите саранча – арбэ, то есть зараза, которая при любом использовании эгоизма показывает его вред, ничтожность, множество проблем, которые возникают у человека из-за эгоизма и сопровождаются очень большими страданиями. Саранча как бы забирается в пищу, в постель, в нос и так далее. Это аллегория, конечно, рассказывается языком ветвей.

Когда ты не можешь избавиться от эгоизма, он тебе показывает, насколько он, во-первых, владеет тобой, и, во-вторых, как всё, что ты выполняешь, поневоле подчиняясь ему, работает против тебя.

Глава «Идём»

Это и есть смысл всех египетских казней: довести человека до такого состояния, когда он сам пожелает выйти из эгоизма, – сам пожелает, сам примет решение.

Ведь эгоизм является нашей общей природой, то есть в нас ничего, кроме эгоизма, нет. В процессе эволюции так мы развивались через неживую, растительную, животную природу до нашего огромного человеческого эгоизма. Человек – это то, что выросло над животным, над той же обезьяной, в виде эгоистической добавки.

То есть добавили эгоизма и…

И получился человек. В нас, по сравнению с животными, ничего хорошего нет, наоборот – только плохое. Если животные живут в соответствии с тем, как природа ими управляет, то в нас это управление природы существует вроде бы без давления.

Мы сами постоянно выбираем, каким образом максимально использовать эгоизм на пользу себе и во вред другим. И такое его использование кажется нам выгодным – ведь я все время как бы наполняю этот эгоизм. Но наполняю его так, что отождествляю себя с ним. Это – я, потому что я такой вырос, я так воспитан, я получил такое образование – я существую с эгоизмом. Я даже не чувствую, что эгоизм – мой посторонний злой хозяин. Вот в чем проблема!

И все египетские казни – это удары, которые валятся на меня для того, чтобы я почувствовал эгоизм, как злого постороннего властителя надо мной.

Мне как бы говорится: перестань через эгоизм смотреть на мир? Да?

Да. Перестань подчиняться ему слепо, перестань отождествлять себя с ним.

Под влиянием ударов я начинаю наконец-то понимать, что я – это не он, что это просто какая-то чужая воля во мне, зло во мне, чужая власть во мне, как будто наводка, наведенная на меня каким-то лучом с далекой планеты. И управляют мною так, что ничего я не могу с этим сделать.

Я начинаю понимать, что этот луч откуда-то исходит, что он – не я; и эта чужая воля существует не ради меня, а во зло мне. С одной стороны.

С другой стороны, я начинаю понимать, что если таким образом природа сделала, то мне с этим эгоизмом надо поступать разумно. То есть одновременно эгоизм является основной силой моей природы. Сейчас, когда я начинаю понимать, что я и он – это не одно и то же, я его не должен умерщвлять, я не должен аннулировать его, аннигилировать. Я должен его оставить и только впоследствии смогу понять, как работать с ним. А пока я просто приподнимаюсь над ним.

Вообще эгоизм уничтожить невозможно. С ним можно по-другому работать.

ЧТО ТАКОЕ «Я»?

Мы говорим, что казни – это десять подъемов?

Да. Десять египетских казней – это десять ударов, на основании которых и вследствие которых я окончательно убеждаюсь, что мой эгоизм – это просто чужая власть во мне, которая сидит во мне как змей. И этого змея я должен вывести из себя или удрать от него.

Вывести из себя – выйти из-под его контроля?

Да, да. Понять, что это не я. Это не я абсолютно!

Глава «Идём»

Что такое «я»?

Я – это та точка, которая сейчас начинает только лишь ощущаться как нечто самостоятельное от эгоизма. В момент осознания она и рождается. Это «я» и есть начало человека.

Но вы же сказали, что человек рожден с эгоизмом? Когда же начинает проявляться эта точка в нем?

Эта точка была скрыта, а сейчас я начинаю потихоньку ее осознавать, отделять от эгоизма. То есть сейчас я собираюсь удрать от него.

Отодрать с мясом десять раз: «я» – отдирание от эгоизма – подъем?

Да. Причем мое животное тело к этому не имеет никакого отношения, оно вместе с его всевозможными функциями здесь нейтрально. Мое отношение к окружающим, к людям заключается в стремлении возвышаться над ними, использовать их для своего блага – это и есть эгоизм. Он избирательный, он построен именно на отношении к другим.

Но именно благодаря эгоизму, может быть, низости, которая в человека добавлена,– вы сравнили это с животными – у человека есть такие высокие понятия, как любовь?

Любовь к себе. Конечно.

К себе?

А к кому же еще?

Но у животного нет такого понятия «любовь».

И у нас нет. Животное любит другое животное, создает семью по своим биологическим потребностям – это называется любит.

То есть эгоизм не прибавил нам ничего?

Эгоизм прибавил нам то, что мы начинаем использовать других более эгоистически. И это называем любовью.

Если мне нравится что-то, и я этим пользуюсь и наслаждаюсь сверх животного во мне, то это называется любовью.

Отделение «я» от эгоизма называется движением к любви?

Нет. Это не та любовь, это совершенно другое.

Движение к Творцу – это совершенно не та любовь, которую мы видим в этом мире.

Та любовь, о которой Вы говорите, и есть настоящая любовь?

Да, но не надо сейчас, может быть, употреблять одно и то же слово.

Оно будет просто путать нас. От использования других ради себя – то, что до сих пор мы называли любовью, мы поднимаемся и приходим к использованию себя ради других, которое действительно называется любовью.

Как жить с этим? Не понятно.

Как жить с этим – не понятно, но ребенку мы так говорим, детей мы так учим… Все-таки есть в нас это желание именно так представить любовь?

На полном самопожертвовании? Мы не можем себе этого представить, потому что и наше самопожертвование все равно эгоистическое, ради чего-то еще более эгоистического.

ГЛАВА «ИДЁМ»

Выйти от фараона можно только после очень серьезных ударов по эгоизму, которые человек обретает при одном условии, что он изучает каббалу. Иначе – никак, иначе все равно он будет крутиться, как собака за своим хвостом, и будет думать, что уже вышел из эгоизма.

КРИК ВСЕЛЕНСКИЙ

Двинемся дальше. И саранча подействовала на слуг и на фараона очень сильно.

Потому что показывает, что избавиться от саранчи нельзя. То есть везде, в любом применении своего эгоизма, он действует тебе во вред.

Будет жрать?

Да.

/7/ И СКАЗАЛИ СЛУГИ ФАРАОНА ЕМУ: «ДОКОЛЕ БУДЕТ ЭТО ДЛЯ НАС ПОМЕХОЙ? ОТПУСТИ ЭТИХ ЛЮДЕЙ, И ПУСТЬ СЛУЖАТ ТВОРЦУ, ВСЕСИЛЬНОМУ ИХ. НЕУЖЕЛИ ТЫ ЕЩЕ НЕ ЗНАЕШЬ, ЧТО ГИБНЕТ ЕГИПЕТ?».

И фараон соглашается. Тут уже крик египетский, вселенский начинается.

Крик, потому что, наконец-то, человек начинает осознавать, что если он будет продолжать существовать в своем эгоизме, то приведет себя к гибели, – то, что сегодня происходит в мире. Мы сегодня находимся в кризисе, из которого выхода нет.

Но и крика пока нет.

Еще нет крика. Подожди, впереди десять казней египетских.

Они еще не начались, вы хотите сказать?

То, что начинается безработица, что люди немножко ужимаются? Нет, еще нет серьезного удара, когда они четко будут чувствовать, что им надо исправлять себя, все свои отношения: общественно-экономические, человеческие. Они этого еще не знают. Они еще не осознали, что проблема – в них: они видят проблему в плохом управлении, в курсе доллара, в банках, в экономических реформах.

Человек не чувствует, что проблема – в нем, внутри него, внутри его отношения к миру.

Мы говорили о том, что заставило человека спуститься в Египет, – это голод. Это, оказывается, одна из самых мощных сил. Войны проходят – мы уже не помним их. А голод остается в памяти. Знаете, после блокады бабушки в Ленинграде долгие годы сухарики под матрас складывали.

Раз это удар такой силы, то, может, просто подвести человека к такому состоянию, к голоду? И внутреннему, и внешнему?

Я думаю, что многое зависит от успеха распространения нами методики объединения людей, от объяснения, но в принципе, этот удар может быть.

И еще вопрос. Мы не опускаемся до материальных уровней, но все-таки можно будет определить, если мы говорим о десяти ударах, что этот удар, например, – «жабы», а тот – «вши», «пыль»?

ГЛАВА «ИДЁМ»

Да, да. Это можно будет определить. Но, я думаю, что мы пройдем его другим путем. Потому что в наших корнях мы уже прошли его, эгоистически оторвавшись от эгоизма. А человечество не будет так отрываться, для него все устроено намного проще. Оно будет просто привлекаться к совместной работе над собой, работой в связи – во всевозможных объединениях, семинарах.

Люди будут чувствовать, понимать, ощущать, что им необходимо осознать, принять, адаптировать к себе и себя адаптировать к новым общественным отношениям.

Имеется в виду большая связь?

Большая добрая взаимосвязь.

Это и будет подъем над эгоизмом?

Для людей мира нет необходимости проходить такие удары. А мы, как владеющие методикой, их уже прошли. Поэтому я не думаю, что в нашем мире десять ударов должны быть в том виде, в котором они описываются. Они должны наложиться как-то, повториться, но в более мягком виде. Этого будет достаточно для того, чтоб мы осознали эгоизм как зло.

ТЬМА ЕГИПЕТСКАЯ

После саранчи фараон сказал Моше:

/8/ …«ИДИТЕ, СЛУЖИТЕ ТВОРЦУ, ВСЕСИЛЬНОМУ ВАШЕМУ! КТО И КТО ПОЙДЕТ?». /9/ И СКАЗАЛ МОШЕ: «С ОТРОКАМИ НАШИМИ И СО СТАРЦАМИ НАШИМИ ПОЙДЕМ, С СЫНОВЬЯМИ НАШИМИ И С ДОЧЕРЬМИ НАШИМИ, СО ВСЕМ НАШИМ СКОТОМ МЫ ПОЙДЕМ,

ИБО ПРАЗДНИК ТВОРЦА У НАС!». /10/ И СКАЗАЛ ИМ: «ДА БУДЕТ ТАК С ВАМИ ТВОРЕЦ, КАК Я ОТПУЩУ ВАС И ДЕТЕЙ ВАШИХ. СМОТРИТЕ, БЕДА ПЕРЕД ВАМИ! /11/ НЕ ТАК: ВЫ, МУЖЧИНЫ, ПОЙДИТЕ И СЛУЖИТЕ ТВОРЦУ, ИБО ЭТОГО ВЫ ПРОСИТЕ». И ВЫГНАЛИ ИХ ОТ ФАРАОНА.

И выгнал их фараон от себя. И полетела саранча.

Моше сказал, что все должны выйти: и жены, и дети, и животные. «Никого под парсой не оставлю», – так надо понимать, «заберу даже всех животных».

Парса – это граница, отделение миров БЕА от мира Ацилут.

Там написано: «и даже копыта, из которых мы что-то делаем...». Я правильно понимаю – речь идет о том, чтобы забрать все желания и поднять их?

Да. Моше собирается сделать полное исправление всего эгоизма, вытащить всё из Египта. Из того, что находится под парсой.

Об этом говорится: «скотину любую, и все золотые, серебряные сосуды»?

Это правая и левая линии. Моше все выносит из-под парсы, то есть поднимает наверх, в мир Ацилут, для исправления.

Без каббалистического языка это трудно понять.

И, как результат, полетела саранча на страну. Красиво написано:

/13/ ...НАСТАЛО УТРО, И ВОСТОЧНЫЙ ВЕТЕР ПРИНЕС САРАНЧУ. /14/ И НАЛЕТЕЛА САРАНЧА НА ВСЮ

ГЛАВА «ИДЁМ»

СТРАНУ ЕГИПЕТСКУЮ, И ПОЛЕГЛА ВО ВСЕХ ПРЕДЕЛАХ ЕГИПЕТСКИХ ВЕСЬМА ГУСТО; НЕ БЫЛО ПРЕЖДЕ ТАКОГО НАШЕСТВИЯ САРАНЧИ И ВПРЕДЬ ТАКОГО НЕ БУДЕТ. /15/ И ПОКРЫЛА ОНА ЛИК ВСЕЙ ЗЕМЛИ, И ПОТЕМНЕЛА ЗЕМЛЯ, И ПОЖРАЛА ОНА ВСЮ ТРАВУ ЗЕМЛИ И ВСЯКИЙ ПЛОД ДЕРЕВА...
Опустошила все.

Опустошила все саранча. И снова, уже в который раз, призывает фараон Моше и Аарона и говорит, чтобы помолились они и удалили бы эту саранчу.

/19/ И ОБРАТИЛ ТВОРЕЦ ВЕТЕР НА ЗАПАДНЫЙ, И ПОНЕС ОН САРАНЧУ, И СБРОСИЛ ЕЕ В МОРЕ СУФ – НЕ ОСТАЛОСЬ НИ ОДНОЙ САРАНЧИ ВО ВСЕХ ПРЕДЕЛАХ ЕГИПЕТСКИХ. /20/ НО ОЖЕСТОЧИЛ ТВОРЕЦ СЕРДЦЕ ФАРАОНА, И НЕ ОТПУСТИЛ ТОТ СЫНОВ ИЗРАИЛЯ.

Теперь, уже без всякого предупреждения фараону, Бог через Моше наводит тьму на Египет.

/22/ ...И НАСТАЛА КРОМЕШНАЯ ТЬМА ВО ВСЕЙ СТРАНЕ ЕГИПЕТСКОЙ ТРИ ДНЯ. /23/ НЕ ВИДЕЛИ ДРУГ ДРУГА, И НЕ ВСТАВАЛ НИКТО С МЕСТА СВОЕГО ТРИ ДНЯ, А У ВСЕХ СЫНОВ ИЗРАИЛЯ БЫЛ СВЕТ В ЖИЛИЩАХ ИХ.

Я представляю это так. У человека огромный страх, внутренняя тьма, безнадежность такая, что он не может пошевелиться, не может встать.

Очень сильная депрессия у людей, настолько сильная, что они совершенно не могут подняться: ничего у меня в жизни нет, и жизни нет, и смерть мила бы была, но и ее нет. Такое состояние.

Когда три дня не вставали с места своего?

Да. Это египетская тьма, то есть тьма эгоизма. Те, кто будут подниматься по духовным ступеням, почувствуют, что это такое. Это называется «аярат малхут» – черная бездна, которая дышит страхом, смертью, пустотой зияющей всасывает тебя как бы внутрь.

Эта египетская пустота, тьма, проявляется человеку в его духовном пути лишь на мгновение. Но этого хватает для того, чтобы понять, что такое на самом деле наш эгоизм и какое огромное добро дано нам тем, что мы постепенно альтернативными путями избавляемся от него – обходим «огородами» и выходим.

Это называется работать против эгоизма, на самом деле ощутить его, то есть эту вселенскую зияющую пустоту. И ощущается она не физической пустотой, а безнадежностью, страхом, непонятной властью, окружающей тебя со всех сторон.

Самое главное в этом состоянии – пустота дает тебе ощущение вечности. Ты не выйдешь из этого состояния ни в какую сторону. И никуда. Ужас просто. И нет в этом состоянии никаких изменений – есть просто темная зияющая пустота.

Вы сказали, «аярат малхут» – буквально это свечение малхут?

«Аярат малхут» – это черный свет. Именно черный свет. Он светит своей зияющей пустотой. Но это не тревога, это всепоглощающий холодный страх, причем, возникают тут картины абсолютно не физические.

Какие-то мысли при этом есть?

Мысли? Только одна: если можно, то не туда. А тьма все равно втягивает. А ты снова: только не туда! Потому что и обратно нет возврата, и в ней не понятно, как быть. То есть происходит полная потеря своего «я».

Полная потеря своего «я». И полное подчинение непонятно чему и неизвестно кому.

Вы сказали, что эти состояния проходят каббалисты. Как они выходят из них?

Очень быстро и легко.

То есть ты должен «отлежать» это состояние?

Нет! Это продолжается доли секунды.

Доли секунды?!

Да! Вообще все настоящие духовные состояния – это доля секунды. Но она так врезается, что ее помнишь через много лет.

ДОБИТЬ ФАРАОНА

Итак, зовет их фараон и говорит: «Идите, только скот оставьте». Но Моше сопротивляется и говорит, что из копыт они будут брать жертвоприношения, поэтому обязаны взять с собой скот. Как вы говорите: из-под парсы вытащить все.

/27/ НО ОЖЕСТОЧИЛ ТВОРЕЦ СЕРДЦЕ ФАРАОНА, И НЕ ПОЖЕЛАЛ ОН ОТПУСТИТЬ ИХ. /28/ И СКАЗАЛ ЕМУ ФАРАОН: «ИДИ ПРОЧЬ ОТ МЕНЯ! БЕРЕГИСЬ, ЧТОБЫ ТЫ БОЛЬШЕ НЕ ВИДЕЛ ЛИЦА МОЕГО, ИБО В ДЕНЬ, КОГДА УВИДИШЬ ЛИЦО МОЕ, – УМРЕШЬ!». /29/ И СКАЗАЛ МОШЕ: «ВЕРНО СКАЗАЛ ТЫ, НЕ УВИЖУ Я БОЛЬШЕ ЛИЦА ТВОЕГО».

Достигли самого последнего уровня раскрытия эгоизма.

Подходим к последней казни.

/1/ И СКАЗАЛ ТВОРЕЦ, ОБРАЩАЯСЬ К МОШЕ: «ЕЩЕ ОДНУ КАРУ НАВЕДУ Я НА ФАРАОНА И НА ЕГИПЕТ, И ПОСЛЕ ЭТОГО ОТПУСТИТ ОН ВАС ОТСЮДА; КОГДА ОН ОТПУСТИТ – ОКОНЧАТЕЛЬНО ИЗГОНИТ ВАС ОТСЮДА. /2/ СКАЖИ НАРОДУ: ПУСТЬ ВОЗЬМЕТ В ДОЛГ КАЖДЫЙ У ЗНАКОМОГО СВОЕГО И КАЖДАЯ У ЗНАКОМОЙ СВОЕЙ ВЕЩЕЙ СЕРЕБРЯНЫХ И ВЕЩЕЙ ЗОЛОТЫХ». /3/ И ДАЛ ТВОРЕЦ ПРИЯЗНЬ НАРОДУ В ГЛАЗАХ ЕГИПТЯН, ТАКЖЕ И ЧЕЛОВЕК ЭТОТ, МОШЕ, БЫЛ ВЕСЬМА ВЕЛИК В СТРАНЕ ЕГИПЕТСКОЙ В ГЛАЗАХ СЛУГ ФАРАОНА И В ГЛАЗАХ ВСЕГО НАРОДА.

Серебренные и золотые вещи взять у египтян.

У человека возникает такая возможность именно после девятой казни, перед десятой. Потому что десятая – это кетэр, это корона фараона.

Десятая казнь – добить его полностью. Это значит, что все остальные уже подвластны, все остальные уже можно исправлять, можно приобщить к Моше, как к человеку, который выходит из Египта. И поэтому человек уже может взять с собой и исправить все эгоистические желания, кроме последнего.

Но последнее – нет. Это корона самого фараона – кетэр, которая остается у него до полного исправления. Египет не умирает.

Это наступает после того, как исправляешься вне Египта…

То, что нельзя исправить самому?

Да, после этого он исправляется сам по себе.

ГЛАВА «ИДЁМ»

Говорит Моше фараону:
/4/ И СКАЗАЛ МОШЕ: «ТАК СКАЗАЛ ТВОРЕЦ: ОКОЛО ПОЛУНОЧИ ПОЯВЛЮСЬ Я ПОСРЕДИ ЕГИПТА. /5/ И УМРЕТ ВСЯКИЙ ПЕРВЕНЕЦ В СТРАНЕ ЕГИПЕТСКОЙ – ОТ ПЕРВЕНЦА ФАРАОНА, КОТОРЫЙ ДОЛЖЕН СИДЕТЬ НА ТРОНЕ ЕГО, И ДО ПЕРВЕНЦА РАБЫНИ, КОТОРЫЙ ПРИ ЖЕРНОВАХ, И ВСЕ ПЕРВЕНЦЫ СКОТА. /6/ И БУДЕТ ВОПЛЬ ВЕЛИКИЙ ВО ВСЕЙ СТРАНЕ ЕГИПЕТСКОЙ, КАКОГО НЕ БЫЛО И КАКОГО БОЛЕЕ НЕ БУДЕТ. /7/ А НА ВСЕХ СЫНОВ ИЗРАИЛЯ ДАЖЕ ПЕС НЕ ЗАЛАЕТ – НИ НА ЧЕЛОВЕКА, НИ НА СКОТ, ДАБЫ ЗНАЛИ ВЫ, ЧТО РАЗДЕЛЯЕТ ТВОРЕЦ ЕГИПТЯН И ИЗРАИЛЬ. /8/ И СОЙДУТ ВСЕ ЭТИ СЛУГИ ТВОИ КО МНЕ, И ПОКЛОНЯТСЯ МНЕ, ГОВОРЯ: УХОДИ ТЫ И ВЕСЬ НАРОД, СОПУТСТВУЮЩИЙ ТЕБЕ! И ТОЛЬКО ТОГДА Я УЙДУ!». И ВЫШЕЛ ОН ОТ ФАРАОНА, ПЫЛАЯ ГНЕВОМ.

Сила уже есть в нем.
Появляется сила по мере того, как привлекает к себе те эгоистические свойства, которые раньше владели человеком. С помощью ударов они начинают подчиняться ему. И только последнее эгоистическое свойство не в состоянии подчиниться человеку. Он его оставляет до окончательного исправления.

ДЫМ МИЛОСЕРДИЯ

Мы говорим сейчас о последней, десятой казни. Важно прочувствовать это на себе.
**Моше пришел к фараону и сказал: «Сейчас будет конец. Сейчас последняя казнь – первенцы». И вокруг смерти

первенцев – половина главы: зарезать ягненка, помазать его кровью косяки дверей и т.д., – начинается выход евреев из Египта.

Еще раз, пожалуйста, скажите, почему самый мощный удар последний – «первенцы»? Это смерть моего продолжения?

Да, ты правильно сказал. У тебя пресекается развитие, нет будущего.

Это – не какие-то потери сейчас. Это ты осознаешь, что применение эгоизма отрезает тебя от следующей минуты жизни.

То, что вы говорили до этого, – «тьма египетская» – это и есть как бы предвестник «первенцев»?

Да.

И то, что до сих пор почувствовали, – это вообще детский лепет? Впереди – смерть первенцев. Сильный он все-таки – фараон.

Это – наша природа. И тут человек ничего сделать не может. Должен прийти свет, который вытащит его.

Но человек должен вызывать этот свет?

Да, это коллективная работа. Сам человек ничего не может. Ты должен сложить свои усилия еще с десятком людей, и только тогда у тебя получится притянуть этот свет.

Почему все время говорят о десяти? О том, что необходимо десять человек как минимум?

Десять казней, например. Десять – это целое число.

Глава «Идём»

Необходимо десять ступеней, десять частей для того, чтобы все сложилось в одну силу, которая необходима для подъема над эгоизмом.

Двинемся за «первенцами». И снова Творец говорит, что ожесточил Он сердце фараона, и тот не послушается:
И говорит ТВОРЕЦ, чтобы В ДЕСЯТЫЙ ДЕНЬ ЭТОГО МЕСЯЦА взяли в дом еврейский по ягненку, хранить ДО ЧЕТЫРНАДЦАТОГО ДНЯ, потом зарезать ВО ВТОРОЙ ПОЛОВИНЕ ДНЯ…

Какие точные указания! Что это означает?

Так же, как мы говорили: «день» это – не день. Это же понятно, что тут не астрономия и не география. И речь не идет о ягненке или косяках дома.

Имеется в виду, что животная часть человеческого эгоизма уже проходит исправление в таком виде еще до выхода из Египта. Из Египта, в основном, выходят люди, а их животные и прочие составляющие – уже только после того, как приносится жертвоприношение.

Жертвоприношение – на иврите «курбан». На арабском тоже – «курбан», «курбан бахрам».

Жертвоприношение в каббале – человек жертвует своим эгоизмом, понимая, что он ему во вред, и начинает переводить эгоизм в альтруистические свойства. То есть человек, зарезав свою животную часть – эгоистическую – использует ее для того, чтобы накормить человека в себе.

Насколько всё обратно! «Зарезать своего ягненка» – это зарезать не того ягненка, который бегает по двору, а своего ягненка.

Да, своего. Себя внутри. Свое животное зарезать. И поднять его для того, чтобы питать человека в себе.

Затем сжигание животного, чтобы поднимался дым?

Это целая работа, очень серьезная вещь. Всё, что происходит с жертвоприношениями в Храме, – тяжелая работа.

Человек делится на коэнов, левитов и израильтян, и все трое, эти свойства, эти три линии, участвуют в подъеме его желания снизу вверх. Причем желание поднимается в виде дыма, в виде огня. «Дым» – на самом деле это свет хасадим.

Свет милосердия.

Да. И говорится о «прекрасном запахе» от сжигания животного-курбана.

Все это описывается, как нечто благоухающее, желательное Творцу. Когда ты жаришь мясо на огне, желательны Творцу дым и запах.

Это уже знаки контакта. А что дальше?

Дальше действительно все построено только на том, чтобы отсортировать свои эгоистические желания на неживые, растительные, животные и человеческие. И поднимать все неживые, растительные, животные желания к человеческому уровню, который делится на три части: коэн, левит, исраэль. Они используют низшие эгоистические уровни уже ради отдачи, на службу другим, на службу обществу. Эти три части находятся внутри человека – три линии.

Потом мясо съедается или нет?

Съедается. Почему нет? Человек съедает мясо животного и, таким образом, как бы обожествляет животное, или, как говорится, поднимает его. «Курбан» – от слова «каров» – сближение с Творцом.

Каким образом, убив какую-то козу, зажарив ее и съев, я приближаюсь к Творцу? Конечно, все это отдает языческими обрядами, какими-то культами, чем-то примитивным. В нашем мире это, действительно, имеет такие отпечатки, а в духовном мире, конечно, – совершенно другое. Это работа внутри себя.

Поэтому и сказано, что пока нет Храма – нет работы «курбанот», а вместо этого – молитва. Многие не понимают и обвиняют нас...

Я не думаю, что так уж обвиняют. Они сами этим пользуются. Дело в том, что если действительно разделить человека на животное и человека, то тогда все понятно.

И понятно, что человек делает: приносит в жертву свое животное ради человека в себе.

ПОЖИЗНЕННАЯ ТЕМНИЦА

Читаем дальше.

/7/ И ПУСТЬ ВОЗЬМУТ КРОВИ ЕГО (то есть этого ягненка), И НАНЕСУТ НА ОБА КОСЯКА И НА ПРИТОЛОКУ В ДОМАХ, В КОТОРЫХ БУДУТ ЕГО ЕСТЬ. /8/ И ПУСТЬ ЕДЯТ МЯСО В ТУ НОЧЬ, ЖАРЕНОЕ НА ОГНЕ.

Идет подготовка к выходу. Что значит, притолока, кровь, нанесенная на нее, на дверные косяки?

Двери – это выход человека наружу из своего замкнутого состояния, когда он, исправив в себе животное, свой животный эгоизм, может выйти наружу и продолжать свое духовное движение.

Кровь, которая наносится на косяк и на притолоку, – это олицетворение неживой части.

Кровь – на иврите «дам», от слова «домэм» – неживое. Это самая низшая часть эгоизма. С одной стороны. С другой стороны – дающая жизнь, но именно животному состоянию.

Земля – это «домэм»? Считается, что земля – это неживая часть?

Да, но земля тут ни при чем.

Мы проходим сквозь неживую часть, дающую нам жизнь. Из неживой эгоистической части мы выходим наружу, на внешние исправления, на следующие, на внеегипетские исправления. Вот это и олицетворяет собой кровь на притолоке. Об этом в книге Зоар очень много сказано. Есть специальная статья.

Эти исправления нам кажутся легкими: взял кровь ягненка, обмакнул в нее какую-нибудь тряпку, помазал на дверь и пошел дальше.

На самом деле, это очень сложные и трудные для реализации исправления, потому что «кровь» является нашей основой. С одной стороны, кровь – неживая часть, а с другой – дающая жизнь.

И далее: «на двери» – это мой выход потом ради того, чтобы я исправил весь эгоизм, начиная с моего низшего состояния.

Говорит Моше фараону:

/4/ И СКАЗАЛ МОШЕ: ТАК СКАЗАЛ ТВОРЕЦ: «ОКОЛО ПОЛУНОЧИ ПОЯВЛЮСЬ Я ПОСРЕДИ ЕГИПТА. /5/ И УМРЕТ ВСЯКИЙ ПЕРВЕНЕЦ В СТРАНЕ ЕГИПЕТСКОЙ – ОТ ПЕРВЕНЦА ФАРАОНА, КОТОРЫЙ ДОЛЖЕН

ГЛАВА «ИДЁМ»

СИДЕТЬ НА ТРОНЕ ЕГО, И ДО ПЕРВЕНЦА РАБЫНИ, КОТОРЫЙ ПРИ ЖЕРНОВАХ, И ВСЕ ПЕРВЕНЦЫ СКОТА. /6/ И БУДЕТ ВОПЛЬ ВЕЛИКИЙ ВО ВСЕЙ СТРАНЕ ЕГИПЕТСКОЙ, КАКОГО НЕ БЫЛО И КАКОГО БОЛЕЕ НЕ БУДЕТ.»

Представь себе, что все люди на Земле вдруг ощутили бы, что у них нет никакого будущего, что все они находятся на уровне чисто животного существования, которое ничего не даёт, кроме как держит их в этой жизни в полной чужой власти над ними.

И безысходность абсолютная! Представь себе, что все люди осознали, где они находятся. Какая была бы огромная депрессия, стон по всему мировому Египту.

Темница, в которую человек посажен до смерти.

Но когда он это осознаёт! Если он свыкся с тем, чтобы быть рабом, так это нормально для него. А если он осознаёт это состояние и не может его выносить, – вот тут проблема.

Тебя связали, и ты не можешь сдвинуться с места. И осознаёшь это. А изнутри тебя всего жжёт – ты обязан что-то сделать!

Проблема очень большая – осознание конечности своих усилий, никчемности, совершенно полной бесполезности. В таком случае пропадает всякая мотивация – абсолютно всё! Это состояние и есть мёртвое состояние – «кровь» («дам»), «домэм» («неживое»).

Почему в человеке сновная составляющая – вода?

Ну, это в тканях! Вода находится в них в связанном виде, это не считается водой. Это просто всевозможные жидкости. На самом деле, человек, наше тело, олицетворяет собой духовное тело, которое на 90 процентов состоит из света хасадим.

Из милосердия всё-таки?

Да, то есть из жидкости…

Дальше рассказывается, что делать с жертвой, называемой «песах»: как поджарить, как съесть.

/11/ ТАК ЕШЬТЕ ЕГО: ЧРЕСЛА ВАШИ ПРЕПОЯСАНЫ, ОБУВЬ ВАША НА НОГАХ ВАШИХ И ПОСОХ ВАШ В РУКЕ ВАШЕЙ, И ЕШЬТЕ ЕГО ПОСПЕШНО – ЭТО ЖЕРТВА ПАСХАЛЬНАЯ ТВОРЦУ. /12/ И ПРОЙДУ Я ПО СТРАНЕ ЕГИПЕТСКОЙ В ТУ НОЧЬ, И ПОРАЖУ ВСЯКОГО ПЕРВЕНЦА В СТРАНЕ ЕГИПЕТСКОЙ, ОТ ЧЕЛОВЕКА ДО ЖИВОТНОГО, И НАД ВСЕМИ БОЖЕСТВАМИ ЕГИПТА СОВЕРШУ РАСПРАВУ, Я – ТВОРЕЦ! /13/ И БУДЕТ ТА КРОВЬ (ягненка) ДЛЯ ВАС ЗНАМЕНИЕМ НА ДОМАХ, В КОТОРЫХ ВЫ ПРЕБЫВАЕТЕ, И УВИЖУ ТУ КРОВЬ (на косяках и притолоке ваших домов), И МИНУЮ ИХ; И НЕ КОСНЕТСЯ ВАС КАРА ГУБИТЕЛЬНАЯ, КОГДА Я ПОРАЖУ СТРАНУ ЕГИПЕТСКУЮ.

Тут они, как на старте, одеты.

Да. Отсекается полностью эгоизм – первенцы египтян, что были в человеке, мертвы, со всеми своими будущими возможностями: ничего в нём больше нет, никаких следующих ступеней быть не может.

Только в таком состоянии человек и может выйти, удрать из Египта. То есть он должен полностью увидеть, обнаружить зло эгоизма. Он должен полностью понять, что у него впереди нет никаких перспектив, что здесь эгоизм убивает его полностью, окончательно, бесповоротно.

ГЛАВА «ИДЁМ»

Если человек останется ещё какое-то время в эгоизме, то полностью будет мёртвым. Это заставляет его убежать.

ЕГИПЕТСКИЕ СУХАРИКИ

Состояние старта – не низкого – высокого: перепоясан, одет, обут, посох в руках, ещё ест при этом?
Это состояние полной готовности. О чем оно говорит? Если, допустим, одет и обут, то мы понимаем, что это, так называемые, «левушим» («одеяния», *ивр.*).

Одеяние – это свет хасадим, который существует в нас, то есть свойство отдачи, уже заранее приготовленное в дорогу, для того чтобы продвигаться вместе с ним на другую ступень. И посох – это средняя линия, ведущая к следующему состоянию, он – часть следующего состояния.

Еда – имеется в виду, что она состоит из того, что человек отделяет съедобное от несъедобного в том, что находится в нем. То есть это «бирур» – анализ эгоистических свойств: какие можно исправить и какие нет.

То, что он съедает, можно исправить?
Да. Все мы состоим из мяса, костей и так далее – в общем, из того, что можно исправить и что нельзя. И затем с помощью 32-х зубов – «ламед бэт нативот хохма» – он должен прожевать. Прожевать – это перемолоть пищу: 32 зуба, 72 пережевывания.

72 – это надо понимать: «Аин бэт шемот» – это уровень в Ацилуте. Это свойство – хохма, «аб». Почему называется – «аб»? «Айн-бэт» – это 72.

С помощью света хохма (света жизни) происходит перетирание эгоизма и следующее его исправление. Затем это глотается. Проглатывается через горло – «гарон» (это свойство бины), которое пропускает и не пропускает внутрь, как гарон в парцуфе Арих анпин. И потом это попадает в пищеварительную систему.

Вся наша анатомия устроена по полному подобию сфирот, наше тело является следствием сочетания духовных сил, которые комбинируют и образуют его.

И таким образом мы постепенно отделяемся от своего эгоизма. Это все предстоит нам сделать.

Прожевать?

Да. Причем сегодня это будет для нас быстро, потому что мы проделали это в прошлом, более трех тысяч лет назад. Так что пройдем и сейчас!

И это предстоит пройти не всем, весь мир просто примкнет к этому за один раз. Мы, небольшая группа людей, должны просто достичь своего исправления. А затем, когда мы уже будем достаточно исправлены и достаточно распространим среди людей идею об исправлении, о выходе из кризиса – из этого сегодняшнего египетского плена, то тогда очень быстро, мгновенно произойдет совмещение, соединение, объединение всего мира и нас. Я думаю, что это случится очень скоро.

Сейчас, во время нашей беседы, человек начинает чувствовать, какая здесь глубина. Снова Он выделяет сынов Израиля из всех...

/14/ И ПУСТЬ БУДЕТ ВАМ ДЕНЬ ЭТОТ В ПАМЯТЬ, И ПРАЗДНУЙТЕ ЕГО, ПРАЗДНИК ДЛЯ ТВОРЦА, ВО ВСЕХ ПОКОЛЕНИЯХ ВАШИХ – КАК ВЕЧНЫЙ ЗАКОН ПРАЗДНУЙТЕ ЕГО. /15/ СЕМЬ ДНЕЙ ЕШЬТЕ ОПРЕСНОКИ, А К ПЕРВОМУ ДНЮ УСТРАНИТЕ КВАСНОЕ ИЗ ДОМОВ ВАШИХ, ИБО ДУША ВСЯКОГО, КТО БУДЕТ ЕСТЬ

ГЛАВА «ИДЁМ»

КВАСНОЕ С ПЕРВОГО ДНЯ ДО СЕДЬМОГО ДНЯ, БУДЕТ ОТТОРГНУТА ОТ ИЗРАИЛЯ.

Что такое «опресноки», «квасное в доме»? Квасное – это то, что мы едим весь год?

Мы можем весь год есть обычный хлеб («лехем», *ивр.*). А когда ты выходишь из Египта, ты можешь есть только опресноки, то есть пресный хлеб – не кислый. Сопоставить две линии, правую и левую (зерна и воду), чтобы произошла закваска между ними, невозможно, – ты должен оторваться от Египта. Оторваться от Египта можешь только, если в течение семи дней, то есть полного цикла, ты употребляешь только одну линию.

Она и называется «маца» («опресноки»)?

Да. Ты замешиваешь муку, особо выбранную, на чистой воде, но не даешь тесту прокиснуть.

Замешиваешь в течение определенного времени?

До 18 минут. Это время ты используешь, непрестанно работая над тестом. Эгоизм – такое дело, что все время ты должен работать против него.

Это олицетворяет эгоизм?

Да.
После этого надо остановить процесс замешивания и раскатывания теста. Ставишь их в печь до закваски и можешь употреблять вместо хлеба 7 дней – эти наши «сухарики», которые называются «маца». С ними ты выходишь из Египта.

18 минут – имеет свое значение?

Ну, конечно. Это 9 сфирот прямого света и 9 – обратного. 9 сфирот образуют 18 частей, внутри которых мы можем работать.

ДОЖДАТЬСЯ НОЧИ

Почему квасное нельзя есть в течение этих семи дней?

Потому что мы должны оторваться от эгоизма, а эгоизм олицетворяет собой закваску, заквашенный хлеб. А не заквашенный хлеб – это неиспользование эгоизма, подъем над ним.

Только лишь подъем. Но поднявшись над ним и оторвавшись от него на неделю – на полную меру – мы можем снова начинать его употреблять в обычном виде, но уже исправленным. Мы уже исправленные и поэтому через неделю после выхода из Египта продолжаем заквашивать его нормально.

Это каждый год повторяется, потому что мы еще не исправили себя.

Как только мы исправимся, годы уже не будут повторяться?

Уже нет. Не будет летоисчисления. Или до 6000, или по истечении 6000 лет.

/16/ А В ПЕРВЫЙ ДЕНЬ СВЯЩЕННОЕ СОБРАНИЕ И В СЕДЬМОЙ ДЕНЬ СВЯЩЕННОЕ СОБРАНИЕ ДА БУДЕТ У ВАС, НИКАКОЙ РАБОТЫ НЕ ДЕЛАЙТЕ В ЭТИ ДНИ – ТОЛЬКО ТО, ЧТО СЛУЖИТ ПИЩЕЮ ДЛЯ КАКОГО-ЛИБО СУЩЕСТВА...

ГЛАВА «ИДЁМ»

Соберитесь вместе: все желания собрать вместе, все они направлены на отдачу – это называется святость. Никакой работы не делайте: не переваривайте никакого вашего эгоизма; не начинайте выяснять, что в нем плохо, а что хорошо, – это называется работой; и не поднимайте его к исправлению. Вы должны просто оторваться от него на семь дней.

Это и называется праздник?

Это праздник, да. Основной праздник. Выход из Египта.

Дальше говорится, что надо оберегать мацу, ибо это день, когда Творец вывел народ из Египта. И надо есть мацу.

С ЧЕТЫРНАДЦАТОГО ДНЯ ПЕРВОГО МЕСЯЦА… ДО ВЕЧЕРА ДВАДЦАТЬ ПЕРВОГО ДНЯ. (**Квасного не должно быть дома – снова говорится**), ИБО ДУША ТОГО, КТО БУДЕТ ЕСТЬ КВАСНОЕ, ОТТОРГНУТА БУДЕТ…

«Душа того, кто ест квасное, будет отторгнута от Израиля», – это душа того, кто использует эгоизм? В семь дней праздника?

Да, естественно. Падает с уровня, который называется «Исра-эль» («прямо к Творцу»).

Все каббалисты и ваш Учитель, в том числе, и его отец Бааль Сулам строго проходили этот праздник? И серьезно относились к нему?

Этот праздник олицетворяет всю работу человека в нашем мире по отдалению от эгоизма.

Каббалисты придавали ему очень большое значение в духовном, поэтому также действовали и в материальном. Но это только как отпечаток, не более того.

Для них это не было игрой?

Нет, они серьезно к этому относились.

Но ни в коем случае нельзя думать о том, что если я просто употребляю мацу, опресноки, то при этом я что-то в себе исправляю.

Что мы понимаем из этой главы?

Осталось только дождаться ночи, подготовиться и по сигналу – в путь. Когда придет такая тьма, которая будет тьмой для тех, кто остается в Египте, и светом для тех, кто выходит из него.

ЖЕНЩИНА ПЛАЧЕТ

Мы остановились на последней казни. И уже, я надеюсь, чувствуем это.

Мир начинает приближаться к состоянию – казнь.

Проблема казни – это глубокая внутренняя эмоциональная, социально-общественная встряска, когда человек должен понять, что он должен изменить своё мировоззрение, своё отношение к себе, к миру, к обществу, к соседям – ко всему.

Допустим, Америка пережила кризис во время Великой депрессии. Но тогда помогла Вторая мировая война – люди были вынуждены перестроиться. Они были вынуждены работать на войну, сами не участвуя в ней физически. И это поставило их на ступень выше всех остальных.

Глава «Идём»

Американцы и так вышли бы из Великой депрессии, но не столь малой кровью, а с гораздо большими потерями. А так они всё обратили себе в пользу.

Всё работало на войну: огромное производство вооружения, техники, консервов – лэнд-лиз, который получали страны-союзники, в том числе, Россия. Огромная машина тогда закрутилась. Вдруг заработали все. Раньше такого не было – не было ради чего работать.

Удар был такой мощный...

Да. И главное – они все перестроились внутренне. Они поняли, что имеют отношение к миру, ко всему человечеству. Они вышли на Японию, на Китай, на Азию. Они начали распространяться, вместе со своими солдатами, вместе с поставкой вооружения: план Маршалла по восстановлению послевоенной Европы и так далее.

Американцы поняли, что вести войны – выгодно, причем, за границей, далеко от себя. Ну, подумаешь, погибает пара тысяч человек в год, – зато это зажигает, заставляет перестроиться.

Сейчас человечество снова находится перед необходимостью перестроиться.

Что делать с собой? Миллионы людей в Европе без работы. Причем молодежи – до 40 процентов, даже больше – уже за 50 и 60 процентов в Испании, Греции. Что делать с ними? Это потерянное поколение, которое рождает новое потерянное поколение. Оно не получает надлежащего воспитания, образования, у него нет надежды ни на что. Они начнут выходить на улицы. И что сделают? Подготавливается, таким образом, замедленная бомба, которая, неизвестно, как и когда взорвется.

Это осознается?

Да, но это осознание беспомощное. Я бы сказал, женского типа – когда сидит женщина и плачет. Мужчина, мы считаем, должен быть героем, он должен преодолеть трудности. А женщина во многих обстоятельствах просто сидит и безнадёжно, бессильно плачет. В таком состоянии я вижу Европу. И Америка, в общем-то, приближается к нему.

Россия тоже находится в беспомощном состоянии, и Китай скоро в него упадёт. Вся эта игра в бирюльки: то, что китайцы поставляют свою продукцию всему свету, – скоро закончится. Весь мир окажется в виде беспомощной, жалкой, беззащитной женщины, которая сидит и плачет.

Я бы создал даже такую аллегорическую скульптуру. Весь мир – одна плачущая женщина. Рядом с ней стоит маленький ребёнок – это все мужчины мира. И она не знает, что со всем этим делать. Вот такая богиня кризиса.

Выход из этого может быть очень страшный, печальный? Это может быть война?

Нет. Дело в том, что война не возбудит сейчас никого. Война возбуждает тогда, когда следующая стадия – эгоистический рост.

Война даёт взрыв. Она выбрасывает вперёд огромный заряд энергии – исторической миссии. И поэтому за всем этим идёт уже развитие промышленности, вооружения и всего прочего.

Сегодня – нет. У людей появляется апатия, нежелание выживать. Мы дошли до состояния, какого никогда не было в человечестве, – ради чего жить? И особенно показательно то, что предшествует новому взрыву – состояние,

Глава «Идём»

когда я сижу дома, безработица, ничего вокруг нет и ничего не надо.

Раньше, как мы видим, например, по фильмам Чарли Чаплина, люди рвались на заводы, рвались на войну. Для чего Гитлер затеял войну? Это было экономически необходимо. Германия была обижена, повержена нравственно. Она искала выход: развитие культуры, техники, экономики, производство – всё застопорилось. Гитлеру необходимо было развязать войну. Он должен был бросить людей на завоевания – это его идеология.

И тоже самое – Трумэн. Сталин так же делал, но другими, более жёсткими методами. Иначе и в России случился бы кризис не меньше, чем в других местах.

А сегодня проблема в том, что люди ничего не хотят – не хотят жениться, не хотят рожать детей. Они хотят просто жить, и ничего не делать: оставь меня в покое, дай мне немножко какого-то легкого наркотика, алкоголя, интернет-забавы и всё.

Люди атрофируют все свои прошлые эгоистические возможности, потому что не видят, куда их применять, какой в них смысл. Человек смотрит немножко вперёд: ведь эгоизм развился, люди стали умнее. Что дальше делать? Ну, проживаю я эту жизнь, лучше ли, хуже ли, не все ли равно. Уже нет погони за роскошью. Мы видим, как входит в моду простота, нет этой пышности.

Вы считаете, это состояние, которого раньше не было?

Это эгоизм, который прошёл свою окончательную стадию и идёт на убыль.

Перенаправить стрелку на войну уже почти невозможно?

Сегодня ты не можешь показать людям цель. Тем более, когда в мире идёт огромная иммиграция, смешивание, когда пропадает практически вопрос: «А где жить?». Я могу переехать в любую страну, купить или получить любое гражданство.

Уже нет прописки...

Да. И, в общем, можно где-то устроиться, как-то прижиться.

Вы не видите даже исламской угрозы?

Им угроза необходима для того, чтобы держать себя. Это идеология человека или общества, которое желает всё время укрепляться, иначе оно распадётся. Но с другой стороны, именно благодаря тому, что они соединяются и собираются вместе, возникает между ними огромное количество внутренних проблем. Это мы видим сегодня в Сирии и в других арабских странах.

Проблемы будут. Внутренние проблемы будут возрастать, а внешние проблемы вроде бы будут как-то решаться.

КРИЗИС – ЭТО МЯГКАЯ ПОСАДКА

Мы снова подходим к казням? Сейчас человечество уже подошло хотя бы к первой казни?

Казни – это осознание безысходности эгоизма, когда ты видишь, что он в каждом из твоих желаний, надежд, устремлений вперёд, грядущих свершений, которые ты думал совершить, – всё это пропадает, проходит над эгоизмом, и он не может ничего сделать. Это вызов эгоизму.

Допустим, где космическая программа? В странах вложены сотни миллиардов долларов, рублей. Пока шла эгоистическая конкуренция, она это поддерживала. Как только конкуренция иссякла, – ну, ещё запустили кого-то, ну, ещё, – и всё исчезает!

Что ведёт нас вперёд? Эгоизм, который сам себя сжирает. И поэтому, кто казнит себя сам? Фараон. Фараон казнит сам себя. На этих десяти казнях, которые проходят над ним, он показывает своё бессилие, свою конечность, он ничего не может предложить. И это постепенно сейчас в мире проявляется.

Хорошее время наступает?

Да, конечно. Время хорошее. Но осознание – вот проблема!

Кризис – это благодать для человечества, это мягкая посадка. Нам необходимо осознать, что происходит. Для этого надо распространять интегральное воспитание. Надо понимать, что кризис даётся нам специально, чтобы мы поняли самое главное – тенденцию, к чему мы идём.

«Умный видит заранее». Если мы видим заранее, то знаем, как идти. Мы не выбираем окольные тропинки, мы идём прямо к цели, достигаем её легко, свободно, комфортно. Ведь речь идёт о миллиардах людей. Поэтому если бы человечество осознало, какой период мы проходим, то, конечно, оно бы начало действовать совсем по-другому.

Но, к сожалению, нам придётся ещё многому учиться на ударах. В той мере, в которой мы отождествляем себя с фараоном, с эгоизмом, будем получать удары. В той мере, в которой будем отождествлять себя с Моше, который хочет выйти из эгоизма, будем ощущать благодать.

Здесь и находится наша свобода воли.

Двинемся к выходу из этой главы: последняя казнь.
/29/ И БЫЛО – В ПОЛНОЧЬ ТВОРЕЦ ПОРАЗИЛ КАЖДОГО ПЕРВЕНЦА В СТРАНЕ ЕГИПЕТСКОЙ – ОТ ПЕРВЕНЦА ФАРАОНА, КОТОРЫЙ ДОЛЖЕН СИДЕТЬ НА ТРОНЕ ЕГО, ДО ПЕРВЕНЦА УЗНИКА, КОТОРЫЙ В ТЕМНИЦЕ, И ВСЕХ ПЕРВЕНЦЕВ СКОТА.

То есть у тебя нет ни на что никакой надежды. Первенцы – это все, что рождается от тебя. Последняя казнь – это твое будущее, которого у тебя нет! Вот перед чем ты остаешься.

Предыдущие казни – проблемы от твоего эгоизма: всевозможные болезни, уродства и так далее. Они показывали эгоистичность, убогость: эгоистичность как безрадостность, эгоистичность как напряжение, эгоистичность как отторжение, эгоистичность как проблемы в семье, в мире, в обществе, проблемы в конкуренции. Все отнимают у человека в жизни, а он все равно согласен за это держаться. Все равно укреплялось сердце фараона. На все всегда есть отговорки:

– Мне и в условиях конкуренции хорошо в этом мире.

– Так ты же в напряжении, ты же все время боишься. Для чего?

– Нет, я в этом хочу остаться. Привык так жить.

– Но смотри, что происходит с твоими детьми? Они же – несчастные – страдают.

– Ничего. Они в этом найдут отдохновение.

– Смотри, что происходит с тобой, между тобой и супругой? Разве это счастье: эта жизнь семейная, то, как вы видите друг друга?

– Неважно. Мне так еще лучше.

Глава «Идём»

Мы создали эгоистическую философию, проэгоистическую, которая покрывает все. Мы даже не понимаем, насколько завязли, зависим от установок, которые приняты в обществе. И если я так делаю, то, естественно, я такой же, как все, – я сам себя уважаю. Мне дают такие ценности. Куда я денусь от них? И если у меня нет того-то и того-то, если я не веду себя так-то и так-то, то тогда кто же я такой? Отверженный?

А что показывает последняя казнь?

Я отрежу тебе будущее?

Да. Всё! Ты можешь говорить все, что хочешь, сегодня тебе может быть еще хорошо. Но когда тебе показывают будущее… Его и раньше у тебя не было, но ты не видел этого.

Сейчас же ты видишь, что у тебя будущего нет и вообще не будет, то есть впереди – ничего. Ничего! Рожать детей – ты даже не хочешь их рожать. Правильно: подсознательно ты прав, потому что нет смысла, потому что им будет еще хуже, чем тебе.

Кстати, согласно мировой статистике, родители уверены, что их детям лучше не будет. Сумасшедшие цифры – почти стопроцентная уверенность.

Это абсолютно верно. Недавно я видел по телевидению программу о том, как готовиться к концу мира. Есть целая серия таких передач. Готовятся они так: бомбоубежища, запасы. Герой говорит: «Мне этого на год хватит». – «А потом?» – «А потом, что будет, то и будет».

Люди серьезно готовятся к концу света. Каждый месяц они закупают на пару сотен долларов продуктов…

БУДУЩЕГО НЕТ

Конец света стал их будущим?

Да. Мне надо готовиться к тому, чтобы выжить. Я иду в бой, чтобы выжить.

А зачем мне идти в бой, зачем воевать, зачем выживать, если нет будущего? Это последняя казнь, последний удар.

И когда у человека пропадает эта основа, тогда говорит фараон: «Уходите», – то есть больше нечем удерживать человека в эгоизме.

Вот это удар!

Да. Самый проблемный удар. Все удары становятся все более и более социально-напряженными, внутренне-напряженными. Они все более эмоциональные, переходят с вещественных, технических, экономических проблем, семейных и общественных на более внутренние, которые приводят к определению смысла жизни. А смысла жизни – вдруг оказывается – нет. На это уже ответить нечем.

Поэтому говорится, что поразит и первенцев фараона, и узника, и скота, то есть ударит по всем?

Да.

Колоссально! Как бы всем понять глубину этого?! Надо прочувствовать, наверное, весь ужас.

/30/ И ВСТАЛ ФАРАОН ТОЙ НОЧЬЮ, И ВСЕ СЛУГИ ЕГО, И ВСЕ ЕГИПТЯНЕ, И БЫЛ ВОПЛЬ ВЕЛИКИЙ В ЕГИПТЕ, ИБО НЕ БЫЛО ДОМА, ГДЕ НЕ БЫЛО БЫ МЕРТВЕЦА.

Каждый, каждый должен осознать, что будущего у него нет.

ГЛАВА «ИДЁМ»

Мертвец – это твое будущее, это твои дети, это всё, чего не будет завтра. Сегодня – тьма, а завтра – смерть! Пока человек этого не осознает, он будет находиться в состоянии тьмы месяцы и годы. Потому что он должен отказаться от эгоизма и захотеть выскочить из него, а эгоизм все-таки тянет. Он ему показывает: «А, может, это или это? А, может, это?». Таким образом, эгоизм показывает свою ничтожность. Это называется «помощь против тебя». Он должен погрузить человека в себя для того, чтобы человек осознал, что там ничего не остается. Пока человек это не проверит, он не будет готов к тому, чтобы выйти.

Что за «машина» – человек? Пока не доведешь его до состояния «мертвец в доме», он и не двинется?

Человек – это божественное создание. Эгоизм абсолютно противоположен и полностью равен Творцу, только с обратным знаком. По модулю это тот же Творец – только в обратном виде.

/31/ И ПРИЗВАЛ ОН МОШЕ И ААРОНА НОЧЬЮ, И СКАЗАЛ: «ВСТАНЬТЕ И ВЫЙДИТЕ ИЗ СРЕДЫ НАРОДА МОЕГО – И ВЫ, И СЫНЫ ИЗРАИЛЯ, И ИДИТЕ СЛУЖИТЬ ТВОРЦУ, КАК ВЫ ГОВОРИЛИ. /32/ И ОВЕЦ ВАШИХ, И КОРОВ ВАШИХ ВОЗЬМИТЕ, КАК ВЫ ГОВОРИЛИ, И ИДИТЕ! И БЛАГОСЛОВИТЕ ТАКЖЕ И МЕНЯ».

Первый раз такое. Никогда Творец и фараон не стояли напрямую друг против друга. Первый раз фараон признается в том, что нуждается в благословении Творца. Естественное благословение может быть только в том, чтобы отдать себя, свои силы, но без своих эгоистических целей. Желание выходит и попадает под новое намерение, а сам фараон остается в Египте, то есть намерение полностью исчезает, отмирает. Вытаскивают из Египта желание и начинают его исправлять, строя над ним новое намерение.

Это и называется «движение к Исраэль», к последнему слову, которое написано в Торе?

Да, это уже выйдя оттуда.

С ВЕЩАМИ НА ВЫХОД

/33/ А ЕГИПТЯНЕ ТОРОПИЛИ НАРОД, ЧТОБЫ ПОСКОРЕЕ ВЫСЛАТЬ ИХ ИЗ СТРАНЫ, ИБО СКАЗАЛИ ОНИ: «ВСЕ МЫ УМРЕМ!». /34/ И ПОНЕС НАРОД ТЕСТО СВОЕ, ПРЕЖДЕ ЧЕМ ОНО СКВАСИЛОСЬ, КВАШНИ СВОИ, УВЯЗАННЫЕ В ОДЕЖДЫ СВОИ, НА ПЛЕЧАХ СВОИХ.

Это связь малхут и бины. Малхут – это то, что производится из земли, это зерна, это мука. А бина – это вода.

Это милосердие?

Да. Надо смешать это еще в Египте, потому что смешивание малхут и бины может происходить там, где в нем нуждаются. Желание эгоистическое отрывается от Египта, и надо его соединить с намерением альтруистическим – с биной, с водой.

И сделать это надо в Египте – там, где были в эгоизме?

Да. И выходить надо быстро – есть всего 18 минут. Это значит – девять сфирот прямого света, девять сфирот обратного света, то есть начинающиеся сочетания желания, бывшего эгоистическим, с возникающим намерением, рождающимся альтруистическим.

ГЛАВА «ИДЁМ»

То есть 18 – это работа над тестом? 18 минут, ни секунды больше – и тут же моментально в печь? Что там происходит? 18 минут ты работаешь, чтобы не заквасилось и не превратилось в хлеб?

Да. И надо закончить с ним.

«На плечах своих» – еще написано.

Да. На плечах своих – это трудная работа. Имеется в виду, что все свои бывшие эгоистические желания человек должен захотеть и суметь смешать с новыми альтруистическими намерениями, то есть – вперед из Египта! Таким образом, он выходит.

/35/ А СЫНЫ ИЗРАИЛЯ СДЕЛАЛИ ПО СЛОВУ МОШЕ И ВЗЯЛИ В ДОЛГ У ЕГИПТЯН ВЕЩИ СЕРЕБРЯНЫЕ И ВЕЩИ ЗОЛОТЫЕ, И ОДЕЖДЫ. /36/ А ТВОРЕЦ ДАЛ ПРИЯЗНЬ НАРОДУ В ГЛАЗАХ ЕГИПТЯН, И ТЕ ДАВАЛИ ИМ, И ОПУСТОШИЛИ ОНИ ЕГИПЕТ.

Да. Всё, что эгоизм должен был дать человеку, они забрали оттуда, кроме намерения. В принципе, что остается в Египте?

Эгоистическое намерение.

Только эгоистические намерения. Поэтому так и сказано, что обобрали они Египет.

Кстати, мы не видим этого ни в летописях, ни в других источниках. Тут имеется в виду, естественно, аллегорическое содержание – это понятно.

Если бы! Мне, например, в блоге пишут: «Вы Египет обокрали. Вас пустила Персия к себе, вы и там все прикончили».

Не понимают? Надо, значит, учиться, как себя вести с нами, я бы так сказал. Наверное, и Гитлеру было понятно, и всем остальным, что, хотя это и дается большими жертвами, это очистительные жертвы. В итоге, те, кто восставали на нас когда-то, никогда от этого не выигрывали, потому что происходит выполнение миссии.

Но если раньше выполнение миссии, с нашей стороны, со стороны народа, происходило неосознанно, то есть он делал это автоматически, вынужденно, под воздействием высших сил, то сейчас мы начинаем уже осознавать это. И поэтому совершенно по-другому будет происходить наш египетский выход из этого мира в следующий раз.

Во-первых, вместе со всем человечеством. Мы не оставим никого в эгоизме, поэтому называется это «геула шлема» (полное освобождение).

И, во-вторых, оно будет осознанным. Мы будем вести, и люди будут идти, подниматься выше своего прежнего понимания мира, природы, жизни к совершенно новому уровню.

Именно к единству, мы говорим?

К единству, да. Единство – впереди, о нем мы будем говорить у горы Синай.

Продолжим.

/37/ И ОТПРАВИЛИСЬ СЫНЫ ИЗРАИЛЯ ИЗ РАМСЕСА В СУКОТ – ОКОЛО ШЕСТИСОТ ТЫСЯЧ ПЕШИХ МУЖЧИН, КРОМЕ ДЕТЕЙ. /38/ А ТАКЖЕ МНОГОЧИСЛЕННАЯ ТОЛПА ИНОПЛЕМЕННИКОВ ВЫШЛА С НИМИ, И СКОТ МЕЛКИЙ И СКОТ КРУПНЫЙ – ОЧЕНЬ МНОГО СКОТА.

Тут выходят еще и не евреи – выходит толпа народа.

Да. К ним примкнуло много египтян. И самое главное – примкнули к ним, так называемые, «эрев рав», от которых потом будет много проблем.

/40/ ВРЕМЕНИ ЖЕ ПРЕБЫВАНИЯ СЫНОВ ИЗРАИЛЯ В ЕГИПТЕ – ЧЕТЫРЕСТА ТРИДЦАТЬ ЛЕТ.

На самом деле – 210. Полное время пребывания – 430 лет. Это потому, что есть четыре стадии, которые мы должны пройти, и тридцать это: хохма, бина, даат – добавление к ним, потому что выходит уже с головой…

Хохма, бина, даат – это голова?

Да. 430 – это головные сфирот, которые выводят нас из Египта. Поэтому и сказано: 430 лет.

Когда Творец говорил Аврааму о Египте, то называл 400 лет. И Авраам понял, что для полного избавления необходимы 400 лет. На самом деле, когда мы возвращаемся в третье состояние, снова в мир Бесконечности, то мы возвращаемся с головной частью, потому что становимся постигающими Творца. И считается, что это 430 лет.

ПОЗАДИ – ВЕСЬ МИР

Продолжаем говорить о главе, которая называется «Идем» – «Бо».

/37/ И ОТПРАВИЛИСЬ СЫНЫ ИЗРАИЛЯ ИЗ РАМСЕСА В СУКОТ – ОКОЛО ШЕСТИСОТ ТЫСЯЧ ПЕШИХ МУЖЧИН, КРОМЕ ДЕТЕЙ. /38/ А ТАКЖЕ МНОГОЧИСЛЕННАЯ ТОЛПА ИНОПЛЕМЕННИКОВ ВЫШЛА С НИМИ И СКОТ МЕЛКИЙ, И СКОТ КРУПНЫЙ – ОЧЕНЬ МНОГО СКОТА.

Выходит практически всё, что может принадлежать к уровню «человек» в человеке. Ведь поднимаемся мы.

Мое желание выходит из Египта, поднимается выше своего эгоизма, пытается выйти из него. И вместе с ним выходят и все остальные, принадлежащие ему желания, – неживые, растительные и животные, которые могут соотнести себя с возвышением человека во мне.

«Шестьсот тысяч мужчин»?

Шестьсот тысяч мужчин – имеется в виду головная часть.

Это точка в сердце, которая вырывается вперед и ведет меня вперед. И в ней тоже есть разделение: каждая часть разделяется еще на много соответствующих частей. Как в резолюции: ты смотришь в большей резолюции – видишь мир целым, потом в каждой ее части снова видишь целый мир и так далее. Так называемое, голографическое изображение. И выход из Египта именно такой.

Остается в Египте то, что мы не в состоянии вынести из него. Остается практически весь остальной мир, потому что Египет олицетворяет собой эгоизм мира.

Выходит же из него только часть, которая может подняться над собой. Это называется Исраэль (Яшар к Эль), то есть те устремляющиеся к Творцу мои желания, которые я могу направить, ориентировать, адаптировать, также сюда могут быть приобщены и более низкие желания, которые связаны с этим.

Недаром сказано: шестьсот тысяч пеших мужчин?

Мужчина – на иврите «гевер», слово «леитгабер» означает «превозмочь». Мужчины – это те мои желания, которые могут превозмочь себя и подняться над эгоизмом.

ГЛАВА «ИДЁМ»

Дальше «эрев рав» – иноплеменники вышли. Это следующие по движению?

Да. Иноплеменники – это те желания, которые работали на себя, которые не вышли из Вавилона изначально, а присоединились потом. Есть тут такая абсорбция, включение одного в другое.

Кроме того, тут и все те желания, которые еще не развились, но, в итоге, разовьются – желания животного, растительного и неживого уровня. Другим словами, они взяли с собой всевозможные сосуды из Египта, то есть всевозможные виды желаний, которые могут примкнуть к шестистам тысячам, называемым головной частью.

Шестьсот тысяч – это мощь? Что это такое?

Шестьсот тысяч – это та часть, которая устремляется к полному единению с Творцом, потому что ступени единения с Творцом – по мощности относительно низшей – называются «шестьсот тысяч». Имеется в виду не количество. Ведь даже в наших земных измерениях мы тоже не пользуемся какой-то простой линейкой измерений, допустим, шкала Рихтера или логарифмическая шкала, или шкала восприятия, нотная шкала…

Всё построено не на простом увеличении, скажем, в два раза или в квадрате, допустим...

В геометрической прогрессии?

Да. Обычно это в логарифмической прогрессии строится. Но на самом деле прогрессия в природе немножко другая.

Что такое «600»? Почему именно шестьсот тысяч?

Потому что то, что на нас влияет непосредственно, называется системой Зеир анпин мира ацилут. Это небольшое желание. Оно влияет на нас. Мы к нему подсоединяемся и вместе с ним начинаем возвышение. И возвышаемся мы на уровень в 10 тысяч раз больше. Поэтому 60 умножить на 10 тысяч получается 600 тысяч.

Зеир анпин состоит из 60 частей: 6 умножить на 10 сфирот в каждой части. И поднимается он на уровень 10 тысяч – на уровень Арих анпин. Это его основа, его источник, откуда он вышел – его родной уровень. И он поднимается туда уже вместе с нами. Таким образом, 60 умножается на 10 000 получается уровень, называемый 600 000. Поэтому говорят: «шестьсот тысяч вышло с ними», – то есть те желания, которые уже готовы подняться до этого.

Пойдем дальше.

/40/ ВРЕМЕНИ ЖЕ ПРЕБЫВАНИЯ СЫНОВ ИЗРАИЛЯ В ЕГИПТЕ – ЧЕТЫРЕСТА ТРИДЦАТЬ ЛЕТ. /41/ И БЫЛО: ПО ИСТЕЧЕНИИ ЧЕТЫРЕХСОТ ТРИДЦАТИ ЛЕТ, В ТОТ САМЫЙ ДЕНЬ, ВЫШЛИ ВСЕ ВОИНСТВА ТВОРЦА ИЗ СТРАНЫ ЕГИПЕТСКОЙ.

Снова цифра.

Четыреста тридцать. Любая цельная система состоит из 10 частей (10 сфирот). Головная часть – это 30: кэтер, хохма, бина. Три сфиры, каждая из них – по 10.

Все остальные измеряются уже сотнями. Они нисходящие – следствие головной части. И этих частей – четыре. Как на неживые, растительные, животные и человеческие желания или, как на четырехбуквенное имя Творца, на четыре стадии развития желания под воздействием света, – то есть всё делится на четыре, не включая головную часть.

ГЛАВА «ИДЁМ»

Головная часть – тридцать, и все остальные по 100, то есть 430. Это вообще полное количество ступеней, которые должны пройти все желания, прежде чем выйдут из Египта.

Но на самом деле время было сокращено. Эти желания находились в Египте, то есть в полном эгоизме, в соединении с ним, пропитывались им 210 лет.

Не четыреста тридцать? А почему сказано: «430»?

Мы потом будем это изучать.

Двести десять лет – в цифровом отображении -»рду̀»: рэйш, далет, вав – это 210. А почему? Потому что все остальные годы засчитываются уже за следующие изгнания, которые будут далее, после Первого Храма. Между Первым и Вторым Храмом – Вавилонское изгнание (70 лет), потом наше изгнание – две тысячи лет. Но в духовном мире это не считается как 2000.

После этого уже начинается строительство Третьего Храма – того желания, в котором будет раскрыт Творец, свойства отдачи и любви между всеми.

ГДЕ НАШИ БРАТЬЯ?

Получается, что сейчас наступает время строительства Третьего Храма?

Да. Но это не физическое строительство…

Да, я понимаю. Не камень на камень. Сердце каменное превращается в Храм.

Да.

Мы не отсидели в Египте, как положено?

Так должно было быть! За одно изгнание невозможно пройти это состояние. Так должно было произойти. Потому что, в принципе, в Египте-то мы всё равно не были, не смешались еще со всеми остальными вавилонянами. Где наши братья, которых мы оставили там, которые не захотели выйти с нами, – весь мир, всё человечество? Они, между тем, расселялись по всем континентам.

Сейчас уже всё подошло. Сейчас мы видим, что мир, глобальный, интегральный, находится во всеобщей разборке, и поэтому никуда не денешься.

И вы верите в эту фразу, что мир станет одной семьей? Что это не иллюзия, не фантастика?

Нет! В этом нет никакой фантастики. Законы природы ни в коем случае не принимают во внимание наше мнение.

Вся проблема в том, чтобы объяснить людям, и сделать это, что называется, малой кровью. Не так, чтобы природа безжалостно нас толкала, потому что законы природы, если мы противоположны им, проявляются в нас в жестком виде, так, как мы видим в природе. Зайди в огонь – и что с тобой будет? Сгоришь. Бросься в пучину – утонешь. Тоже самое здесь.

Мы видим, что законы природы неумолимы. У человека есть возможность смягчить их в той мере, в какой он идет им навстречу, то есть понимает, как адаптироваться к ним. В этом и заключается вся наша жизнь: как нам лучше адаптировать к себе природу.

Сейчас природой выдвигаются такие условия, когда мы должны менять себя сами.

До этого мы строили между природой и собой различные экраны, защиты: одевались потеплее, жилище

Глава «Идём»

согревали или, наоборот, охлаждали, запасали еду, создавали всевозможные условия для существования.

До сих пор вся наша жизнь представляла из себя создание всевозможных адаптационных систем к природе. А сейчас сама природа уже начинает разрушать наши адаптационные системы. Таким образом, она начинает требовать, чтобы мы сами менялись! Перестраивали бы не эту скорлупу, не защитную оболочку вокруг себя, а менялись сами.

Поэтому сейчас нам не поможет ничто! Мы пытаемся организовать свою жизнь, создаем генетически измененные продукты питания, стараемся предупреждать землетрясения, наводнения, цунами и прочие проблемы, экологические и климатические, – но ничего не поможет! Природа вынудит нас понять, что сейчас мы должны исправлять именно себя, а не оболочки на себя надстраивать, чтобы оградиться от ее воздействия.

Адам в райском саду – это состояние, к которому должен прийти человек? Соответствовать ему – без одежд находиться?

Да. Почему природа – абсолютно без всяких оболочек, без одежды? Творец дал человеку одежду, но это была одежда в виде обратного света (ор хозэр). В этом заключался человек до тех пор, пока не нарушил закон единения с природой посредством ор хозэр, посредством обратного света, то есть подъема над своим эгоизмом.

Когда этот подъем человек нарушил – начал эгоистически использовать природу, то практически сразу разрушились в нем, так называемые, первые одежды, то есть облачение в обратный свет, отраженный свет, антиэгоистические намерения. Тогда он и начал защищать свой эгоизм всевозможными строениями: дома, крепости, потом технологии и так далее. То есть пошел совершенно не в ту сторону. Вместо того чтобы строить на себе правильную одежду, так называемое, одеянье в отраженный свет.

Одеяние отдачи?

Да, это свойство отдачи. Тогда тебе не нужно ничто внешнее. Тогда ты видишь, что природа повернута к тебе абсолютным благом, ты находишься, как в раю: никогда тебе не холодно, не жарко, нет ощущения голода, страха – ничего. Поэтому и сказано, что в конце исправления волк будет жить вместе с ягненком. И маленький мальчик будет водить их. Но люди пошли не по тому пути.

Мы должны были идти не по правильному пути для того, чтобы осознать, в чем он заключается, и из противоположности начинать себя исправлять. Сейчас мы находимся на историческом этапе осознания порочности нашего внешнего развития, осознания того, что всё время мы защищали эгоизм. В этом заключалось наше стремление существовать в этом мире на этой земле.

ГЛАВНОЕ – ВЫЙТИ

Мы думали, что это жизнь?

Да, мы думали, что именно этот мир мы и должны сохранить.

На самом деле, надо подняться над ним, то есть, наоборот, идти выше него! Неправильный был расчет. Мы обращали внимание на внешнее, а не на внутреннее исправление. Сейчас понемногу человечество должно осознать это. Мы уже видим, что науки, искусство, технологии, образование, воспитание, семья – всё разрушается,

Глава «Идём»

потихоньку всё куда-то утекает, как песок сквозь пальцы. И человек остается в непонимании, что же делать на самом деле, как себя сохранить.

Уже есть большое количество фильмов, как спасаться в конце мира. Строят бомбоубежища, создают всевозможные запасы, подсчитывают, на сколько лет, как я смогу себя обеспечить, свою семью; сколько мне надо купить оружия, чтобы, если соседи начнут нападать, я смог бы защищаться.

В этом состоянии люди видят возможность преодоления кризиса. То есть, в итоге, выходит так: «я буду воевать с Творцом». Наш эгоизм внутри себя говорит: «Ты мне ставишь всё более крутые условия, а я, вопреки им, всё равно буду придерживаться своей прошлой тактики».

Как заставить людей отойти от этой тактики?

Образование. Только воспитание и интегральное образование, в результате которого люди поймут, что нам не это надо делать.

Мы можем смягчить удары буквально на глазах. Как только мы начнем себя менять, сразу же сможем увидеть, как природа относительно нас меняется на добрую.

Но пока человеческий опыт говорит о другом. После Первой мировой войны была создана «Лига Наций», после Второй мировой войны – ООН. Люди пытались строить, объединяться...

Но это продвижение.

Продвижение. Нечто соединяющее. После войны, после сильных страданий мы всё время возвращаемся к необходимости объединения.

Поэтому, согласно каббале, может быть еще третья и даже четвертая мировая война.

Но мы не должны ждать этого. Мы должны распространять как можно шире простое понимание того, что происходит в мире на самом деле, в чем заключается наше неправильное отношение к природе. Природа – это Творец.

Как найти этот язык?! Такой, чтобы войти, как по маслу, как можно проще? Всё время я мучаюсь этим.

Просто проталкивать эту идею, это понимание, взгляд, эту философию дальше и дальше.

Так или иначе, эти главы являются, как будто, причиной поговорить об этом мире, о его движении к счастью.

Мы заканчиваем главу «Идем» – «Бо». Тут написана такая фраза.

/42/ ЭТО – НОЧЬ, ХРАНИМАЯ ТВОРЦОМ, ДЛЯ ТОГО, ЧТОБЫ ВЫВЕСТИ ИХ ИЗ СТРАНЫ ЕГИПЕТСКОЙ, ЭТО – ТА САМАЯ НОЧЬ, ХРАНИМАЯ ТВОРЦОМ ДЛЯ ВСЕХ СЫНОВ ИЗРАИЛЯ ВО ВСЕХ ПОКОЛЕНИЯХ ИХ.

Ночь выхода из Египта. Человек выходит в совершенном непонимании, куда и как он идет. Переход на другую ступень происходит таким образом. Ты говорил: «С помощью войны».

Здесь тоже своего рода война, только война внутренняя против своего эгоизма, а не внешняя с каким-то внешним врагом. Враг – внутренний, внутри тебя, и ты должен оторваться от него. Это отрыв по мясу, по живому.

Ночь – он не видит даже, куда идет.

Он не видит, куда идет. Ему главное – выйти.

ГЛАВА «ИДЁМ»

Но точка впереди какая-то есть?
Эта точка показывает тебе, что надо идти во тьму.
Иначе как?! Если ты видишь впереди что-то, находясь в эгоизме, значит, ты идёшь в тот же эгоизм.
А если ты идёшь в обратное свойство, ты идёшь в темноту, в тьму, противоположную твоему сегодняшнему состоянию, – значит, ты выходишь из него.

УЖЕ ВЫХОДИМ…

Может быть, это и есть признак продвижения?
Так и есть!

Если ты идёшь, и у тебя ощущение, что идёшь ни во что, – это продвижение?
Правильно! Поэтому падения, всевозможные тревоги, проблемы, которые перед твоим эгоистическим развитием встают, именно они и указывают тебе правильный путь. Поэтому мы идём так: «И будет вечер, и будет утро – один день». И всегда любая ступень начинается с тьмы, с ночи.

И вот здесь чуть-чуть неожиданно, по-моему, есть в этой главе три отрывочка. Я прочитаю один из них.
/43/ И СКАЗАЛ ТВОРЕЦ, ОБРАЩАЯСЬ К МОШЕ И ААРОНУ: «ВОТ ЗАКОН О ПАСХАЛЬНОЙ ЖЕРТВЕ: НИКАКОЙ ЧУЖАК НЕ ДОЛЖЕН ЕСТЬ ЕЕ. /44/ А ВСЯКИЙ РАБ, КУПЛЕННЫЙ ЗА СЕРЕБРО, КОГДА ОБРЕЖЕШЬ ЕГО, МОЖЕТ ЕСТЬ ЕЕ. /45/ ПОСЕЛЕНЕЦ И НАЕМНИК ПУСТЬ НЕ ЕСТ ЕЕ. /46/ В ОДНОМ ДОМЕ ПУСТЬ ЕДЯТ ЕЕ, НЕ ВЫНОСИ ЭТОГО МЯСА ИЗ ДОМА И КОСТЕЙ С НИМ НЕ ЛОМАЙТЕ».

Они выходят и вдруг получают напутствие. Уже начали движение, уже выходим...

Это о том, каким образом даже во тьме надо всё-таки вести себя правильно, чтобы обеспечить правильное продвижение во тьме.

Эгоизм, который ничего не показывает, на самом деле именно он ведет тебя этой тьмой. То есть ты должен ориентироваться по тьме, а не по свету, потому что свет-то эгоистический раньше светил в тебе.

Экономисты всё время твердят: «Нам надо больше, больше! Каждый год – проценты, проценты, развитие! И надо всё увеличивать, увеличивать!». А жизнь ограничена, количество ресурсов ограничено, всё ограничено. Как можно всё время говорить о возрастании?!

Это рассмотрение в очень узком диапазоне. И наша экономика, и наша жизнь построена так: «Как мне сейчас поставить себя в нужные рамки, просуществовать?». Но когда видится более широкий мир, то ясно, что ты действуешь совершенно неправильно. То есть взгляд должен быть уже не индивидуальный, не острый.

Экономика построена индивидуалистически, как и всё наше отношение к наукам, к жизни. А надо смотреть широко, в общем, на весь мир. Таким образом и возникает противоречие между линейным развитием и интегральным развитием, между прямым путем и кругом. Ведь мир интегральный. Как совместить эти два понятия? Только через тьму.

Мы имеем в виду, что совмещение – это «я живу в интегральном мире»?

Да, да. Надо смотреть на весь мир, на всю природу и на всё так, чтобы всё во мне совместилось. Поэтому здесь

Глава «Идём»

даётся именно наставление вперед. Следующая ступень будет какая?

Что значит «жертва», «пасхальная жертва»? Это значит: ты уже сейчас должен понимать, как будешь работать со своими желаниями на следующем этапе.

Это пасхальная жертва?

Да. «Жертва» – от слова «курбан». «Курбан» – от слова «каро́в» (близкий, приближение, сближение). То есть на самом деле это режут не скотину, это я внутри себя режу свою скотину и, таким образом, поднимаюсь вверх. Мой животный эгоизм я от себя отрезаю.

Вот это и есть жертвоприношение! Это и есть курба́н, который меня приближает к Творцу.

Почему говорится: «Этому дашь, этому не давать. Всякий раб, купленный…»?

Зависит от моих желаний, каким образом я с ними поступаю, какие из них и каким образом я приближаю к свойству отдачи.

…то есть «и наемник во мне, и раб во мне»?

Да. Все мои эгоистические желания разделяются на коэна, леви, исраэль, иноземца, раба, женщин, мужчин, детей и так далее. И далее на животные желания. Каким образом из этих желаний я могу что-то устремить к сближению, к возвышению на следующую ступень, – это и называется «жертвоприношение».

Здесь говорится, что каждой цепочке нужен свой подход? Прямо сказали: «Этому давай, этому не давай, ребенка оставь в покое».

Конечно. Человек должен понимать всё мироздание. На самом деле, его желание находится не внутри нашего тела, как мы обычно показываем.

Всё, что я ощущаю и вижу вне себя, это всё – мое желание.

И поэтому я должен относиться к миру, как к аппликации, как к демонстрации моей внутренности, всего моего внутреннего устройства. Я вижу, практически, все мои кишки, вывернутые наружу, что называется. Все мои желания – это весь этот мир.

Я вывернулся наружу?

И поэтому неживое, растительное, животное – все объекты, элементы этого мира – они все нуждаются сейчас в новом уровне. Библия это и описывает.

Мы заканчиваем эту главу.

/1/ И ГОВОРИЛ ТВОРЕЦ, ОБРАЩАЯСЬ К МОШЕ, ТАК: /2/ «ПОСВЯТИ МНЕ КАЖДОГО ПЕРВЕНЦА, ОТКРЫВАЮЩЕГО ВСЯКУЮ УТРОБУ, У СЫНОВ ИЗРАИЛЯ – ЧЕЛОВЕКА И СКОТА – МНЕ ОНИ ПРИНАДЛЕЖАТ!».

Всё, что рождается в тебе сейчас, – это твое самое лучшее в движении к Творцу, в движении к полной отдаче и любви. Это всё должно быть пронизано абсолютной отдачей, намерением – только ради других, к абсолютной любви.

Это называется «посвятить все свои новые исправляемые желания и направить их только на отдачу, на любовь, на взаимосвязь между всеми».

Так и рождается следующая ступень.

Информация о Международной академии каббалы

МЕЖДУНАРОДНАЯ АКАДЕМИЯ КАББАЛЫ

под руководством профессора Михаэля Лайтмана

САЙТ МЕЖДУНАРОДНОЙ АКАДЕМИИ КАББАЛЫ
http://www.kabbalah.info/rus/

Крупнейший в мире учебно-образовательный интернет-ресурс, бесплатный и неограниченный источник получения достоверной информации о науке каббала.

КУРСЫ ОБУЧЕНИЯ
http://www.kabacademy.com/

Миллионы учеников во всем мире изучают науку каббала. Выберите удобный для вас способ обучения на сайте.

УГЛУБЛЕННОЕ ИЗУЧЕНИЕ КАББАЛЫ — ЕЖЕДНЕВНЫЙ УРОК
http://www.kab.tv/rus/

Каждое утро на сайте ведется прямая трансляция уроков каббалиста, профессора Михаэля Лайтмана для всех, кто занимается углубленным, ежедневным изучением науки каббала и исследованием каббалистических первоисточников. Занятия проводятся на иврите с синхронным переводом на 7 языков (русский, английский, немецкий, испанский, французский, итальянский, турецкий), есть возможность задавать вопросы в режиме реального времени.

ИНТЕРНЕТ-МАГАЗИН КАББАЛИСТИЧЕСКОЙ КНИГИ
http://www.kab.co.il/books/rus/

Международная академия каббалы издает учебные пособия и другие книги, предназначенные для самостоятельного изучения каббалы. Все учебные материалы основаны на оригинальных текстах каббалистов, сопровождаемых комментариями руководителя академии, каббалиста, профессора Михаэля Лайтмана.

МЕДИА-АРХИВ
http://www.kabbalahmedia.info/

Медиа-архив сайта Международной академии каббалы содержит на сегодня более 10 000 видеозаписей лекций и передач, продублированных также в аудио и текстовом формате.

ВИДЕОПОРТАЛ ЗОАР.ТВ
http://www.zoar.tv/

Видеопортал Зоар.ТВ располагает уникальным контентом в виде бесплатных видео материалов, видеоклипов, ТВ онлайн, добрых фильмов онлайн, музыки.

Михаэль Лайтман

ТАЙНЫ ВЕЧНОЙ КНИГИ
Каббалистический комментарий к Торе
Том 3

Редакторы: *Э. Сотникова, А. Постернак, Ф. Ашлаг.*
Технические редакторы: *П. Календарев, Н. Серикова.*
Верстка *Е. Ивлева, С. Добродуб.*
Оформление обложки: *А. Мохин.*

ISBN 9781772281316
DANACODE 760-87

www.ingramcontent.com/pod-product-compliance
Lightning Source LLC
Chambersburg PA
CBHW071214080526
44587CB00013BA/1364